AF411276

# CORRESPONDANCE

DU

## CONSEIL SUPÉRIEUR DE PONDICHÉRY

ET DE LA COMPAGNIE
PUBLIÉE AVEC INTRODUCTION

PAR

## ALFRED MARTINEAU.

Tome II
1736 - 1738.

PONDICHÉRY
SOCIÉTÉ DE L'HISTOIRE
DE L'INDE FRANÇAISE

PARIS
SOCIÉTÉ DES ÉDITIONS
LEROUX
28, RUE BONAPARTE.

IMPRIMERIE MODERNE, PONDICHÉRY.

Correspondance
du Conseil Supérieur de Pondichéry
et de la Compagnie.
1736-1738.

# CORRESPONDANCE

DU

## CONSEIL SUPÉRIEUR DE PONDICHÉRY

ET DE LA COMPAGNIE
PUBLIÉE AVEC INTRODUCTION

PAR

## ALFRED MARTINEAU.

Tome II
1736 - 1738.

PONDICHÉRY
SOCIÉTÉ DE L'HISTOIRE
DE L'INDE FRANÇAISE

PARIS
SOCIÉTÉ DES ÉDITIONS
LEROUX
28, RUE BONAPARTE.

IMPRIMERIE MODERNE, PONDICHÉRY.

#  INTRODUCTION.

La fraction de la correspondance du Conseil Supérieur de Pondichéry et de la Compagnie des Indes, que nous publions ici, est contenue dans le tome V des archives de Pondichéry. Elle s'étend des derniers mois de 1736 à la fin de 1738 et fait suite matériellement à la correspondance de l'année 1730. Une importante lacune se trouve ainsi révélée, qu'il semble impossible de combler.

Depuis cette année 1730, la Compagnie a mené aux Indes une existence sans grand éclat. Son commerce s'est développé, bien qu'assez irrégulièrement, favorisé par la politique européenne de la France, qui n'amena aucun conflit entre les puissances rivales de nos établissements dans l'Inde.

Les usages administratifs de la Compagnie n'ont pas plus varié que n'a changé le genre d'affaires commerciales, qu'elle continue à effectuer. Comme elle craint toujours quelque complication susceptible d'entraîner des frais onéreux, elle continue à subir l'action des Gouvernements locaux et souvent même leurs exactions. De sa part aucune velléité de se mêler des affaires politiques des princes indiens. Dupleix n'est encore en effet que le chef du comptoir de Chandernagor, qu'il administre d'ailleurs brillamment; quant à

Dumas il gère les affaires de la Compagnie d'une façon particulièrement avisée, mais prudente.

Le personnel supérieur de la colonie est resté à peu près le même depuis 1730. En 1738, le Gouverneur Dumas a sous ses ordres un Conseil de sept membres dont quatre, Legou, Dirois, Dulaurens et Signard étaient déjà conseillers en 1730. Les trois conseillers nouveaux, Ingrand, Miran et Golard ont remplacé Dupleix, Vincens et Delorme.

Les lettres de la Compagnie au Conseil Supérieur s'échelonnent du 30 Octobre 1736 au 18 Janvier 1738, celles du Conseil Supérieur à la Compagnie, du 2 Janvier au 18 Octobre 1738.

La disposition de la correspondance n'a pas subi de modifications depuis 1730 et nous continuons d'adopter pour l'analyse que nous en faisons le cadre même de cette correspondance.

## 1 — LE COMMERCE D'EUROPE.

Les opérations commerciales des Français dans l'Inde sont toujours monopolisées par la Compagnie; celle-ci abandonne cependant comme par le passé une partie de ses privilèges au profit de certains particuliers, soit en autorisant des armements privés, où elle garde d'ailleurs un intérêt (une délibération du Conseil Supérieur du 14 Septembre 1738, a fixé cet intérêt au 1/4 de l'armement), soit sous forme de ports-permis. Ce commerce particulier, du moins celui qui se fait entre les différents comptoirs des établissements de l'Inde, elle le voyait même d'un assez bon œil, ce qui lui permettait d'étendre le champ de ses affaires.

Malgré cette situation avantageuse, elle n'arrive pas à étayer solidement ses finances. Son action demeure gênée et étriquée. Les fonds toujours insuffisants parviennent trop tard dans l'Inde et les achats s'effectuent par suite avec des difficultés. Les comptoirs n'ont souvent d'autres ressources que l'emprunt sur place, s'ils veulent profiter de quelque occasion d'achat ou tout simplement répondre aux demandes de la Compagnie.

Nous renouons la chaine interrompue des affaires commerciales par une lettre de la Compagnie du 30 Octobre 1736. Le *Duc de Bourbon* et le *Duc d'Anjou*, nous apprend-elle, sont arrivés à Lorient les 9 et 20 Juillet, la *Reine* le 4 Octobre 1736. Le *Condé* venant de Chine et le *Prince de Conty*, du Bengale, y ont jeté l'ancre vers le milieu de la même année. Le *Griffon*, retardé à l'ile de Bourbon, où il attend un chargement de café, n'arrivera à Lorient qu'en 1737 avec l'*Apollon*, le *Dauphin* et le *Phénix* venant de Pondichéry, le *Comte de Toulouse* et la *Duchesse*, de Chine, la *Thétis*, de Mahé, la *Paix* et l'*Amphitrite* du Bengale; les cargaisons de ces derniers navires se vendront avec succès le 23 Septembre 1737.

La Compagnie arma 11 navires pour la campagne de 1737-1738. Elle enverra à Pondichéry le *Bourbon*, le *Fleury*, le *Lys* et la *Reine* avec 80.000 piastres, à Chandernagor, le *Philibert*, le *Chauvelin* et le *Triton* avec 66.000 piastres en Chine, le *Condé* et le *Prince de Conty* avec 28.000 piastres, aux iies le *Duc d'Anjou* et le *Fleury* avec 10.000 piastres; c'était un chargement total de 184.000 piastres. Chaque vaisseau portait en outre 6.600 piastres pour les ports-permis des officiers et un certain nombre d'armes, moindre toutefois que ne le réclamait le Conseil Supérieur, aucune complication militaire n'étant plus à craindre par suite de la cessation des hostilités en Europe. Tous ces vaisseaux eurent une heureuse traversée.

Le *Lys* toucha à Pondichéry et en repartit le 22 Septembre 1737 pour le Gange et se rendit ensuite direc-

tement aux iles. Le *Fleury* quitta l'Inde le 4 Octobre
avec 1.850 balles de marchandises à destination de la
France. Le *Maurepas*, qui venait de faire la campagne
de Moka, partit le 21 Octobre avec 3.000 balles de café.
Le *Duc de Bourbon* se dirigea le 25 Octobre vers la
côte de Malabar et de là vers Moka. La *Reine* qui était
allée chercher au Bengale du riz pour Pondichéry en
repartit seulement au mois de Mars 1738. emportant 902
balles de marchandises de la côte, 71 milliers de salpêtre, 75 milliers de bois rouge et 103 milliers de poivre,
d'une valeur de 99.278 pagodes. La même année, le
*Chauvelin* regagna à son tour la France.

La famine et la cherté des cotons, qui en est résul-
tée, n'ont pas permis à tous les navires (nous venons de
le voir) de quitter l'Inde en Octobre 1737. Le commerce des poivres n'a pu se faire normalement, les magasins de Mahé s'étant trouvés démunis de cette denrée.
A ce propos le Conseil Supérieur avertit la Compagnie
qu'il serait préférable d'envoyer les navires se ravitailler
en poivre à Mahé directement, sans passer par Pondichéry, ce serait une économie de temps et d'argent.

Malgré ces quelques déboires, 4.600 balles de la
côte ont été chargées sur la flotte. C'est le plus bel envoi que la Compagnie ait encore reçu de Pondichéry.

Ainsi qu'à l'ordinaire les opérations commerciales
ont été gênées par le manque de fonds. Le Conseil Supérieur a dû emprunter et comme ses principaux prê-
teurs, Imam Sahib et Chankarabary se sont trouvés dans
l'impossibilité de tenir leurs engagements, il se voit sans
ressources pour effectuer à l'avance les achats et envoyer
des fonds à Mahé. Il ne restait plus au 1er Janvier 1738
que 35.000 pagodes dans les caisses du Conseil Supérieur.

Pour la campagne suivante, cinq navires, le *Phénix*,
le *Saint-Géran*, la *Paix*, l'*Apollon* et le *Dauphin*, quit-
tèrent Lorient à destination de Pondichéry à la fin de

1737 et trois, le *Comte de Toulouse*, la *Duchesse* et la *Thétis* à destination de Chandernagor, portant au total 207.000 marcs de matières d'argent. Deux navires, le *Fulvy* et le *Penthièvre*, avec 28.000 marcs prirent la direction de la Chine, le *Griffon* avec 5.000 marcs, celle des îles. Cette flotte arriva dans l'Inde du 6 Mai au 3 Octobre 1738.

La 30 Mai de la même année, le *Comte de Toulouse* a, de Pondichéry, gagné Chandernagor, emportant 240.000 roupies arcates, suivi douze jours plus tard par le *Saint-Joseph*, avec 150.000 marcs. On envoyait 54.000 pagodes à Masulipatam et à Yanaon par *l'Aventurier* et *l'Indien*.

Le *Duc de Bourbon* chargé de 3.505 balles de café, le *Phénix* et le *Saint-Géran* ont fait voile vers l'Europe à la mousson d'Octobre 1738.

La *Paix*, *l'Apollon* et le *Dauphin* doivent partir à la mousson de Janvier 1739 avec tout ce que l'on pourra recueillir de poivre et d'autres marchandises.

Tels sont les derniers renseignements sur les mouvements des navires donnés par la correspondance.

La Compagnie projetait en Octobre 1737 quelques réformes et annonçait qu'elle travaillerait désormais "sur un plan de commerce constant". Elle comptait d'abord envoyer chaque année dans l'Inde un nombre de navires au moins aussi considérable que pendant la campagne de 1738 (8 dans les comptoirs de l'Inde proprement dite, 2 en Chine, 1 aux Iles). Elle promettait aussi des fonds suffisants pour permettre au Conseil Supérieur de passer à l'avance le quart des contrats d'achat et cela proportionnellement au nombre des vaisseaux expédiés. Or, d'après les calculs du Conseil Supérieur, il faudrait, chaque année moyenne, pouvoir avancer aux marchands dès les mois de Janvier et de Février 200.000 pagodes. D'après un calcul succinct, si elle demandait un "retour" de 500.000 pagodes, la Compagnie devrait donc envoyer 7 à 800.000 pagodes. Ainsi les affaires se feraient sans hâte et plus commodément, les navires pourraient quitter l'Inde avec un chargement complet, ce qui aurait son utilité au point de vue de la navigation, les cargaisons actuelles étant presque toujours mal arrimées.

Notons encore quelques renseigements fournis sur les achats et les ventes du Conseil Supérieur. La vente de 100 balles de draps apportées par le *Saint-Géran* s'est effectuée en 1738 au prix de 1 pagode 12 fanons l'aune pour la moitié seulement, le reste a été écoulé assez facilement. Par contre les vingtains et les trente quatrains se sont mal vendus. Quant au fer, Surate et Manille absorbent sans difficulté les cargaisons qu'on leur envoie.

Le commerce des cotons a été rendu difficile en 1738 par suite de la misère des tisserands. Nombre d'aldées ont été dépeuplées aux environs de Pondichéry.


## II — COMMERCE D'INDE EN INDE.


La Compagnie n'a pas étendu ses opérations à de nouvelles régions depuis 1730,

*BASSORA ET LA PERSE*. — Les relations des employés de la Compagnie et des Carmes, qui représentent les intérêts français à Bassora, ne s'améliorant pas, elle décide d'y établir un consul particulier. Sur avis de la Compagnie, le Ministre Maurepas avait désigné pour ce poste trois candidats éventuels, Miran, Joques de Martainville et de La Noë. Notre ambassadeur près la Sublime Porte, le marquis de Villeneuve, fut chargé d'obtenir du grand Seigneur un nonveau *barrat* pour l'employé qui serait désigné : Maurepas recommandait que le nouveau consul vécût en bonne intelligence avec les

missionnaires et traitât ses affaires directement avec
Villeneuve. Les lettres qui le nommaient passaient sous
silence la question de subordination au Conseil Supérieur, celui-ci réclama. Le consul devait recevoir 1.500
livres d'appointement et 1 o/o sur la vente des marchandises, que lui allouerait le Conseil Supérieur. Le Conseil
de Chandernagor niait l'utilité de ce consulat; mais il semble que son opinion était dictée en partie par la jalou-
sie. Comment ne pas convenir en effet que le consul
empêchera les subrécargues d'agir à leur fantaisie, d'é-
crire par exemple au roi de Perse et de mettre en avant
mal à propos le nom de la France ? Car enfin il est avé-
ré, d'après le Conseil Supérieur, que les subrécargues
doivent le plus souvent leur situation moins à leur mérite "qu'à la faveur et à la protection". Le pourcentage
abandonné au consul sur les cargaisons ne le sera pas
en pure perte. Sa connaissance du commerce du pays,
les mesures qu'il prendra pour effectuer à temps ventes
et achats compenseront largement ce léger sacrifice.

C'est Martainville qui fut nommé consul ; il devait
d'ailleurs rester à Pondichéry jusqu'à la fin de 1738,
n'ayant pas trouvé à temps un navire allant en Perse.

Si la Compagnie prenait tant de soin pour établir
un consul à Bassora, c'était dans le but d'y développer
le commerce des draps et serges de France. Mais les
opérations subirent des fluctuations importantes. *L'Entreprenant* et le *François* avaient été armés par des
particuliers pour faire avec la Perse le commerce des
cafés et des draps. Six mille pagodes représentaient
l'intérêt de la Compagnie à la campagne de *l'Entreprenant*. L'expédition échoua et les vexations des *Bachas*,
les épidémies avaient ruiné tout commerce dans ces
régions à la fin de 1738. Le café de Bourbon lui-même,
qui s'était bien vendu à Bassora pendant quelque
temps, n'y trouvait plus de débouché.

Malgré ces déboires le Conseil Supérieur comptait

envoyer Martainville prendre possession de son poste, en attendant des jours meilleurs.

C'étaient des navires armés au Bengale et chargés en grande partie par des étrangers, qui faisaient à cette époque le commerce de Bassora, La Compagnie interdit à La Bourdonnais de faire à partir de 1738 aucune expédition des îles vers la Perse. Il devra se contenter d'armer pour la côte de Mozambique, le commerce de la péninsule et de ses abords restant le monopole des comptoirs de l'Inde.

*CHINE* — La Chine fournissait à la Compagnie l'or qui était converti en pagodes indiennes, ce qui évitait d'en exporter de France.

La campagne que le *Saint-Benoit* y effectua en 1737, ne donna que 17 1/2 % de bénéfices. D'ailleurs manquant de fonds la Compagnie n'avait pas pu y être intéressée.

Le même *Saint-Benoit* partit le 15 Février 1738 de Pondichéry pour Mahé, afin d'y prendre un chargement de poivre et de là pour Canton le 21 Juin suivant. Le capital de l'expédition atteignait 90.000 pagodes, la part de la Compagnie 25.000.

Celle-ci faisait encore de Lorient un commerce direct avec la Chine.

*MANILLE* — Le *Chankarabary* fut envoyé de Pondichéry à Manille au mois de Mars 1737. La Compagnie fut intéressée à son armement pour 10.000 pagodes qui, l'expédition achevée, en donnèrent 13.313. Les marchandises apportées par ce vaisseau s'étaient vendues difficilement, sauf les 144.000 livres de fer cédées au prix de 16 pagodes le *bar*. Le même *Chankarabary* avait déjà trouvé à Manille en 1734 un prix rémunérateur de sa cargaison de fer.

La Compagnie fournit la même somme de 10.000 pagodes dans l'armement du *Notre Dame de Santé* parti pour Manille en 1738·

*MOKA*. — Comme cela s'était déjà produit à maintes reprises, le commerce des Français avec Moka fut troublé en 1735 et 1736 par les exactions des indigènes. Cet état de choses incita la Compagnie à supprimer le comptoir. Dans une lettre d'Octobre 1736, elle faisait connaître au Conseil Supérieur les raisons de sa décision; elle pensait qu'il ne valait pas la peine, vu les difficultés présentes, de maintenir un comptoir à Moka pour n'en retirer chaque année que 500 milliers de café. Un subrécargue suffirait à cette besogne. Le Conseil Supérieur était d'une autre opinion. Il démontrait que le comptoir ne coûtait au total que 4.000 piastres. Or, les avantages étaient nombreux, sécurité plus grande des transactions, avances aux employés rendues inutiles, possibilité de faire les achats avant l'arrivée des vaisseaux. Le commerce de la Compagnie pourrait prendre de l'extension à Moka, où 300 milliers de fer, 20 à 25 balles de draps trouveraient chaque année leur placement.

En fait, la situation s'améliora peu à peu, bien que le *Maure* armé par les particuliers y ait laissé en 1737 presque toute sa cargaison invendue. Ingrand et La Garde réussirent à signer un traité politico-commercial avec les Arabes, qui restituèrent 82.000 piastres extorquées par eux aux commerçants français.

Cependant le comptoir ne fut pas rétabli. On envoya à Moka Gabriel Dumas, nommé le 10 Janvier 1738 comme agent de la Compagnie et en même temps chef de la nation, Courbezabre autre agent devait faire la traite des cafés à Betellaguy, Dumas lui procurant les fonds nécessaires aux achats et recevant les cafés qui en proviendraient. Ils ne recevraient pas d'appointement, mais toucheraient la commission ordinaire de 5 % sur les marchandises de la Compagnie et 2 1/2 pour cent sur les achats de cafés.

Des particuliers armérent pour Moka la *Marie* au

mois de Janvier 1738; par ce navire le Conseil Supérieur décida d'envoyer 15.000 piastres à ses agents. Mais il en aurait fallu 50.000. Au dernier moment on substitua à la *Marie* incapable de tenir la mer, le *Pondichéry* récemment construit au Pégou. Ce dernier quitta Portenove le 11 février.

## III — PONDICHÉRY

Nous retrouvons en 1736 l'organisation générale des comptoirs de la Compagnie dans l'Inde telle qu'elle était une dizaine d'années auparavant. Pondichéry, où siège le Conseil Supérieur, est toujours le chef-lieu de nos établissements. Les services généraux de la colonie s'y trouvent concentrés. Ce qui n'empêche pas certains comptoirs comme Chandernagor d'être favorisés d'une activité commerciale peut-être plus grande. Les affaires du centre de Pondichéry avec son hinterland ont en effet très souvent à souffrir de longues sécheresses et des famines quelles provoquent. L'année 1737 fut ainsi très mauvaise. Le riz devint rare et le Conseil Supérieur dut en distribuer, au prix de 50 pagodes la *garce*, à ses malheureux blanchisseurs et batteurs à la veille de mourir de faim. La situation parut s'améliorer par suite de pluies abondantes survenues vers la fin de Janvier 1738. Mais la famine durait encore en Octobre de la même année et le riz valait 80 à 100 pagodes la *garce*.

On entreprit dans Pondichéry quelques travaux d'utilité publique. Le quartier des parias ou parcherie qui se trouvait au milieu de la ville fut nettoyé pour laisser place aux ouvriers de la Monnaie qu'on voulait installer à cet endroit. L'hôtel des Monnaies élevé près de l'ancienne porte de Goudelour fut, en effet, achevé au mois de Septembre 1738. Il avait coûté 5.520 pagodes.

Par contre, la construction de l'hôpital, commencée en 1734, continuait encore en 1738. Le père Louis en avait fourni les plans. Mais il y eut des déboires, l'hôpital d'une architecture très lourde était mal construit.

Au début de 1738 furent jetés les fondements du nouveau Palais du Gouvernement. L'ancien ayant été démoli, on avait loué en attendant la maison de M. Février. On comptait également cette année là établir un pont près de l'ancienne porte Goudelour, pour faire communiquer les deux parties de la ville.

A signaler encore la réfection du chemin de Valdaour, le plus important de ceux conduisant à l'intérieur du pays et que les pluies avaient rendu impraticable.

L'accroissement de la population et spécialement celui de la population européenne rendit nécessaire la création d'une maison d'éducation. La Compagnie autorisa à cette fin le Conseil Supérieur à commencer la construction d'un bâtiment, en attendant d'envoyer dans l'Inde le personnel nécessaire. La *Paix* amena à Pondichéry le 8 Septembre 1738 quatre religieuses Ursulines et une sœur converse. On les installa provisoirement dans une maison commode. La concorde ne sembla pas régner entre elles et le gouvernement.

Les capucins assuraient le service religieux de la colonie. Ils étaient très pauvres et la Compagnie dut à plusieurs reprises subvenir à leur entretien et aux frais d'établissement d'une nouvelle église, sous le vocable de Notre Dame des Anges.

Ces capucins perdirent leur supérieur le père Esprit, qui faisait fonctions de curé de Pondichéry depuis 40 ans et qui mourut le 2 Janvier 1738. Le Conseil Supérieur présenta pour le remplacer le Père Dominique de Valence, auquel l'Évêque de Saint-Thomé accorda ses provisions. Mais il y avait là une situation de fait qui réclamait une régularisation. Les capucins désiraient que leurs deux églises Saint-Louis dans le fort et Notre Dame des Anges dans la ville fussent érigées en paroisses, ce qui mettrait les capucins de Pondichéry sur le même pied que les Jésuites de Chandernagor. En attendant le Conseil Supérieur les traitait comme les véritables curés. Celui-ci faisait également observer qu'il y aurait lieu d'augmenter le revenu de ces religieux, qui n'était que de 1.200 liv. et très insuffisant. Les capucins ne fournissaient-ils pas deux prêtres pour les deux messes dites dans le fort? Il fallait bien trois autres prêtres pour desservir la paroisse urbaine et bientôt l'hôpital en réclamerait un autre à son tour.

Enfin le Conseil Supérieur pensait que la Compagnie ferait bien de lui donner ses instructions pour le cas où la cure des Malabars viendrait à vaquer. Il conviendrait alors de présenter un curé à l'Evêque de Saint-Thomé. La paroisse se trouvait en réalité dans la ville, mais il s'agissait de prévenir, le cas échéant, l'action des jésuites, qui pouvaient prétendre que cette cure était une mission et dépendait de leur congrégation.

Telles sont les quelques affaires d'une importance très secondaire, nous le voyons, qui se présentèrent à la décision du Conseil Supérieur de 1736 à 1738.

Un évènement plus intéressant marqua l'année 1738 et mit en lumière la prudente sagesse de Dumas. Celui-ci avait conclu au mois de Juillet 1738 un traité avec Sahagy Marajou, roi de Tanjore, qui donnait aux Français la forteresse de Karkengery de l'aldée de Karikal, région très commerçante et avec certaines dépendances d'un revenu de 5 à 6.000 pagodes. Le prix convenu de la concession s'élevait à 18.000 pagodes. Le *Saint-Géran* et le *Phénix* furent envoyés prendre possession de Karkengery, le premier mouilla le 4 avril 1738 en vue de Tranquebar. Alors le roi circonvenu contre les Français par les Hollandais de Negapatam chercha toutes sortes d'atermoiements à l'exécution de sa promesse et nous dûmes le 3 Septembre rappeler nos vaisseaux sans résultat. Devant un tel manque de bonne foi, les Français, qui avaient pour eux la force, firent preuve d'une remarquable modération, préférant en évitant un conflit armé réserver l'avenir. Le roi de Tanjore était alors en guerre avec Sandasaheb, gendre du nabab d'Arcot, qui de son côté avait promis aux Français en cas de victoire de ne conclure la paix avec Sahagy Marajou qu'une fois ratifiée la cession de Karikal à la Compagnie.

Pour terminer par quelques renseignements statistiques sur les baux que le Conseil Supérieur eut à conclure à cette époque, la ferme du bétel monta en 1738 à 8.179 pagodes, de 7.000 pagodes environ en 1737 et 5.420 pagodes en 1735.

Le bail des fermes des terres de la Compagnie étant venu à expiration le 1er Juillet 1738 fut adjugé de nouveau pour cinq années. L'adjudication de 1738 marqua une intéressante plus value sur celle de 1733, soit pour les quatre fermes d'Oulgaré, de Pondichéry, de Mourougapac et d'Ariancoupon : 7.350 pagodes sur un total de 20.760.

## CHANDERNAGOR.

Ce comptoir est toujours le second établissement français de l'Inde et le premier par son commerce. Dupleix le dirige depuis 1731. Le caractère entier et ombrageux du directeur n'est pas sans nuire aux bons rapports du Conseil de Chandernagor et de Dumas. Les deux années 1737 et 1738 furent fertiles en incidents de toutes sortes. Ecoutons les doléances du Conseil Supérieur écrivant à la Compagnie le 5 Mars 1738 à propos de la conduite de ses agents de Chandernagor : " Nous ne pouvons que nous en plaindre ; "le Conseil se moque de tout ce que nous pouvons lui

" écrire, il affecte au contraire de prendre le contrepied
" de ce que nous lui marquons et fait toujours en sorte
" d'éluder les ordres que nous lui donnons, il est im-
" possible que notre correspondance avec Chanderna-
" gor dure plus longtemps sur le pied qu'elle est ; il
" faut qu'une porte soit ouverte ou fermée, que la
" Compagnie nous mette en état de faire exécuter
" nos ordres à Bengale ou qu'elle nous permette d'y
" en donner aucun." Le conflit devait s'aggraver encore à propos de l'affaire des roupies que nous exposons
plus loin brièvement.

Revenons à l'examen des questions commerciales
du comptoir. Vu surtout la cherté du coton, le Conseil de Chandernagor n'avait en 1736 que de grosses
marchandises et en faible quantité. Par contre le comptoir se trouvait quitte de toutes dettes après le départ
des vaisseaux. Mais le Conseil Supérieur pensait que
l'envoi d'une cargaison plus considérable n'aurait pu
nuire à cette situation, si les précédents envois eussent
contenu moins de marchandises fines. Une autre erreur
des gens de Chandernagor selon l'opinion du Conseil
Supérieur était leur habitude de ne passer de contrats
qu'après l'arrivée des vaisseaux. Aussi pouvait-on craindre qu'ils ne pussent répondre à temps aux demandes
de la Compagnie pour 1737.

Chandernagor continue un commerce avantageux
avec Patna qui tend à devenir un excellent débouché
pour les draps londrins sauf de couleur garance, le
calin, le toutenague, le vif argent le vermillon, le camphre, etc. On compte tirer de l'endroit 10.000 *mans* de
salpêtre par année. Ce salpêtre pourrait utilement remplacer le bois rouge comme frèt des navires en prove-
nance du Bengale. Malheureusement les fonds manquent en 1738 pour un actif courant d'échange avec
Patna.

Trois navires, nous l'avons vu, le *Philibert*, le

*Chauvelin* et le *Triton* arrivèrent à Chandernagor au milieu de 1737. Le Conseil Supérieur y fit encore passer en Octobre de la même année la *Reine* portant 240.000 roupies arcates, cela pour permettre au comptoir de commencer ses achats en vue de la nouvelle campagne commerciale. Le *Fort-Louis* et le *Lys* y amenèrent également une cargaison de 375 milliers de bois rouge.

Le Conseil de Chandernagor proposait à cette époque de passer des contrats pour 1.800.000 roupies. Recevant à temps les fonds, il se faisait fort de réunir des marchandises suffisantes pour charger quatre navires par an. Pondichéry trouvait les projets un peu vastes. Comment trouver les effets nécessaires à ces opérations quand il n'y a aucune disponibilité actuelle et qu'il faudra, lors des prochains envois de France, reprendre les 240.000 roupies avancées au comptoir?

## MAZULIPATAM et YANAON

Les achats y souffrirent en 1736-1737 du manque de fonds. Les difficultés se trouvèrent accrues par suite de la dépréciation subie par les roupies de Pondichéry. C'était un coup monté par quelque "nation jalouse," affirmait le Conseil Supérieur. On décide alors de faire savoir au gouverneur de Mazulipatam la résolution des Français de cesser tout commerce sur son territoire plutôt que d'accepter une perte sur les roupies de Pondichéry.

Les affaires de Yanaon furent également affectées par cet état de choses.

Quoiqu'il en soit la crise semblait surmontée en 1738, le commerce renaissait dans ces parages. La loge de Yanaon s'achevait et les Français comptaient bientôt y faire le double de trafic antérieur.

Ces deux comptoirs reçurent, au cours de l'année 1737, 75.000 pagodes et 190.000 roupies, pour effectuer leurs achats. Le brigantin l'*Aventurier* avait apporté à Pondichéry, vers la fin de 1737, 160 balles de toiles prises à Yanaon et 26 balles et ballots de mouchoirs de Mazulipatam. Les toiles étaient assez bonnes, mais les mouchoirs de qualité inférieure, car beaucoup de tisserands avaient succombé dans les aldées environnantes à la misère et à la faim. La situation ne semblait pas devoir s'améliorer en 1738.

Malgré ce contre-temps, Pondichéry donnait des ordres pour passer des contrats d'une valeur de 75.000 pagodes dans chacun des deux comptoirs. Il avait fait un premier envoi de 50.000 pagodes lequel devait être complété au cours de 1738.

Le personnel de la Compagnie à Yanaon subit quelques changements à cette époque. Guillard chef du comptoir et malade regagna Pondichéry en Décembre 1737. De Choisy puis Leverrier le remplacèrent jusqu'à son retour en fonctions, depuis le milieu de 1738. Le Conseil de Pondichéry projetait de créer un petit comptoir au Nord de Yanaon vers Ganjam, dans l'intention d'approvisionner la colonie en farine durant les périodes de disette. Ganjam était en effet, au nord de la côte de Coromandel, un grenier comparable à Tanjore au sud.

## MAHÉ

La denrée d'échange du comptoir reste toujours le poivre. Il en a fourni 1174 *candis* à Pondichéry en 1737.

Les intrigues des Anglais auprès des princes indiens ont quelque peu gêné le commerce de la Compagnie; mais en 1738 nos ennemis paraissent en mauvaise posture.

Il a été remis à Mahé pour la campagne de 1738, 25.000 pagodes et 206.000 fanons. L'actif du comptoir se présentait ainsi le 15 Décembre 1737 : en caisse 216.000 roupies, marchandises 55.260, créances 163.572. C'était fort bien et ces disponibilités permettaient l'achat de 2 ou 3 mille *candis* de poivre si l'horizon politique avait été moins sombre. Mais le Conseil de Mahé, qui voulait prendre possession de deux montagnes à proximité du comptoir, appréhendait une rupture avec Bayanor. Selon ses habitudes de prudence le Conseil Supérieur conseillait de s'entendre à l'amiable, car une guerre même victorieuse grèverait les finances de la Compagnie.

En février 1738, Mahé reçut encore de Pondichéry par le *Saint-Benoit* 20.000 pagodes et 100.000 fanons.

Mais loin de s'occuper de procurer à la Compagnie les quantités de poivre réclamées, le comptoir n'en fournit que 340.000 livres, chiffre très inférieur aux besoins. Par contre il avait approvisionné nombre de navires appartenant à des particuliers, frêtant pour son compte un navire pour Moka et distribuant beaucoup de poivre aux vaisseaux de Macao. En présence de ces faits le Conseil Supérieur laissait à la Compagnie le soin de juger s'il n'était pas nécessaire de relever de son poste M. Bunel, le Directeur du comptoir.

## SURATE.

Les affaires n'y étaient ni actives, ni prospères. Elles déclinaient de plus en plus.

Le chef du comptoir M. Martin ne possédait en caisse le 30 Avril 1737 que 5.739 roupies et on lui devait 5.566 roupies. Il avait tiré sur Chandernagor une traite de 8.100 roupies. Il pouvait encore faire état de 6.000 piastres apportées par *l'Entreprenant* et en cas de besoin Pondichéry ferait passer à Surate 15 à 20.000

roupies. Les draps s'y étaient fort mal vendus, mais on espérait que le fer y trouverait un meilleur débouché et l'on comptait en envoyer par l'*Entreprenant* 160 milliers en 1738.

M. Martin ayant demandé pour son comptoir un officier de l'état-civil, le Conseil Supérieur avait désigné le sieur Cornet pour en remplir les fonctions.

### IV—ILES DE FRANCE ET DE BOURBON.

La Bourdonnais à cette époque gouvernait les deux iles françaises de l'Océan Indien et se fait déjà remarquer par son caractère difficile et autoritaire. Il veut agir en maître non seulement aux îles, mais parfois jusque dans l'Inde. Ne change-t-il pas de sa propre autorité l'itinéraire et la destination des vaisseaux qui touchent à l'île de France? Il envoie ainsi directement à Chandernagor en 1736 le *Prince de Conty*. « Son ambition, écrit le 2 Janvier 1738 le Conseil Supérieur, lui a fait demander à la Compagnie des pouvoirs beaucoup plus étendus qu'il ne devait naturellement avoir.» Il faudrait l'empêcher de "donner dans de chimériques projets dont le but n'est pour l'ordinaire que de satisfaire la cupidité et l'ambition de leurs auteurs."

Quoiqu'il en soit, La Bourdonnais se débattait au milieu de graves difficultés à l'île de France, où tout, agriculture, commerce, population même, était à improviser. Seuls les secours, fournis par les comptoirs de l'Inde, lui permettaient de vivre. C'était de Pondichéry à Port-Louis de continuelles expéditions de riz, de bétail, de volailles, etc. On y envoyait encore des ouvriers: le 2 Janvier 1738, 48 topas, 17 lascars et 199 ouvriers de Pondichéry, sans compter un certain nombre de topas et de lascars du Bengale. Pondichéry se démunissait de bons ouvriers au profit de l'ile au point qu'il en manquait pour le service même de la colonie.

En résumé, les affaires des iles donnaient au Conseil Supérieur autant de soucis que celles de tous les autres comptoirs réunis.

Les iles trafiquaient avec Madagascar et surtout la côte de Mozambique, mais l'Inde devait fournir les marchandises nécessaires à ce commerce.

## V — TROUPES — ARTILLERIE. — FORTIFICATIONS

Au 3 Janvier 1736, la garnison de Pondichéry comptait 313 hommes, dont 5 invalides.

La Compagnie a envoyé de France 79 hommes en 1736, 70 en 1737 et pense ainsi porter la garnison au chiffre convenu. Celle-ci doit alors comprendre un effectif de 400 hommes répartis en 4 compagnies de 100 hommes chacune. Mais le 15 Octobre 1738, le Conseil Supérieur signalait une garnison toujours déficitaire, 50 hommes étant hors d'état de servir, et absolument insuffisante pour recruter les trois places de Mahé, Chandernagor et Pondichéry. La garnison de Chandernagor avait spécialement besoin d'être complétée.

La correspondance fournit des indications sur les équipements et l'habillement des troupes. C'est en cette matière les serges rouges et bleues qui ont la préférence du Conseil Supérieur au détriment du guingan. En 1737 Pondichéry reçoit 800 chapeaux et Mahé 300. A noter encore que la Compagnie ne veut accorder que 6 chevaux pour le service et la remonte des officiers, ce qui est insuffisant. Elle paraît trouver exagérées les demandes du Conseil Supérieur, qui réclamait des armes pour 480 hommes et désirerait, le cas échéant, être en mesure d'armer les noirs et les blancs du chef-lieu.

Un certain nombre de changements sont survenus dans le corps des officiers. Cependant Bury malgré sa santé précaire reste major-général de la garnison.

Les règles relatives à l'avancement des officiers de la Compagnie dans l'Inde ne paraissent pas avoir toujours été suffisamment fixes. Cela provenait en grande partie de la longueur des communications entre Paris et Pondichéry.

Pour pallier à cet inconvénient la Compagnie réclamait une exactitude encore plus sévère dans les états de revue des troupes. De son côté le Conseil Supérieur entendait que la Compagnie adressât à Pondichéry tous les renforts et que les soldats rentrassent en Europe passant par le chef-lieu. Il y eut à ce propos quelques difficultés entre le Conseil Supérieur et le Conseil de Chandernagor.

On termine en 1737 à Pondichéry les plates-formes d'une partie des bastions de l'enceinte et celles du fort d'Ariancoupon. On se propose d'achever ensuite l'enceinte de la ville du côté de la mer.

## VI — EMPLOYÉS.

Les dispositions en usage dans les comptoirs de la Compagnie dans l'Inde, relatives à la nomination et à l'avancement des employés, reçurent quelques modification intéressantes au cours des années 1736 et 1738.

Il fut précisé à nouveau que les promotions devaient se faire suivant l'ordre du tableau général. Le Conseil Supérieur nommait non seulement les agents de Pondichéry mais encore ceux des comptoirs, notamment de celui de Chandernagor, toujours en rebellion contre l'autorité du Conseil Supérieur.

On supprima les commissions de conseillers *ad honores* accordées à des habitants de la colonie. Seuls y purent désormais prétendre les employés de la Compagnie ayant servi aux Indes avec distinction.

Comme malgré ses demandes réitérées la Compagnie ne reçoit pas le tableau de son personnel, elle en a fait dresser un à Paris et l'envoie à Pondichéry. Là il devra être vérifié et servira désormais de base pour l'avancement des employés.

La Compagnie décide encore quelques modifications à l'article 12 du réglement général. C'est la fonction, non l'ancienneté ni le grade, qui déterminera désormais le traitement de chacun. Les conseillers recevront 1.500 pagodes, les sous-marchands 1.000 "en allouant cependant l'augmentation d'appointements.. pour différentes fonctions à ceux qui en seront chargés comme y étant plus propres."

Il faudra veiller en outre à ce que les mutations créent le moins possible d'allées et venues. Aussi le Conseil Supérieur suggère-t-il de laisser dans chaque comptoir les agents se succéder sur place jusqu'à l'emploi de sous-marchand supérieur. Les sous-marchands supérieurs remplaceront à l'ancienneté les conseillers de Mahé et de Chandernagor. Les plus anciens conseillers de ces deux comptoirs fourniront les conseillers supérieurs. Le Conseil Supérieur choisira les directeurs parmi ses membres.

Métis et indiens demeureront incapables de s'élever à un grade plus élevé que celui de commis aux appointements de 800 livres. Les Français nouveaux venus dans l'Inde devront passer avant eux.

Le réglement d'Octobre 1737 contenait aussi certaines dispositions relatives à la discipline. Un conseiller ne pouvait pas être révoqué mais seulement interdit par le Conseil Supérieur. Les Conseils de Mahé et de Chandernagor jouissaient du droit d'interdiction sur leur personnel. Mais l'agent interdit devait être dirigé d'abord sur Pondichéry et non pas en France directement.

Au début de 1738 les cadres de l'administration dans l'Inde n'étaient pas au complet. Or par suite du développement des affaires de la Compagnie, le tra-

vail devenait accablant. Il manquait à cette époque
dans les bureaux de Pondichéry 2 commis du premier ordre et 2 sous-marchands; aussi était-on obligé
d'avoir recours à des auxiliaires pour les écritures
courantes. Chandernagor de son côté réclamait 5 nouveaux employés. Cependant la Compagnie envoyait ré-
gulièrement un certain nombre d'employés, 9 en 1737,
11 en 1738. Mais le climat affectait bon nombre de nouveaux venus.

Signalons l'arrivée dans l'Inde, à cette époque,
de Paradis envoyé de l'île Bourbon à Mahé, il devait
plus tard jouer un rôle glorieux aux côtés de Dupleix.
Enfin, Godeheu, fils du directeur de Lorient, envoyé
en mission en Chine, s'arrêta dans l'Inde au retour
et séjourna près de dix-huit mois à Chandernagor,
où il fut l'hôte de Dupleix.

### VII — QUESTIONS MONÉTAIRES.
### AFFAIRE DES ROUPIES.

Les années sur lesquelles portent la correspondance que nous venons d'analyser ne furent marquées
par aucun évènement très saillant. Il convient pourtant
de mettre à part deux faits importants, le premier,
l'autorisation obtenue par le Conseil Supérieur de battre
des roupies à la Monnaie de Pondichéry, ce qui amena
indirectement une querelle entre Pondichéry et Chandernagor, c'est le second évènement. Il est connu sous
le nom d' "affaire des roupies."

Nous avons expliqué longuement ailleurs (1) comment la Compagnie envoyait chaque année dans l'Inde
des lingots d'argent, qui étaient ensuite transformés en
monnaie du pays par les soins des princes indiens.
Ceux-ci percevaient pour ce travail un droit de frappe
très élevé.

(1) Dans notre ouvrage sur *Dupleix et l'Inde Française* (1722-1741)
Paris, 1920, les pages 402-449, sont consacrées à l'affaire des roupies.

Depuis longtemps la constante préoccupation des gouverneurs avait été d'obtenir le privilège de convertir à Pondichéry même l'argent reçu de France. Après de laborieuses négociations et moyennant des présents considérables, Dumas réussit le 17 Août 1736 à se faire octroyer l'autorisation tant désirée.

1.420.000 roupies furent frappées l'année suivante à la Monnaie de Pondichéry. Cela représentait, avec un bénéfice de 7°/₀ sur la frappe, une économie annuelle de 150 à 200.000 roupies pour la Compagnie.

Les roupies de Pondichéry équivalaient absolument aux roupies arcates, utilisées auparavant dans les établissements français du Dékan et jusqu'à Chandernagor. Elles furent reçues au même titre que ces dernières par les marchands. Cependant dans quelques régions où s'étendait le commerce de Chandernagor, les roupies arcates n'avaient pas cours et seules étaient acceptées les roupies sicca frappées à Mourchidabab. Il fallait alors que les Français subissent des intermédiaires onéreux, les changeurs, eux-mêmes à la discrétion du banquier Fatechem. Les changeurs prélevaient un respectable *banta*.

Dès son arrivée à Chandernagor Dupleix se préoccupa de se soustraire à cette exploitation et chercha à obtenir la permission de porter directement les fonds reçus de Pondichéry à la Monnaie de Mourchidabab pour y être transformés en roupies sicca. En 1737 il n'avait encore rien obtenu.

C'est alors que Fatechem voyant la faveur de plus en plus grande dont jouissaient les roupies arcates anciennes et nouvelles, pressentit peut-être l'intérêt des Français à substituer entièrement leur usage à celui des roupies sicca. Il résolut d'interdire complètement dans le Bengale la circulation des roupies arcates, d'Alemparvé comme de Pondichéry.

Dupleix comprit qu'il risquait d'être désormais à

l'entière discrétion de Fatechem lorsqu'il s'agirait de changer les fonds reçus. Il résolut de négocier rapidement un arrangement sans attendre l'avis du Conseil Supérieur. Par la convention du 10 Janvier 1738, il se faisait autoriser à porter chaque année à la Monnaie de Mourchidabab une certaine quantité d'argent sans avoir à subir aucun intermédiaire et à introduire au Bengale une somme double de roupies de Pondichéry en acquittant seulement le *banta* d'usage. Cette autorisation coûtait 50.000 roupies à la Compagnie.

Au fond, l'accord n'était pas sans présenter de réels avantages, mais Dumas qui n'avait pas été à même de fournir son sentiment désapprouva la conduite de son subordonné. Dupleix n'admit pas ses critiques et une correspondance s'ensuivit qui ne garde pas toujours le ton de modération désirable. On trouvera ci-dessous la lettre écrite le 22 Avril 1738 par le Conseil de Chandernagor au Conseil Supérieur avec en regard les "observations" de ce dernier en date du 15 Octobre. Une analyse sommaire ne donnerait qu'un pâle aperçu du document. Il faut le lire pour se faire une idée nette des caractères de Dupleix et de Dumas. Le premier s'y révèle avec son impatience de toute subordination, son goût de l'autorité et aussi sa décision et son coup d'œil d'homme pratique. La correspondance de l'anné 1738 ne contient pas la conclusion du conflit, dans lequel la Compagnie donna somme toute raison à Dupleix, malgré ses procédés incorrects à l'égard de ses supérieurs.

Ainsi au cours de ces trois années aucune complication politique importante qui soit venue affecter d'une manière sensible la vie paisible des établissements français de l'Inde. D'autre part aucune innovation de quelque portée dans les transactions commerciales. Sans l'orage venu du Bengale, le calme dont jouissent alors nos comptoirs eût été quasi parfait. Beaucoup de sagesse chez le chef, une bonne volonté suffisante de la part des subordonnés permettent au commerce des Français de se maintenir sinon de se développer et à l'ensemble de leur entreprise dans l'Inde de continuer une existense encore modeste, sans doute un peu terne, mais assez heureuse.

ALFRED MARTINEAU,

*ancien Gouverneur des Etablissements français dans l'Inde.*

| Lettre de la Compagnie au Conseil Supérieur de Pondichéry. | Réponse du Conseil Supérieur |

<table>
<tr><td>

Lettre de la Compagnie<br>au Conseil Supérieur<br>de Pondichéry.

A Paris, le 30 8bre 1736

La Compagnie a reçu, Messieurs, vos dépêches avec les pièces qui y étoient jointes par les vaisseaux le *Duc de Bourbon* et le *Duc D'Anjou*, heureusement arrivés à l'Orient les 9 Mai

</td><td>

Réponse du Conseil<br>Supérieur

A Pondichéry, le 2 Janvier 1738

Nous avons appris avec bien du plaisir l'heureuse arrivée de tous les vaisseaux en France et qu'il ne se soit trouvé que très peu d'avaries...................

</td></tr>
</table>

et 20 Juillet derniers. Le *Condé* venant de la Chine, le *Prince de Conty* de Bengale, y sont de même arrivés les 20 et 24..........derniers.

Il s'est trouvé très peu d'avaries dans les cargaisons de ces vaisseaux;

<table>
<tr><td>

La vente de leur chargement ainsi que du *Chauvelin* resté de l'année dernière a été faite, le 17 septembre.

........................................

dont son équipage s'est trouvé attaqué. Vous en avez ci-joint la relation. Le

</td><td>

La maladie dont l'équipage du vaisseau la *Reine* a été attaqué nous paroit des plus fâcheuses. Nous avons fait voir à nos chirurgiens le mémoire à ce sujet; ils assurent que c'est une espèce de scorbut......

</td></tr>
</table>

Sieur de B.......capitaine a aussy été attaqué de cette même maladie, en est mort après son départ de ladite

Isle; cependant il avoit été très secouru. Ce vaisseau aux approches des côtes de France a touché sur les........... d'où il s'en est heureusement tiré, a relaché à Brest et est enfin arrivé à l'Orient le 4 Octobre. Les marchandises de son chargement ne seront vendues que l'année prochaine.

Pour le *Griffon*, les pluyes continuelles n'ayant pas permis aux habitants de l'Isle de Bourbon de faire sécher le caffé de leur récolte, M. de la Bourdonnais a marqué à la Compagnie qu'elle ne recevroit ce vaisseau avec son chargement complet qu'en May prochain.

Toutes nos lettres de la fin de l'année dernière et du commencement de celle-cy vous ont annoncé la paix comme certaine; quoiqu'elle ne le soit pas moins aujourd'hui, elle n'est cependant point encore publiée............ ..............................................................................................................

..................................... Nous avons reçu les
France et de Hollande gazettes et Mercures. Nous
que nous vous envoyons à prions la Compagnie de
l'ordinaire ainsi que les continuer à nous les en-
Mercures, les différentes voyer.
causes de ce retardement.

Nous espérons néanmoins pouvoir vous en apprendre la publication par nos lettres de Janvier ou Février prochain. Nous allons en attendant par celle-ci qui vous parviendra par le *Bourbon* vous faire savoir nos intentions sur l'employ des fonds et des vaisseaux que nous nous proposons de vous envoyer et répondre en même temps à toutes vos lettres des 6, 15, 18 Octobre et 15.........1735, 15, 17 et 19 Janvier dernier.

## VAISSEAUX ET COMMERCE D'EUROPE.

Quoique la vente ait été Tous les vaisseaux que
moins considérable cette la Compagnie a expédiés

année par le défaut de la *Reine* et du *Griffon*, la Compagnie a cependant résolu d'expédier d'icy en Février prochain les vaisseaux ci-après avec 184.000 piastres de matières qui seront réparties comme suit :

POUR PONDICHÉRY :

```
                    Ps.  )  Ps.
Le Bourbon  780  tx. 30.000 )
Le Fleury   800  ,,  25.000 } 80.000
Le Lys      700  ,,  15.000 )
La Reine    450  ,,  10.000 )
```

POUR CHANDERNAGOR.

```
Le Philibert ....  ,.  30.000 )  Ps.
Le Chauvelin 600   ,,  20.000 } 66.000
Le Triton    600   ,,  16.000 ) ———
                                 146.000
```

POUR CHINE.

```
Le Condé       500  tx.  14.000 )
Le Prince de Conty              } 28.000
               550  ,,   14.000 )
```

POUR LES ISLES.

```
Le Duc d'Anjou
               550  tx.  6.000 } 10.000
Le Fleury ...  800  ,,   4.000 )
                                 ————
                                 184.000
```

pour les Indes sont heureusement arrivés. Nous avons reçu par ces vaisseaux tous les fonds qu'elle y avoit chargés suivant les factures et connoissements.

La Compagnie se propose d'envoyer l'année prochaine des vaisseaux aux isles; elle aurait dû nous remettre une plus grande quantité de matières afin qu'il reste dans tous ses comptoirs des fonds pour travailler à l'avance.

Les armes que nous avons demandées à la Compagnie étoient destinées..... pour en garnir cette place de la quantité convenable et partie pour les autres comptoirs............................... occasion nous en aurions besoin et il ne sera plus temps pour nous d'en faire venir de France. Nous avons quatre cents quatre vingts hommes de garnison et un grand nombre de blancs et de noirs que nous pourrions armer dans le besoin.

Un moment d'attention mettra la Compagnie en état de décider ce qu'il doit y avoir d'armes dans la place indépendamment de ce qu'il faut pour fournir aux autres comptoirs.

Indépendanmment de ces fonds, la Compagnie envoye par ces vaisseaux tous les effets et marchandises qui lui ont été demandés par les différents comptoirs à l'exception de quelques articles qu'elle y a fait passer par les derniers vaisseaux et d'une quantité d'armes et pièces d'artillerie qu'elle a diminué, pensant bien que les circonstances seules de la guerre qui ne subsistent plus aujourd'huy les avait fait demander. Continuez à nous envoyer l'état de vos besoins par les premiers vaisseaux.

Vous recevrez encore des officiers des Etats-majors et des maîtres et pilottes de ces vaisseaux 6.600 piastres par chaque navire pour leur port permis.

Au surplus nous pensons qu'il est à propos de vous prévenir pour votre gouverne que nous expédierons de 1737 à 1738 un pareil nombre de vaissseaux avec des fonds au moins aussi considérables que ceux que nous envoyons par ceux-ci. C'est sur quoy vous pouvez compter et prendre vos arrangements.

Les ordres insérés dans votre lettre du 22 Octobre 1735 et ce que vous nous marquez à la fin de l'article 9 de votre lettre générale du 15 Janvier dernier nous donnant lieu de présumer que vous avez fait partir en Octobre dernier pour l'expédition de Moka un des vaisseaux d'Europe avec un des batiments de

Nous rendrons compte à la Compagnie par notre lettre générale des mesures que nous avons prises pour former les cargaisons de l'année prochaine.

Nous nous référons au sujet de l'expédition de Moka au détail que nous en avons fait à la Compagnie par notre lettre particulière du 15 Octobre dernier; elle y aura vu que malgré cette expédition nous avons tiré de Moka 3000 balles de caffé à bon marché qu'elle recevra par le *Maurepas,* le vaisseau la *Reine* n'étoit

l'Inde, nous ignorons s'ils vous apporteront du caffé à leur retour ou si n'ayant pu y en traiter ils repasseront à Mahé avec leurs fonds pour y prendre leur chargement en la plus grande quantité de poivres qu'il sera possible.

pas capable de les prendre.

M. Ingrand n'ayant pas eu besoin pour ses achats de cafés des cinquante milles piastres que nous avions chargées sur le *Maurepas* les a remises à Mahé à son retour.

Dans la supposition qu'ils vous ayent rapporté des caffés et que le vaisseau la *Reine* que nous vous envoyons puisse charger la totalité, vous la lui donnerez par préférence à tout autre vaisseau, parce que n'étant pas bon voillier il aura le temps, partant dans la mousson d'Octobre, de se rendre en France.

Supposant que ce chargement ait eu son exécution, il vous restera quatre vaisseaux à expédier :
La *Thétis* de 550 tonneaux
Le *Lys* de 700 Ton.
Le *Bourbon* de 780 Ton.
Le *Fleury* de 800 Ton.

La Compagnie aura été informée par nos lettres de l'année dernière qu'au lieu de la *Thétis* nous avions gardé le *Maurepas* pour l'expédition de Moka.

En conséquence de notre délibération du 12 7bre, le *Lys* partit d'icy le 22 pour

le Gange, le *Fleury* est parti pour France le 4 Octobre, le *Héron* aussy pour France le lendemain et le *Maurepas* le 24 ; le *Duc de Bourbon* a fait voile pour la coste malabare et Moka le 25.

De ces quatre vaisseaux vous en expédierez un pour Mahé qui sera la *Thétis* ou le *Lys* à votre choix avec 300 à 350 balles de marchandises de la coste indépendamment du bois rou-

Il ne convient nullement aux intérêts de la Compagnie de faire passer ses vaisseaux de Pondichéry à Mahé pour y compléter le chargement en poivres ; c'est faire courir des ris-

ge nécessaire pour son lest et vous donnerez ordre au Conseil de Mahé de lui compléter son chargement de poivre en la plus grande quantité qu'il lui sera possible. Si au contraire les vaisseaux de retour de l'expédition de Moka n'ont pas rapporté de caffé, ce qui dérangeroit fort le commerce de la Compagnie, elle vous autorise de faire passer à Mahé un second vaisseau. Vous pourrez y destiner le *Lys,* supposé que vous ne l'ayez pas choisi et vous le chargerez de la plus grande quantité de marchandises de la coste qu'il vous sera possible, indépendamment du bois rouge qu'il lui faut pour son lest, après avoir cependant déterminé le nombre de balles que vous croirez pouvoir donner aux vaisseaux le *Bourbon* et le *Fleury* pour les renvoyer bien chargés et à l'égard du *Lys,* vous ordonnerez pareillement au Conseil de Mahé de compléter son chargement en poivre et de l'expédier en Janvier au plus tard pour l'Isle de France.

ques aux marchandises de la coste que nous y chargeons et retarder le retour de ces vaisseaux en France de trois mois; il conviendra bien mieux que nous lui expédions d'icy à droiture en Octobre les vaisseaux qu'elle aura destinés pour importer des poivres; nous y chargerons le plus qu'il sera possible de marchandises de la coste. Ces vaisseaux doubleront le cap de Bonne Espérance dans la belle saison et arriveront en France de bonne heure. Trois mois de salaires d'équipages d'épargnés joints à la conservation de ces équipages laquelle dépend de leur prompt retour doivent déterminer la Compagnie à ne plus faire passer de vaisseaux à Mahé pour y charger des poivres. Nous n'y en avons point fait passer cette année; il n'y avoit pas même suffisamment de poivres dans les magasins de Mahé.

La Compagnie ne vous donne cependant ces ordres que conditionnellement parce qu'ils dépendent entière-

ment de la quantité des poivres que vous aurez en
magasin et de celle qui sera dans ceux de Mahé suivant les avis que vous en aurez eus du Conseil du
dit lieu.

Tout ce que nous avons à vous recommander est de
prendre de justes mesures à la réception de cette lettre
sur les vaisseaux que vous vous proposerez de faire passer
à Mahé et d'en donner avis au Conseil par des *pattemars*.

Comme il vous sera resté après l'expédition des vaisseaux cette année des fonds considérables, nous sommes persuadés que vous aurez préparé à l'avance les cargaisons de ceux que nous vous envoyons et que vous aurez en magasin à leur arrivée la meilleure partie des marchandises pour former leur chargement relativement au mémoire d'assortiment de Nous avons non seulement employé en avances à nos marchands les fonds qui nous restoient au départ des vaisseaux, mais encore nous avons emprunté de bonne heure. Nous nous flattions que nous pourrions expédier tous les vaisseaux en Octobre. La famine jointe à la cherté des cotons qui ont monté jusqu'à 38 pagodes le *bard* a dérangé notre projet.

Mrs. les Directeurs et députés pour les ventes; ainsi nous
comptons que vous nous expédierez dans la mousson
d'Octobre 1737 au moins deux vaisseaux de la coste.

Mrs. de la Bourdonnais et Dumont ayant été forcés par les raisons que nous vous avons dit cy-dessus de garder le vaisseau le *Griffon* qui étoit destiné pour rapporter le caffé et de l'envoyer à Madagascar pour y faire la traite des Quoique nous eussions marqué à la Compagnie par notre lettre du 26 Janvier dernier qu'au retour du vaisseau le *Héron* de Moka nous le renvoyerions à l'isle de France chargé de provisions, nous avons trouvé plus à propos de lui don-

bestiaux, vivres et noirs. Nous avons expédié depuis le *Héron* avec ordre de le renvoyer aussi avec son chargement en caffé, en Décembre 1737. Nous ignorons le party que M. de la Bourdonnais aura pris à l'égard de ce dernier; peut être que faisant partir à la fin de cette année le *Griffon* avec son chargement de caffé pour France, il gardera le *Héron* jusqu'à la prochaine et qu'il lui aura fait faire quelques traites à Madagascar pour ne pas le laisser inutile; peut être que les récoltes en caffé ayant été abondantes il les expédiera tous deux à la fin de cette année; peut être qu'il se sera déterminé d'expédier le *Héron* pour Jedda ou Bassora avec un chargement en caffé et les draps que nous lui avons envoyés par les derniers vaisseaux; peut être encore qu'il vous l'aura envoyé avec ordre d'en disposer pour le renvoyer en France avec une cargaison, ce qui auroit été un party très convenable ner son chargement pour France. La délibération en a été prise le 26 Juillet. Ce party nous a paru d'autant plus convenable qu'au moyen des arrangements pris par la même délibération pour le chargement des vaisseaux, nous renvoyons à la Compagnie tous ses fonds et qu'elle a fait passer à l'Isle de France le vaisseau le *Duc d'Anjou* quoyque le Conseil de la 'diste Isle lui eut marqué affirmativement de ne pas lui envoyer de vaisseau pour charger les caffés de l'Isle Bourbon; si nous lui eussions renvoyé le *Héron*, ç'eut été un vaisseau de plus dont il auroit été embarassé. Nous étions d'ailleurs dans l'impossibilité de lui donner un chargement en vivres dont nous étions nous mêmes dans une disette affreuse.

La Compagnie aura vu par notre délibération du 29 Aoust que le *Héron* ayant besoin d'une carène, nous l'avons, de l'avis des capitaines des vaisseaux qui étoient en rade, envoyé caréner à l'isle de

aux intérêts de la Compagnie, c'est ce que nous ne pouvons savoir et quoiqu'il nous marque affirmativement de ne luy point envoyer de vaisseaux cette année pour charger les caffés de l'Isle Bourbon, parce qu'il compte renvoyer les *Jupiter* à la fin de 1737, nous n'avons pu cependant nous dispenser d'armer le *Duc d'Anjou* que nous lui envoyons, sans quoy il étoit impossible de lui faire passer par les vaisseaux de l'Inde de toutes les marchandises, effets et vivres nécessaires pour les deux Isles. Quoi qu'il en soit, nous lui ordonnons de vous envoyer le *Jupiter* parce qu'il ne convient pas que ce vaisseau qui aura transporté pendant plus de deux ans des bestiaux dans son fond de cale, rapporte des caffés qui pourroient être entièrement perdus par l'odeur que cette cale a contractée.

France, pour de là continuer sa route pour France. Les motifs en sont détaillés dans la dite délibération et dans notre lettre du 30 Septembre dernier.

Le Conseil de l'Isle de France ne nous a point fait passer le *Jupiter*; il aura pu y verser la cargaison du *Héron* et charger ce dernier de caffé. Nous faisons à la Compagnie des retours considérables; quand nous aurions eû plus de fonds, il ne nous auroit pas été possible d'avoir des marchandises pour charger le vaisseau le *Duc de Bourbon*. Nous n'avons pu trouver de poivres à la coste à achepter et nous en avons reçu très peu de Mahé. D'ailleurs il falloit nécessairement envoyer un vaisseau à Moka pour soutenir le traité fait avec les Arabes.

L'intention de la Compagnie est que vous le fassiez passer à Mahé à la place du *Lys* ou de la *Thétis* et que vous lui donniez son lest en bois rouge avec trois cents balles de marchandises de la coste et du salpêtre de Patna, si vous en avez dans vos magasins d'envoy de Chandernagor et vous donnerez ordre au Conseil de Mahé de compléter son chargement en poivres.

Nous vous observons que s'il vous manquoit des marchandises pour charger tous les vaisseaux de la Compagnie, vous devez à la réception de cette lettre en ordonner un supplément, même écrire au Conseil de Chandernagor de vous faire passer 250 à 300 balles de *garas* avec du salpêtre, parcequ'il convient de déboucher celui qui provient du commerce de Patna qu'il faut répartir sur tous les vaisseaux. Au surplus comme vous avez des fonds et que vous devez être persuadés que nous ne vous en laisserons pas manquer, l'intention de la Compagnie est que vous lui renvoyez tous les vaisseaux sans en retenir aucun.

Nous vous observerons encore que si vous n'avez pas suffisamment de poivres pour compléter le chargement de tous nos vaisseaux et que vous en puissiez faire achat à la coste, vous ne devez pas manquer d'en acheter la quantité qui vous sera nécessaire pour compléter le chargement de nos vaisseaux et nous les renvoyer tous bondés. Ce n'est point assez que le Conseil s'en rapporte au certificat des officiers comme ils sont bondés; il est nécessaire qu'un conseiller aille à bord pour s'en assurer par lui même et que le dit certificat soit visé de luy.

Quoiqu'un conseiller ou autre employé aille à bord des vaisseaux pour voir s'ils sont bondés, il ne verra autre chose que ce que la Compagnie peut voir par elle-même à leur arrivée en France. Le tout dépend du bon arrimage ; s'il est mal fait, la Compagnie ne doit s'en prendre qu'aux capitaines et officiers de ses vaisseaux.

Il ne suffit pas nos plus de nous remettre des copies

A l'égard des connoissements nous en avons tou-

des connoissements visez du Conseil, il faut nous envoyer des originaux et en faire signer à cet effet plusieurs aux capitaines.

jours envoyé à la Compagnie les originaux à l'Orient.

Au surplus, nous nous référons aux observations et mémoires d'assortiment qui vous sont envoyés par Mrs. les Directeurs des ventes.

Nous les avons reçus. Nous faisons de notre mieux pour nous y conformer.

A l'égard des vaisseaux le *Philibert*, le *Chauvelin* et le *Triton* destinez pour Chandernagor, vous leur donnerez quatre cent milliers de poivres avec le bois rouge nécessaire pour leur lest.

Ces vaisseaux sont partis pour le Gange les 29 Juin, 14 Juillet et 8 Aoust.

Nous avons envoyé au Conseil de Chandernagor les quatre cents mille livres de poivres à peu de chose près, indépendamment de ce qui leur en restoit de l'année précédente.

M. Despremenil aura soin de vous remettre une facture des matières et effets chargés sur les vaisseaux destinés pour votre comptoir et Mrs. Cazaubon et Behic de Cadix, celles des matières d'argent, vins et vivres qui vous seront envoyez par le *Fleury*. Si vous n'avez pas suffisamment de vin pour le retour des vaisseaux que vous aurez à

Nous les avons reçus. La quantité de boissons qu'il nous a fallu donner aux vaisseaux le *Maurepas* et le *Héron* pour le retour et celles que les équipages ont consommées pendant leur séjour icy nous en ont dégarnis de façon que nous n'avons pu en remettre que très peu au comptoir de Mahé et que les employés d'ici n'ont pu avoir qu'une

nous renvoyer, vous leur en donnerez de ceux de cargaison.

Nous avons appris avec plaisir la réception de M. Dumas à Pondichéry et nous avons fort approuvé le party que vous avez pris de concert avec lui et M. Lenoir d'expédier en Octobre, les vaisseaux le *Lys* et le *Bourbon*; à présent que vous avez des fonds à l'avance, nous comptons que vous en expédierez au moins deux dans la mousson d'Octobre.

La Compagnie n'a pas approuvé que le Conseil de Chandernagor ait balancé s'il feroit toucher à Pondichéry le vaisseau que vous lui aviez demandé pour prendre vos expéditions et elle a improuvé aussi qu'il l'ait bondé de poivres malgré les ordres positifs que nous voyons par votre lettre du 24 Septembre 1735 que vous lui aviez donnés d'y laisser de la place pour 300 balles. Vous verrez par

partie de la quantité qui leur étoit nécessaire.

Il ne nous a pas été possible cette année d'expédier en Octobre plus de trois vaisseaux, quelques mesures que nous ayons prises à l'avance pour y réussir ; dans les années moins difficiles, nous nous flattons de pouvoir donner à la Compagnie la satisfaction de voir arriver tous ses vaisseaux... ............en France, ce qui est important pour la santé des équipages et pour la mettre en état de travailler à la disposition de sa vente.

Nous avons pris communication des ordres qu'elle donne au Conseil de Chandernagor. Si nous réussissons comme nous l'espérons à charger tous ses vaisseaux en Octobre, il faudra nécessairement qu'un des vaisseaux du Gange revienne ici pour prendre nos expéditions, sans quoy la Compagnie ne seroit point informée de ce qui se sera passé aux Indes depuis le départ de ses

la lettre que nous écrivons à ce Conseil que nous le blâmons du peu d'attention qu'il a fait à vos ordres et que nous luy recommandons de les exécuter avec plus d'exactitude dans des cas comme ceux là où on ne peut douter que ce ne soit le bien du service; et à l'avenir lorsque vous expédierez en Octobre, comme vous vous le proposez, tous les vaisseaux d'Europe que vous avez à charger, vous devez sans hésiter ordonner au Conseil de Chandernagor de faire toucher à Pondichéry pour prendre vos expéditions le premier des vaisseaux qu'ils expédieront pour France, la même année.

vaisseaux ny des arrangement que nous prenons pour former les cargaisons de l'année suivante.

Quoyque vous nous apreniez que vous avez fait passer à Chandernagor........de draps que nous............envoyé l'année dernière, 380 balles tant pour ce comptoir que pour Pondichéry et Moka et que nous voyons qu'il vous en restoit en magasin au 15 Décembre 1735, 414 balles, nous en envoyons cependant encore cette année à ce premier comptoir 60 balles de vingtains qui étoient ordonnez et que nous n'avons pû nous dispenser de prendre; mais ce qui nous mortifie le plus c'est de voir que M. Ingrand sur qui nous comptions pour le débou-

Il est vray que quant à présent Patna est presque le seul débouché des draps, quand il y aura un employé en Perse il pourrra s'y en vendre quelques parties. Moka en consommera annuellement 20 à 25 balles. Les Manilles pourront déboucher les couleurs qui ne conviennent point aux Indes ny en Arabie.

Nous avons fait ouvrir deux balles des vingtains que la Compagnie a fait charger sur le *Philibert* pour Bengale; ils ne se sont point trouvés tels que la Compagnie nous les annonce; c'est pourquoi nous leur avons laissé suivre

ché de ces draps vous en a    leur destination.
renvoyé 101 balles dont il
ne pouvoit se défaire et que le Conseil de Chandernagor
même nous marque ne point voir d'apparence d'en vendre aucun, si ce n'est à Patna qui est aujourd'hui notre
seule ressouce pour la vente de cette marchandise; dans
ce défaut de débouchement vous pouvez être assurés que
la Compagnie n'en envoyera plus que vous ne lui demandiez.

Comme vous nous marquez cependant par l'article 7
de vos réponses en apostilles que vous pourriez trouver
à la coste la défaite de quelques balles de vingtains qui
seroient d'un beau rouge, vous en retiendrez si vous le
jugez à propos quelques unes des 60 cy-dessus que l'on
nous a assurés être aussy parfaites en couleur que ceux
des Anglois.

Vous avez bien fait pour parvenir à faire une fin des 149 balles de londrins qui vous restoient, d'en fixer le prix par votre délibération du 23 Aoust à une pagode et demie l'aune avec un crédit de 4 à 6 mois.

Cette diminution nous a procuré la vente d'une partie. Nous en avons envoyé quelques balles à Manille, le reste se vendra peu à peu.

Il seroit à souhaiter que le chef de la monnoye d'Alemparvé consentit à vous fournir la quantité de roupies dont vous avez besoin pour envoyer à Chandernagor à l'arrivée des vaisseaux, mais le peu de succès des demandes que vous lui avez faites à ce sujet à l'occasion des matières du *Duc d'Anjou* vous ayant assez fait connaître que vous ne pouvez à cet égard compter sur lui.

Il est arrivé cette année à Bengale et à Mazulipatam des obstacles au cours de nos roupies. Nous en entretiendrons plus particulièrement la Compagnie dans notre lettre générale.

nous pensons que si vous voyez jour à pouvoir obtenir la permission de fabriquer des roupies à Pondichéry malgré les difficultés que vous avez déjà rencontrées à ce sujet, vous ne devez rien négliger pour y réussir, cette affaire étant des plus intéressantes pour nous, comme il est aisé de le sentir par l'extrait de la lettre de Chandernagor du 19 Décembre dernier que vous nous avez remis et qui prouve que sur l'envoy que vous avez fait en roupies de 16.908 Mˢ. il y a eu 14.127 Roupies Arcatte de bénéfice, ce qui nous détermine à vous envoyer de bonne heure les vaisseaux destinés pour Bengale, afin que vous ayez le temps de faire fabriquer en Roupies la plus grande quantité de matières qu'il sera possible. Au surplus nous ne doutons pas que convaincus de l'avantage qui en résulte, vous n'ayez réservé une partie des fonds qui vous seront restés après l'expédition des vaisseaux pour les convertir en Roupies et les envoyer à Bengale par les vaisseaux que nous y destinons et que vous retiendrez d'autant moins longtemps à la coste.

Nous ne pouvons qu'approuver le remboursement que vous avez fait aux marchands de 2919 Pagodes — Pareil remboursement n'a pas eu lieu sur les fournitures de 1736. — pour les avances qu'ils avoient faites en riz; il en est de même des emprunts que vous avez été obligés de faire suivant vos délibérations des 15 Février et 7 Juin 1735 afin d'engager les marchands de continuer à fournir.

Nous voyons qu'en signant les contrats, il ne vous a pas été possible de rétablir les prix des marchandises sur l'ancien pied; mais c'est toujours beaucoup que vous ayez pu vous — Il faut plusieurs années d'abondance de suite pour pouvoir diminuer les prix des marchandises. Nous n'avons point accordé d'indemnités sur les fournitures de 1736.

dispenser de les indemni-
ser pour les précédentes fournitures, attendu les conséquences qui en résultent.

Lorsque vous vous êtes déterminés à vendre à Chan-
karabary pour cent mil-
le Pagodes de matières
d'argent à raison de six Pagodes la serre, nous som-
mes persuadés que vous
ne pouviez faire mieux,
quoyque peu de temps a-
près vous les ayez vendues
7 Pagodes 1 fanon ; vous
sçavez de quelle consé-
quence il est d'en soute-
nir le prix et même de le
rétablir s'il étoit possible
sur l'ancien pied, qui a été
jusqu'a sept Pagodes quatre

Nos seulement, nous fai-
sons notre possible pour
soutenir le prix des matières d'argent, mais encore
pour l'augmenter. Par dé-
libération du 24 Juin dernier, nous en avons fixé le
prix à sept Pagodes six fanons la serre. Il en a été
vendu quelques parties à
7 Pag. 5 fan.; à 7 P. 7 f., et
7 P. 8 f.

La Compagnie sera in-
téressée dans les arme-
ments particuliers ainsy
qu'elle le désire.

fanons. Ainsy, nous nous reposons entièrement sur
vous à cet égard. Nous espérons au surplus que vous
ne vous retrouverez plus dans une situation aussy étroite
que celle qui vous a forcés à payer un mois et demi
d'intérêt à M. de Villeneuve sur la traite sur vous du
Conseil de Mahé en sa faveur de 59.500 Rs. Surate que
vous vous êtes trouvés dans l'impossibilité d'acquitter à
l'échéance. Nous comptons même qu'après l'expédition
des vaisseaux d'Europe, il vous restera toujours des
fonds, non seulement pour donner des avances aux
marchands et les faire travailler sans interruption, mais
encore pour intéresser la Compagnie dans les différents
armements particuliers relativement à ce qu'elle vous
a marqué à ce sujet par ses lettres du 11 Février dernier.

Nous avons approuvé toutes vos traites faites sur nous à deux mois de vue. Nous les avons fait acquitter sur le pied actuel des matières à raison de 48 Lvs. le Mrc. Vous continuerez de tirer pour l'avenir à deux mois de vue et nous les ferons acquitter au même prix de 48 Lvs. le marc dans l'espérance que le particulier portera ses fonds à la caisse de Pondichéry préférablement à celle de l'étranger.

Les motifs insérés dans la délibération que vous avez prise le 4 Janvier dernier pour emprunter de Chankaraharv 50.000 Pag. à l'intérêt de 8 p. o/o sont très justes et nous ne doutons pas qu'ayant par ce secours fait des avances aux marchands et remis les fonds nécessaires à Mazulipatam et Yanaon, vous ne vous soyez trouvés en état, avec les 500 milliers de caffé de l'annuel, de nous renvoyer en Octobre dernier deux de nos vaisseaux richement chargés; nous souhaitons que la récolte des............ait été aussy abondantes que les pluyes de

Nous nous conformerons à ces ordres et à ceux que la Compagnie nous donne par sa lettre du 31 Janvier dernier au sujet des traités que nous pourrons faire sur elle. Nous suivrons l'usage de ne tirer sur elle qu'en argent de Piastres mais il y a une différence si considérable à envoyer des Pagodes en nature ou prendre des lettres de change évaluées en argent de Piastres que nous ne pensons pas qu'il se présente beaucoup de gens pour en demander, la serre de Piastres étant à 7 Pagodes 6 fanons, le Marc vaut 6 Pag. 9 fs. 8 caches qui évaluées en monnoye de France à 8 Lvs. 12 S. la Pagode valent 54 Lvs. 17 S, 5 D.

Par notre lettre du 25 Janvier dernier nous avons informé la Compagnie des obstacles qui se sont trouvés à la fourniture des marchandises. Nous nous flattons cependant qu'elle aura été satisfaite des cargaisons qu'elle a reçues cette année.

l'hiver vous le faisoient espérer et qu'elle vous ait mis en état de diminuer les prix de chaque qualité de marchandises, sur la valeur desquelles vous avez très prudemment refusé de statuer avant le mois de Mars.

Indépendamment des 114 caisses de corail que nous vous avons fait passer l'année dernière, avec ordre d'en retenir par assortiment celles que vous croirez pouvoir vendre à la coste, nous vous en envoyons encore trente quatre caisses,

SAVOIR :

4 en branchettes,
12 assorties,
18 de même.

--------

34 caisses.

--------

Le corail n'ayant point de faveur à la coste à cause de la famine, nous en avons fait passer à Bengale quinze caisses de celuy que le *Philibert* a apporté. Les autres nations en apportent en grains ; il a plus de faveur que celui en branchettes.

La Compagine peut nous en envoyer quelques caisses pour essay des différentes grosseurs. Nous traitons cet article dans notre lettre générale.

dont vous retiendrez pareillement ce que vous pourrez vendre et ferez passer le reste à Chandernagor. Mais nous vous réitérons que quoyque vous nous marquiez que celui de la première sorte seroit d'une defaite plus avantageuse, nous ne pouvons cependant vous l'envoyer qu'assorti, les intéressés dans la Compagnie d'Afrique ne voulant point en vendre autrement ; au surplus comme nous ne vous ferons point passer d'autres que vous n'en demandiez, soutenez le prix de cette marchandise que vous ne serez pas pressés de vendre.

Nous ne nous étions déterminés à vous envoyer des

Presque tout le vin rouge que nous avons reçu cette

vins de Bordeaux d'un haut prix que sur les plaintes que vous nous aviez faites de ceux ordinaires et sur l'assurance que l'on nous avoit donnée que des vins supérieurs seroient toujours de defaite; mais puisque vous n'avez pu les vendre aux employés que vingt Pagodes la barrique, nous ne vous en envoyerons plus de cette qualité et les 150 barriques que vous recevrez année étoit gaté; partie de celui qui était en bouteilles mal soutiré et plein d'ordures, et les bouchons trop petits. Les vaisseaux le *Maurepas* et le *Heron* nous en ayant consommé beaucoup pour leurs malades, il nous a été impossible d'en envoyer à Mahé plus de vingt caisses. Nous y avons aussi fait passer quelques quarts d'eau de vie.

par les vaisseaux de cette expédition ne seront pas si chers, quoique de bonne qualité. Vous continuerez de les donner aux employés sur le pied de 20 Pagodes. Vous observerez qu'il y en a partie de la vendange de 1734 qui seront contre marquées à costé de la bonde 34. Vous recevrez aussi quelques barriques de ce même vin, qui quoique collés et soutirés à Bordeaux l'ont été de nouveau à l'Orient. Ces dernières seront aussi contre marquées, avec la roüanne $\frac{34}{00}$ afin que vous nous disiez en réponse votre sentiment sur les uns et sur les autres.

Sur cette quantité vous en recevrez environ un tiers de vieux en bouteilles que nous avons donné ordre à l'Orient de soutirer avec toutes les précautions possibles pour que ce vin vous parvienne bien conditionné. C'est une perte considérable pour la Compagnie que personne n'ait pris de celuy qu'elle vous avoit envoyé, quoi qu'il ne fut fixé qu'à 2 1/2 fanons la bouteille, attendu sa mauvaise qualité. Nous espérons que pareille chose n'arrivera plus. Au reste, vous avez bien fait de faire consommer journellement ce vin pour l'hôpital.

Vous aurez attention sur cet envoy d'en faire passer à Mahé la quantité ordinaire de 30 barriques dont un tiers aussi en bouteilles. Quant à l'eau de vie pour ce comptoir, il vous parviendra vingt quarts qui lui sont destinés.

Nous vous faisons passer aussi les quarante quarteaux d'Eau de vie et les 50 pipes de vin de Xérès que vous nous avez demandés.

La Compagnie approuve le présent d'environ 500 Pag. que vous avez fait au Nabab, en conséquence de votre délibération du 19 Mars dernier, à l'occasion du mariage de son fils. Ces sortes de présents sont d'usage et indispensables.

Nous sommes persuadés que ce sont de ces sortes d'usages dont vous ne pouvez vous dispenser sans courir risque d'indisposer ce seigneur dont nous avons besoin. Nous approuvons par la même raison que vous ayez fait présent de six balles de caffé à Iman Saheb dont nous sçavons que vous ne pouvez trop rechercher les bonnes grâces.

Nous approuvons pareillement la délibération que vous avez prise le 10 Janvier dernier pour faire payer 270 roupies à l'officier maure, députe par le Nabab pour mettre fin aux tracasseries du *Faussedar* de Porte Novo et le contraindre à ne percevoir que le demy droit, suivant son traité, sur les marchandises que le nommé Rangapa fait sortir de cette ville.

## COMMERCE D'INDE EN INDE.

Le détail que vous nous faites des avanies que le gouverneur de Moka et les arabes ne cessent de faire aux nations justifie les ordres que vous avez réitérés à M. Ingrand de lever le comptoir et nous donne Par notre lettre particulière du 15 Octobre, dont ci-joint le duplicata, nous avons informé la Compagnie du succès qu'a eu l'entreprise de Moka. Elle nous permettra de nous y référer.

lieu de croire que s'il les a
exécutés, vous y aurez renvoyé avec des forces en Octobre dernier, suivant ce que nous vous avons écrit à ce sujet par notre lettre du 22 Octobre 1735. Nous comptons que vos premières nous informeront du party que vous aurez pris; mais ce qui nous surprend c'est que les anglois et hollandois qui y ont été beaucoup plus maltraités que nous ne se soient pas encore déterminés à s'en venger. S'ils avoient enfin pris le party d'agir aussi de leur côté en Octobre dernier, comme on vous a assuré qu'ils le devoient faire, nous pensons que ce seroit un bien pour eux et pour nous que les vaisseaux des deux nations se trouvassent dans le même temps à Moka, les armes à la main, pour demander raison de toutes ces avanies et faire restituer les sommes indûment perçues. Quoy qu'il en soit nous sommes bien aises de ce que vous nous marqués que vous leur ferez payer en même temps tous les frais de l'armement et comme il est naturel de croire que le commerce s'y rétablira dans la suite et deviendra plus avantageux que par le passé, nous vous prevenons que l'intention de la Compagnie est que vous l'interessiez dans les armements qui se feront pour cet endroit, suivant les ordres qui vous ont été donnés, ayant lieu d'espérer qu'il vous restera toujours assez de fonds pour que ces petits intérêts ne portent aucun préjudice à son commerce d'Europe, qui doit en tout temps être préféré.

Puisque M. Ingrand ne pouvoit se defaire des 101 balles de draps, qui lui restoient, qu'en les vendant à crédit au Gouverneur, il a beaucoup mieux fait de vous les renvoyer. Il nous paroit même qu'ayant reçu

La Compagnie a été remboursée de ces dix mille piastres. Elle aura été informée par nos expéditions de Janvier dernier que le *Saint Joseph* â manqué son voyage, ce qui n'a pas empêché que M. Ingrand ne

de vous des ordres positifs
de lever le comptoir, il n'a
pas dû se prêter à la de-

nous ait remis l'annuel de
caffé.

mande que ce même gouverneur lui a faite de dix mille
piastres à compte des droits. Nous ne doutons pas, au
surplus, que, puisqu'il avoit pris le party d'y rester
encore une année vous ne lui ayez expédié en Février
dernier, au défaut du *Pondichéry* dont nous sommes bien mortifiés d'apprendre la perte, le vaisseau
le *Saint Joseph* pour en rapporter le caffé de l'annuel,
consistant en 500 milliers, que nous attendons pour la
vente prochaine, et dans le cas où ce bâtiment vous
seroit parvenu trop tard de Chandernagor, ce que
nous craignons d'autant plus que par votre correspondance avec ce comptoir nous ne voyons pas que
vous lui ayez donné aucun ordre pour son retour, nous
sommes persuadés que vous en aurez fretté un de
l'Inde pour cette destination, depuis surtout que nous
avons appris par une lettre de M. Dumas du 1er
Février, que quoyque ce vaisseau ne fut point encore
de retour à Pondichéry vous vous étiez déterminés à
envoyer l'*Indien* aux Isles ainsi qu'un batiment de 230
tonneaux dont vous avez fait l'achapt à Madras.

L'empressement que nous témoignons ici de recevoir des caffés l'année prochaine ne doit pas vous faire penser que le comptoir de Moka une fois levé, notre intention soit de le rétablir. La Compagnie entend au contraire que vous n'en fassiez point le rétablissement sans de nouveaux ordres de sa part,

Si les ordres de la Compagnie n'étoient pas si formels, nous aurions rétabli le comptoir de Moka. Il est nécessaire de le rétablir surtout après avoir obtenu un traité aussy avantageux; la dépense de ce comptoir monte au plus à quatre mille piastres par an, y compris les loyers de maison et magasin à Moka

nonobstant ce qu'elle vous a marqué au sujet du sieur Courbezatre à la fin de sa lettre du 11 Février dernier, et supposé que par conciliation ce comptoir subsistât encore, nous vous recommandons de le faire lever, ne voulant plus en entretenir pour un objet de 500 milliers de caffé que la Compagnie s'est proposé d'en tirer annuellement et qu'elle ne doute pas que vous ne puissiez lui procurer également en y envoyant chaque année un subrécargue, comme le dit sieur Courbezatre qu'elle pense devoir être préféré à tout autre.

et à Betelfaquy; il faudra envoyer annuellement deux ou trois employés à Moka pour la traite des caffés, l'un pour aller faire les achapts à Betelfaquy et l'autre pour les recevoir à Moka et faire tenir des fonds à celui qui sera à Betelfaquy; leur dépense excèdera la payé des deux employés que la Compagnie retranche. Il ne faudra pas moins payer les loyers de maison et magasin à Moka et Betelfaquy et les dépenses de négoce seront les mêmes. Tant qu'il y a eu un comptoir, la Compagnie a eu l'avantage de se servir pour les achapts de caffé, à la primeur de la mousson et avant l'arrivée des vaisseaux anglois et hollandois, des fonds des particuliers recouvrés pendant l'hyvernage et les achapts étoient bien avancés à l'arrivée du *Pondichéry*. Ce ne sera plus la même chose, les particuliers voyant qu'il n'y aura point de comptoir ni de chef pour les faire jouir des privilèges de vendre leurs marchandises et faire le recouvement de leurs fonds pendant l'hyvernage, aimeront mieux lâcher la main sur la vente et raporter leurs retours avec eux que d'hyverner. Il ne restera donc point de fonds à Moka pour commencer les achapts de caffés ; par conséquent, il faudra remettre au moins cinquante mille piastres aux employés qui iront à Moka. Ce seront des fonds de moins à Pondichéry et qui courront des risques, au

lieu que la Compagnie recevroit annuellement ses caffés
à Pondichéry sans avoir avancé ny déboursé une seule
piastre.

D'ailleurs si la Compagnie veut conserver ses priviléges
à Moka, il faut un chef qui contienne les particuliers qui
iront y faire commerce, sans quoi chacun gèrera ses affaires suivant son caprice sans s'embarrasser de l'avenir;
en enfreignant le traité ils donneront occasion aux arabes
d'abolir les privilèges, les avanies recommenceront plus
que jamais. Les anglois, dira-t-on, n'y ont point de
comptoir; cela est vray, mais Bombay est à portée de Moka
et ils y envoyent annuellement trois employés dont l'un
est conseiller à Bombay et a la qualité de Chef, et il leur
en coûte autant que s'ils avoient un comptoir. La Compagnie peut vendre annuellement à Moka 300 milliers
de fer, vingt à vingt cinq balles de draps; il pourra s'y
en vendre d'avantage. Quand le produitde ces marchandises ne serviroit qu'à payer les droits du commerce de
la Compagnie et de la nation, ce seroit toujours un avantage. Le fer que nous avions chargé sur le vaisseau le
*Maure* a produit à Moka de 35 à 40 p. o/o de bénéfice. Les
anglois y portent du plomb et de petites ancres depuis
cent jusqu'à cinq cents livres persanes.

Le Gouverneur de Moka s'étant opposé à l'embarquement des caffés du *Duc de Chartres*, non qu'il pré-
tendit des droits sur cette Cette somme a été comprise dans le rembourse-
ment fait par les arabes;
ainsi c'est une affaire finie.

denrée, mais parce qu'il étoit bien sûr que c'étoit le seul
moyen de se procurer ceux qui ne lui avoient pas été
payés sur des marchandises du vaisseau le *Pondichéry*
qu'il ne tenoit plus, il ne nous paroit pas comme à vous
qu'il soit juste que la Compagie paie une partie des six
mille piastres que M. Ingrand a été obligé de payer
pour lors à ce Gouverneur par accomodement, mais

l'intention de la Compagnie est au contraire que vous fassiez supporter cette avance au marc la livre aux intéressés dans l'armement de ce dernier vaisseau, ce qui ne sera pas difficile par la précaution que vous avez prise d'obliger chacun d'eux à déposer leur contingent, sauf à leur en tenir compte au cas que vous puissiez en obtenir de force la restitution.

Nous sommes bien aises de voir, par le compte que vous nous avez remis du brigantin l'*Indien*, que ce bâtiment dont nous avons approuvé l'année dernière le frettement que vous en aviez fait, a donné un bénéfice net à la Compagnie, dans son voyage, de 769 Pagodes sans parler des caffés qu'il a rapportés.

Nous souhaitons que le vaisseau le *Chankerabary*, sur lequel vous avez intéressé la Compagnie à fret, ait aussi un heureux succès nonobstant le retard que les hollandois auront apporté à son retour à Manilles, où vous nous marqués qu'il avoit été obligé de laisser ses marchandises invendues.

Comme il paroit à la Compagnie qu'il ne peut résulter que de l'avantage pour elle de l'armement projetté pour la Chine, elle approuve le party que vous avez pris de l'y intéresser, d'autant qu'il ne convient point à nos intérêts de vous faire passer de l'or pour fabriquer

Le *Chankerabary* est parti d'ici au mois de Mars dernier pour retourner aux Manilles. Nous l'attendons dans tout le courant du mois prochain. Nous comptons joindre à notre lettre générale le compte de la vente des marchandises que nous avons chargées à fret et l'informer du succès de ce dernier voyage. Elle est intéressée de dix mille Pagodes dans cet armement, en conséquence de notre délibération du 10 Xbre 1736. Nous avons appris que ce navire avoit passé à Malaca le 20 May; le vaisseau que les anglois de Madras avoient expédié pour cet endroit au mois d'Aoust der-

des Pagodes et que ce commerce vous en procurera.

nier a manqué son voyage
et les marchandises sont
restées à Malaca.

Le voyage du vaisseau le S<sup>t</sup> *Benoit* n'a donné qu'environ 17 1/2 pour cent de bénéfice à cause de la dépense
qu'il a fallu faire en Chine pour achever le vaisseau et
le peu de faveur que diverses marchandises de retour
......... voyage n'a point été suivit faute de *Calin* et de bois
de sandal. Les particuliers comptent y envoyer le même
vaisseau et le faire partir en Juin prochain. Nous avons
ordonné au Conseil de Mahé les poivres nécessaires.

Nous travaillons à obte-
nir pour un des employés

Nous les avons reçues.

de votre comptoir des patentes de consul à Bassora
qui révoquent celles qui ont été expédiées en faveur
des Carmes de cette mission. Nous comptons pouvoir
vous les envoyer incessamment.

## MASULIPATAM ET YANAON.

Nous voyons que faute
de fonds, vous avez été
obligés d'ordonner aux chefs
de ces établissements de
résilier le contrat qu'ils
avoient fait et que par les
accidents arrivés au *Dauphin* et à l'*Aventurier* que

Par notre lettre du 25
Janvier dernier nous avons
rendu compte à la Compa-
gnie de la quantité de marchandises que nous avions
tirée de ces deux comp-
toirs.

vous aviez expédiés pour ces deux comptoirs, vous
attendiez encore au 15 Janvier une partie de marchandises d'Yanaon. Nous comptons qu'au moyen des fonds que
vous vous proposiez, par votre délibération du 4 Janvier
d'y envoyer ainsi qu'à Mazulipatam et de ceux qui vous
seront parvenus de bonne heure par l'*Apollon*, vous
aurez pu en tirer toutes les marchandises, qui vous ont

été demandées pour l'année prochaine par Messieurs les directeurs des ventes; nous nous référons à leurs observations sur celles que nous avons reçues par les derniers vaisseaux.

Ce que vous nous marquez que la construction de la loge d'Yanaon avance et que celle de Mazulipatam, ainsy que le rétablissement de l'ancienne, est entièrement achevée, nous fait La loge d'Yanaon est achevée; nous nous proposons de faire à l'avenir en ce comptoir le double du commerce que nous y avons fait cy-devant.

d'autant plus de plaisir que, par la victoire des Maures sur les Radjahs, le commerce va fleurir de plus en plus dans ces quartiers, ainsy qu'il y est aisé de juger par celuy que vous nous apprenez que les hollandois y ont fait beaucoup plus considérable qu'auparavant.

Nous ne pouvons regretter la dépense des petits présents qu'il a fallu donner au Nabab, puisque le sieur Guillard en a été bien reçu et qu'il a évité par ce moyen de payer les 500 Pagodes que lui demandoit le *Faussedar* d'Ingiram.

Les fonds considérables que nous vous envoyons et l'or que vous procurera l'armement pour la Chine vous mettront en état de faire fabriquer des Pagodes à trois figures pour remettre dans ces deux comptoirs; nous sentons parfaitement que votre étroite situation ne vous a pas permis d'y en faire passer autant qu'il auroit été né- Nous aurions bien souhaité n'envoyer à Mazulipatam que des Roupies; elles commençoient à y avoir cours à un prix très favorable, s'étant vendues depuis 298 Roupies jusqu'à 305 pour 100 Pag., au lieu qu'à Pondichéry et Arcatte elles ne valent que 308 Roupies à 312 pour 180 Pagodes. Quelque nation jalouse de notre commerce

cessaire, comme aussy qu'il ne conviendroit point à nos intérèts de convertir en ces sortes de Pagodes celles d'Alemparvé qui sont d'un titre plus bas. Le party que vous avez pris dans ces circonstances d'y faire passer des Roupies étoit, à ce qu'il nous paroit, le plus convenable.

en a fait fabriquer qui sont de moindre titre au coin d'Arcatte et les a répandues à Mazulipatam comme roupies venant de Pondichéry Cela a interrompu le cours de nos Roupies comme nous le dirons plus en détail dans notre lettre générale.

Les livres de Mazulipatam vous étant parvenus trop tard pour être incorporés dans les vôtres, il est bien que vous nous en ayez remis le bilan par léquel nous voyons que ce comptoir devoit au 1er Octobre 1735 22096 Roupies 16 fanons 27 caches.

## CHANDERNAGOR.

Le party que M. de la Bourdonnaye a pris d'expédier le *Prince de Conty* en droiture pour le Gange a eu un bon motif; cependant, comme ces sortes de déroutes imprévues dérangent l'ordre de nos dispositions, nous lui marquons qu'il ne doit user du pouvoir que nous lui avons donné à cet égard que dans des cas absolument forcés et dans lesquels il doit donner toute son attention pour que rien ne souffre s'il est possible de ces sor-

Nous ignorions que M. de la Bourdonnaye eut le pouvoir de changer la destination des vaisseaux des Indes. La Compagnie ne nous en a rien marqué. Son ambition lui a fait demander à la Compagnie des pouvoirs beaucoup plus étendus qu'il ne devroit naturellement avoir; s'il dispose à son gré des vaisseaux qui viennent aux Indes, nous devons nous attendre a voir tous les ans quelque changement dans la navigation, qui pourroit

tes de changements.                        déranger nos affaires. Les
                                        compagnies d'Angleterre et
de Hollande suivent dans leur commerce et dans la navigation de leurs vaisseaux un plan fixe et invariable,
formé par une longue expérience, sans donner dans de
chimériques projets dont le but n'est pour l'ordinaire
que de satisfaire l'ambition et la cupidité de leur auteurs.
Le commerce et la navigation des Indes doivent être le
principal objet auquel tout autre doit céder.

Nous sommes très mortifiés que par les difficultés que le Conseil de Chandernagor a trouvées à emprunter des *Banians* et la défiance où il nous marque que les marchands ont été jusqu'à l'arrivée des vaisseaux, il ait été forcé de nous renvoyer ceux de cette année avec de très modiques cargaisons nullement conformes à l'assortiment demandé, étant composées uniquement de grosses marchandises sur les quelles il a néanmoins fallu donner des augmentations considérables aux marchands à cause du prix excessif des cotons.

La Compagnie aura vu par notre lettre du 25 Janvier dernier que le Conseil de Chandernagor n'a contracté qu'à la fin de Juin. Ce n'étoit plus cependant ny l'embarras pour emprunter des *Banians* ny la défiance des marchands qui l'empêchoient de contracter de bonne heure; c'étoit la cherté des cotons; il sera aisé lorsqu'on le voudra de lever les difficultés qui se trouvent à emprunter; il en sera de même de la défiance où on vous a marqué qu'ont été les marchands jusqu'à l'arrivée des vaisseaux. Il est plus vraisemblable que ces Messieurs n'ont voulu prendre d'engagement qu'après l'arrivée des vaisseaux d'Europe.

Il est vray que ce Conseil est parvenu par ce moyen à ne rien devoir après le départ des vaisseaux, mais il n'est pas moins vray suivant votre réflexion que s'il eût fait entrer moins de fin dans ses précédents envoys, il se seroit trouvé plus tôt dans cette situation gracieuse. Quoiqu'il en soit, nous craignons que le party qu'il a pris de ne faire de nouveaux contrats qu'à l'arrivée des vaisseaux suivants ne lui ait pas laissé le temps suffisant pour se procurer l'assortiment que nous lui avons demandé pour l'année prochaine.

Le bénéfice qui s'est trouvé sur la vente faite à Patna des marchandises du premier envoy, l'espérance qu'il y a que le second sera encore plus avantageux et la facilité du commerce de cet endroit qui devient un débouché considérable pour les draps et autres marchandises de l'Inde nous faisant sentir toute l'utilité de cet établissement, nous comptons que vous contribuerez de votre côsté à augmenter le commerce que la Compagnie est dans le dessein de faire, en profitant de toutes les

Le Commerce de Patna est utile à la Compagnie et le deviendra davantage quand il nous restera assez de fonds pour faire achapt, dans les moussons, des marchandises de l'Inde propres pour ce commerce. A l'égard du salpêtre qu'on en tire, nous avons prévenu vos ordres en écrivant au Conseil de Chandernagor de nous en envoyer 200/$^m$ par le *Fort Louis*. A la réception de cette lettre, nous lui avons marqué de nous en remettre par toutes les occasions.

occasions qui se présenteront pour acheter à bon compte toutes les marchandises et drogues que le Conseil de Chandernagor vous a marqué y pouvoir être débitées avantageusement comme *calin*, *loulenague*, vif argent, vermillon, camphre, etc. et comme le salpêtre y est à un prix raisonnable et que ce Conseil à qui il en restoit près de 6000 *mans* après le départ des vaisseaux compte en tirer au moins dix mil *mans* chaque année, nous souhaiterions qu'indépendamment des ordres que nous lui donnons d'en charger le plus qu'il sera possible dans les trois vaisseaux que nous lui expédions, en diminuant à cet effet la quantité de bois rouge, vous vous concertassiez ensemble pour en faire venir à la coste par toutes les occasions, afin de prendre aussi avec cette marchandise le fond de tous nos vaisseaux.

Vous aurez vu, par notre réponse en appostille à l'article 45 de votre lettre du 12 Janvier 1735, que l'intention de la Compagnie est que les Conseils de Chandernagor et de Mahé vous demeurent subordonnés et vous rendent un compte exact de tout ce qui concerne l'administration de ses affaires, ainsy qu'elle s'en est expliqué par l'article 5 de son réglement général ; vous aurez vu aussy qu'elle a changé la disposition de l'article 15 de ce même règlement et que les officiers et employés des dits comptoirs ne doivent rouler ensemble et participer par intérim aux promotions que suivant le rang sur le tableau général et les ordres que vous donnerez en conséquence.

Pour bien établir cette subordination, la Compagnie doit, comme nous avons eu l'honner de le lui proposer par notre lettre du 25 Janvier dernier, nous adresser ses ordres pour tous les comptoirs.

Quant aux motifs sur lesquels le Conseil de Chandernagor se fonde pour être érigé en Conseil supérieur, la Compagnie en ayant rendu compte à Monseigneur le Contrôleur général, ce ministre a jugé convenable de laisser subsister les choses dans l'état où elles sont ; ainsy il n'y aura point de changement à cet égard.

Vous choisirez dans le nombre des employés et officiers que nous vous envoyons, dont nous vous parlerons ci-après, ceux dont le Conseil de Chandernagor a besoin et que vous n'aurez pu lui faire passer.

Nous marquerons dans les réponses suivantes ce que nous y avons fait.

Puisque M. Lenoir avoit chargé M. Dumeslier d'ouvrir les lettres à son adresse et que celui-ci étoit informé qu'il y en avoit quelques unes dans la caisse des dépêches de Chandernagor, vous avez bien fait d'en faire l'ouverture à sa réquisition et de nous en remettre le procès-verbal.

Nous ne l'avons fait que parce qu'il pouvoit y avoir des paquets intéressants pour M. Lenoir.

Nous ne vous en dirons pas d'avantage sur le chapitre de ce comptoir, nous référant à la lettre ci-jointe que nous écrivons au Conseil du dit lieu dont vous prendrez lecture et retiendrez copie des articles que vous jugerez à propos d'avoir par devers vous, afin d'y donner vos ordres et nous faire vos observations en conséquence.

Nous en avons pris communication et la lui avons fait passer.

## MAHÉ

Quoy que nous trouvions, par l'état du 1er Janvier 1735 que le Conseil nous a envoyé l'année dernière par la *Galathée*, qu'il lui restoit au départ de ce vaisseau 188.121 Rs. tant en marchandises qu'en caisse et dettes actives, nous avons été moins surpris d'apprendre la disette de fonds où il s'est trouvé en Mars et Avril que de sçavoir qu'il ne lui restoit pas pour lors en magasin

Les avances que le Conseil de Mahé a faites aux gens du pays ne sont point encore rentrées dans la caisse de la Compagnie; Cottiatte n'a même pas entré en payement. Le Conseil de Mahé ne nous a remis cette année que 1174 *candils* de poivres.

Nous avions fait l'achapt du vaisseau le *Fort Louis* qui étoit très propre pour le commerce des poivres; comme il a eu le malheur

suffisamment de poivres pour charger le *Saint Joseph* et *l'Aventurier*, et que même sans ses traites sûr le Conseil de Chandernagor et le secours de M, de Villeneuve, il n'au-roit point été en état de périr dans le Gange, nous avons écrit à M. de la Noé de demander au Roy la permission d'en faire construire un autre de cinq cents tonneaux.

de vous les renvoyer chargés. Nous pensions que la *Galathée* n'en ayant pu prendre que 84 *candils*, il devoit lui être resté en magasin tous les poivres vieux dont il avoit traité dans l'attente où il étoit d'avoir encore le *Jazon* à charger; ce n'est cependant pas que nous doutions que la privation des fonds de ce dernier vaisseau n'ait beaucoup dérangé ses engagements, mais nous comptions qu'il lui seroit rentré en poivres de la récolte de 1735 une partie des fonds considérables qu'il s'est trouvé dans le cas d'avancer à Bayanor, à Cottiate et aux marchands, car au moyen des 7659 marcs, y compris le port permis des officiers, qu'il a reçus tant par le *Bourbon* que par le *St. Pierre* et les marchandises que lui a portées ce dernier vaisseau, sans compter les effets de notre envoy que vous lui avez fait passer, nous trouvons comme vous qu'il lui sera resté après l'expédition de la *Reine* un fonds d'environ 240.000 roupies. Il est vray qu'il nous fait espérer que la plus grande partie des avances faites à ces princes lui seront rentrées cette année en poivres et qu'il lui sera même tenu compte des intérêts. Nous le souhaitons comme aussy qu'il ait pu s'en procurer, au moyen des fonds que vous lui aurez encore fait passer depuis, jusqu'à 5000 *candils* que nous lui avons demandés, par nos dernières. Vous avez à présent besoin plus que jamais de vous procurer un bâtiment convenable pour le transport de ces poivres.

Quant à ce que vous nous

Supposé que les anglais

observez, par l'article 52 de votre lettre en apostilles, que le traité fait avec les anglois nous aura été moins à charge, le Conseil de Mahé prétend que si les anglois se fussent mis en état d'accomplir le 7e art. de ce traité qui en est la base, la proposition nouvelle qu'il leur a faite depuis ne l'auroit pas empêché d'agir suivant l'esprit ayent sacrifié dix sept mille Pagodes pour rompre la négociation de M. Trémisot, ce que nous avons peine à croire, ils en sont aujourd'hui la dupe. Le Roy de Canara a remporté de grands avantages sur eux, il est à craindre qu'il ne pousse ses conquêtes jusqu'à Tellichéry et Mahé.

de ce même traité. Quoyque il en soit, nous avons été fâchés d'apprendre que les anglois se sont emparés de force de l'isle de Darmotte, dont Côtiatte avoit fait offre au Conseil qui nous marque qu'il en auroit pu tirer annuellement 6 à 700 *candils* de poivres; mais ce qui nous fait le plus de péine, c'est que M. Trémisot nous a donné avis le 30 Janvier dernier, par voye d'Angleterre, que la paix du Canara avec le Roi de Cottiate qu'il s'étoit proposé de faire et qui étoit presque terminée, a été rompue à l'instigation des anglois qui ont sacrifié, dit-il, à cet effet 17.000 Pagodes. Outre qu'il y a lieu de craindre que cette continuation de guerre ne cause un préjudice considérable au commerce et ne nous devienne encore plus à charge par les secours en argent, munitions et vivres que le Conseil s'est chargé de fournir à Cottiate et et Bayanor, c'est que M. Trémisot, nonobstant les forces considérables de ces deux princes, nous paroit appréhender le succès des entreprises du Canara, en nous marquant qu'il ne sçait pas quelles seront les suites de cette affaire, qu'il va se tenir sur ses gardes du mieux qu'il sera possible, mais qu'il sent sa faiblesse de toutes façons; heureusement ce comptoir est raisonablement fourni de vivres, d'armes, d'artillerie et de troupes et sur ses premiers avis vous aurez été en état de lui faire passer les secours qu'il vous aura demandés.

Vous ferez tenir à ce comptoir sur les fonds que nous vous envoyons cette année ceux que vous y croirez nécessaires pour l'achapt des poivres et les dépenses courantes.

Nous rendrons compte à la Compagnie dans notre lettre générale des fonds que nous avons remis à Mahé.

Quant aux fortifications de Mahé, le Conseil nous marque que voulant achever les magasins et logements qu'il a fait faire au dessus, on ne devoit commencer au poste N qu'au mois d'Aoust dernier.

Il étoit nécessaire d'achever ces magasins et logements.

Quoyque le sieur Bunel n'ait pu vendre à Goa que 24 balles de caffés de l'isle de Bourbon, le Conseil de Mahé vous aura sans doute appris qu'il y en a depuis envoyé, par le *St. Pierre*, 62 balles qui y ont été vendues à environ 9ˢ 6ᵈ la M. monnoye forte. Il nous marque qu'il se propose d'y en envoyer une plus grande quantité que vous devez lui en faire passer par les premiers vaisseaux et qu'il en a demandé 2 à 300 balles aux isles pour continuer sans interruption à en envoyer en Perse, à Surate et ailleurs.

Le Conseil de l'isle de Bourbon n'a point fait passer cette année de caffés à Mahé et icy.

A la bonne heure que vous ayez marqué à ce Conseil de ne faire payer aux employés les vingt quatre barriques de vin que vous lui avez fait passer que sur le pied de vingt Pago-

Cela nous avoit parû juste.

dés chacune au lieu de 30, puisqu'il ne l'a point trouvé supérieur au vin ordinaire.

Depuis la conduite que le Sr. Rebutty a tenue à Chandernagor, il ne convient plus, comme nous l'avons marqué par nos dernières, de l'employer au service ; vous continuerez seulement à lui payer annuellement mille livres par an pour sa subsistance, et pour remplacer à Mahé le sieur Lambert, ingénieur, qui est revenu par la *Reine*, nous donnons ordre à M. de la Bourdonnaye de vous faire passer le Sr. Paradis qui, étant un homme de confiance, aura les mêmes appointements que le dit sieur Lambert et en cas de refus de sa part, nous lui marquerons de vous envoyer un autre homme capable.

Nous continuons à faire payer sa subsistance à M. Rebutty. Il a demandé à faire le voyage de Moka sur le vaisseau le *Duc de Bourbon* en qualité de passager. ce qui lui a été accordé.

A l'égard de M. Paradis qui a passé ici, nous l'avons envoyé à Mahé.

Quant au sieur de Martinville, nous comptons qu'il s'est rendu auprès de vous et qu'il est actuellement à Cassimbazard où la Compagnie l'a destiné quoyque M. Trémisot nous marque qu'il est trés mortifié d'avoir quitté Mahé.

Nous l'avons destiné pour être consul à Bassora sur le refus de M. Miran.

Comme nous vous remettons ci-joint nos dépêches à cachet volant pour le Conseil de Mahé, vous vous instruirez plus amplement, par la lecture que vous en

Nous en avons pris communication et les lui avons fait passer. Nous avons toujours fait part aux Conseils de Mahé et Chandernagor de tout ce qui nous

ferez, des ordres que la Compagnie donne à ce comptoir et de ce qu'elle pense sur sa manutention.

paroissoit le plus avantageux au bien des affaires.

Vous ajouterez par une lettre particulière, en lui faisant passer notre pacquet et les effets qui lui sont destinés, les réflexions que vous estimerez convenables au bien du service ; vous en userez de même pour Chandernagor, la Compagnie vous confirmant de nouveau qu'elle entend que ces deux comptoirs vous soient subordonnés et vous rendent un fidèle compte de leur gestion.

Nous ferons usage dans l'occasion de la copie que vous nous avez envoyée de

Nous vous la remettrons à l'ordinaire.

la correspondance d'entre vous et ce comptoir depuis le mois de Février.

## ILES DE FRANCE ET DE BOURBON.

La Compagnie ne peut que vous témoigner la satisfaction des secours considérables en vivres et marchandises que vous avez fait passer à M. de la Bourdonnaye et elle vous exhorte à les continuer suivant les états de demande qu'il vous envoyera.

Le party que vous avez pris de faire passer la *Légère* dans le Gange pour y être raccommodée et ensuite expédiée pour l'isle de

Nous faisons de notre mieux pour remetre à ces iles annuellement une infinité de provisions, ustencilles et effets qu'on nous demande ; nous savons que l'isle de France ne peut subsister par elle même, que la terre produit peu, et que les ouragans qui y sont fréquents détruisent entièrement le peu de plantations qu'on y a pu faire. C'est pourquoi nous avons une attention particuliè-

France avec des provisions étoit le party le plus convenable et au moyen de cette frégate sur laquelle M. de la Bourdonnaye ne comptoit pas; vous avez bien fait de ne pas faire emplette du brigantin qu'il vous a demandé. Nous approuvons que vous ayez fait composer son équipage re à y envoyer des vivres le plus que nous pouvons; il a été impossible par la perte du *Fort Louis* d'en envoyer en Octobre dernier.

Le sieur Richeaume a été tué à Moka, étant capitaine du vaisseau le *Saint Pierre*.

de Lascards et que vous en ayez donné le commandement au sieur Richeaume que l'on dit être bon officier.

Nous sommes très mortifiés que le café de l'isle de Bourbon ne soit point de défaite à la coste, mais nous comptons que vous aurez tiré party des 40 milliers qui vous ont été envoyés en les faisant passer à Mahé ou à Chandernagor; le Conseil de ce dernier comptoir nous a aussi marqué que les Maures préfé- Nous avons fait passer ces 40 milliers de caffés en Perse par le vaisseau le *François*. Ils y sont restés invendus ainsi que ceux de la frégate la *Subtile* que le Conseil de l'isle Bourbon y a renvoyée, Mrs. de Bengale vous informent quelle a été la réussite de ceux envoyés à Patna.

rant celui de Moka, il ne lui avoit pas été possible de leur en vendre, mais qu'il se proposait d'en envoyer une centaine de balles à Patna, et autant à Gedda et Bassora. Nous souhaitons qu'il puisse se débiter avantageusement, surtout dans ce premier endroit.

Nous pensons que M. de la Bourdonnaye à qui vous avez donné avis du peu de Il ne nous en a point envoyé depuis.

débouché de cette denrée ne vous aura pas fait passer

les 400 balles que nous lui avons marqué l'année derniére de vous envoyer par le *Dauphin*, nous lui écrivons de ne point vous en adresser d'autres que vous ne
lui en demandiez.

Nous avons été fort aises d'apprendre par la lettre de
M. Dumas du 1er Février que vous aviez expédié l'*Indien*
pour l'isle de France avec un chargement de 21 *garces*
de riz et que vous étiez sur le point d'y envoyer encore
un bâtiment de 230 tonneaux que vous avez acheté à
Madras 5300 Pagodes, pour y porter la quantité de farine
et autres provisions et effets qui vous ont été demandés.
Nous approuvons l'achat que vous avez fait de ce vaisseau.

Nous pensons que les 23.000 piastres que M. de la Bourdonnaye a fait remettre à votre caisse par M. Dumas, jointes aux 14.000 Pagodes que nous vous avions fixées pour les besoins des deux isles, vous auront mis en état de satisfaire à la plus grande partie de leurs demandes,

Nous nous conformerons au contenu de cet article et aux ordres que la Compagnie nous donne par sa lettre du 21 Novenbre 1736 d'acquitter toutes les traites du Conseil de l'isle de Bourbon pour valeur des remises faites en caffés aux magasins de la dite l'isle.

sans beaucoup excéder cette dernière somme, et comme nous vous avons autorisés par notre lettre du 11
Février dernier de la porter depuis 16 et même 18.000
Pagodes par an, nous vous réiterons que l'intention de
la Compagnie est que vous vous y renfermiez encore pour
l'année prochaine seulement, parce qu'elle marque à
M. de la Bourdonnaye de s'arranger pour vous faire passer dans la suite les fonds nécessaires pour remplir les
états des demandes qu'il vous envoiera.

Continuez à profiter de        Nous y ferons passer

toutes les occasions pour faire passer à l'isle de France le plus de brebis qu'il vous sera possible ainsi que quelques béliers, génisses et cabrits avec des oies et canards.

autant de vaches et cabrits que nous pourrons ; à l'égard des oies et canards comme ils sont plus communs à Bengale qu'ici, nous avons écrit au Conseil de Chandernagor d'en faire embarquer sur les vaisseaux qu'il expédiera pour l'isle de France.

Envoyez y aussi des caisses de diverses plantes en informant exactement le Conseil de la quantité et qualité et la façon de les cultiver. Pour récompenser les sieurs Tortel et Morelle de ce qu'ils ont remis en bon état ceux dont ils étoient chargés et encourager les autres à donner toute leur attention à cet article, il leur a été accordé à chacun une gratification de 300 Lvs.

Il y a fort peu de plantes à la coste qui puissent être utiles à l'isle de France. Nous donnons ordre aux marins qui vont dans les différentes parties de l'Inde de nous en apporter. Pour les engager à en prendre plus de soin, nous suivrons l'exemple de la Compagnie et leur accorderons quelque gratification. Au reste nous pensons que ces arbres et plantes réussiront mieux à l'isle de Bourbon qu'à celle de France dont le terrain n'est pas trop bon.

Quoyque M. de la Bourdonnaye ne nous ait pas encore demandé les esclaves indiens que nous vous avons autorisés de lui envoyer annuellement, nous regrettons cependant que l'ordre que vous aviez donné au Conseil de Chandernagor d'en faire acheter 300 à

Nous vous rendrons compte par notre lettre générale de la quantité d'esclaves que nous y aurons fait passer.

Patna, n'ait pu avoir son exécution, parce que nous pensons comme vous qu'étant prisonniers de guerre, ils auroient été vendus à fort bon compte; nous nous référons au surplus aux ordres que nous vous avons donnés au sujet de ces esclaves, et des autres envoys à faire à ces isles.

Vous avez bien fait d'y envoyer par le *Duc d'Anjou* les 50 topas que M. de la Bourdonnaye vous avoit demandés, il faut faire en sorte de lui faire passer aussi les lascards dont il a besoin pour substituer aux matelots français; vous lui avez marqué, à ce qu'il nous écrit, que ces lascards faisoient difficulté d'y passer à cause de la différence de leur religion, dont on leur laisse cependant la liberté; nous n'avons au reste jamais entendu dire que ce fut un obstacle pour eux, mais au contraire que ces sortes de gens se mettoient au service de tous ceux qui vouloient les payer; l'équipage que vous avez donné à la *Légère* en est une preuve.

Il reste encore actuellement à l'isle de France quarante huit topas, dix sept lascards et cent quatre vingt dix neuf ouvriers de Pondichéry, sans parler des lascards et topas de Bengale. Il y est mort l'année dernière bien des lascards. Nous y avons fait passer par le *Maurepas* 50 pions ou *taillards* que le Conseil nous a demandés pour donner la chasse aux noirs marrons.

La Compagnie aura été informée par notre lettre du 25 Janvier dernier que c'étoit le Conseil de Chandernagor qui trouvoit de la difficulté à embarquer des lascards sur les vaisseaux d'Europe à cause de la différence de religion.

## COLONIE.

Nour sentons toute la nécessité d'ouvrir une mai-

La Compagnie nous permettra de nous référer à

son de religieuses à Pon-
dichéry pour l'éducation de
la jeunesse, mais comme
nous vous l'avons marqué
par notre réponse en apostille à l'art. 73 de votre
lettre du 12 Janvier 1735,

ce que nous lui avons marqué par notre lettre du 25
Janvier dernier et à ce que
nous lui écrivons aujour-
d'hui dans notre lettre générale à ce sujet.

il ne se présente pas peu de difficultés pour trouver des
sujets convenables et de bonne volonté; nous ferons
cependant de nouvelles démarches pour nous en procurer, et il ne tiendra pas à nous de vous les envoyer à la fin de l'année prochaine.

Comme nous ne doutons pas que par vos soins la
colonie ne soit toujours dans la disposition de contribuer au moins à la moitié de la dépense de cet établissement, vous pouvez toujours faire construire le
bâtiment projetté que nous vous avions ordonné de sus-
pendre jusqu'à nouvel ordre.

La délibération que vous
avez prise le 22 Juillet
ayant pour fondement celle
par laquelle on étoit convenu de supprimer les
droits après que les murs
seroient élevés, auroit peut
être été avec justice dif-

Les parapets qui restent
à faire aux bastions de
l'enceinte sont de peu de
dépense; en rétablissant les
droits sur l'ancien pied, nous
avons eu en vue d'attirer
icy du commerce.

férée jusqu'à ce que ces murs fussent totalement finis
par l'exécution du parapet qui reste à faire et qui servira à l'habitant tant pour sa sureté contre les incursions
que l'on pourroit faire que pour sa défense en cas d'at-
taque et qui, par conséquent, ne paroit juste devoir être
fait uniquement aux frais de la Compagnie, qui de longtemps ne destinera des fonds pour cette dépense.

Nous avons reçu vos

Nous nous conformerons

apostilles et celles du Conseil de Chandernagor au sujet du mémoire concernant le commerce particulier qu'elle vous avoit ci-devant adressé. Cet article méritoit une attention parculière ; la Compagnie s'est réservée de former le réglement qu'elle projette à l'usage jusqu'à ce que nous ayons reçu ce réglement. On a toujours favorisé ici le commerce des particuliers autant qu'il n'a point préjudicié à celui de la Compagnie ; il n'y a point d'exemples que l'intérêt personnel d'aucun employé ait prévalu. dans la fin de cette année ou dans le courant de la prochaine ; aussy vous ne le recevrez que par les vaisseaux, qui vous parviendront les derniers de cet envoy, ou peut être par ceux que nous vous expédierons à la fin de l'autre année. Nous vous recommandons, jusqu'à ce qu'il vous soit parvenu, de faire exécuter les anciens usages, en vous observant que la Compagnie désire que vous favorisiez autant que faire se pourra le commerce des particuliers qui peut faire fleurir la colonie, pourvu néanmoins que dans les branches qu'ils entreprendront il ne puisse nuire en rien à celui de la Compagnie, qui est préférable à tout. Nous croyons inutile de vous dire que nul intérêt personnel pour ceux qui composent le Conseil ou autres employés de la Compagnie ne doit prévaloir dans aucun cas.

La Compagnie ayant accordé le passage pour l'Inde sur les vaisseaux de cette expédition aux sieurs Morin et Durandais, natifs de Saint Malo, qui se proposent d'y faire du commerce pour leur compte, Ces passagers sont bien arrivés, ils ont payé le fret des matières d'argent qu'ils avoient embarquées. Nous trouvons que ce fret est trop fort à 3 p. %; il ne devroit être fixé qu'à 1 p. %. elle a pris une délibération à cet effet à laquelle elle les

a obligés de se soumettre par écrit et dont elle vous
envoie un double par lequel vous verrez ses intentions
desquelles vous aurez soin de procurer l'exécution.

Quant aux sieurs Tréhouart et de la Lande Porée
à qui la Compagnie a aussi accordé le passage, nous
n'avons pas exigé d'eux de satisfaire à la dernière délibération sur les représentations qu'ils nous ont faites
que leur dessein n'étoit point d'aller commercer dans
l'Inde pour leur compte, mais seulement de se rendre
auprès de parents qui les demandoient.

Vous exigerez des uns et des autres le fret ordinaire
des matières qu'ils auront embarquées et à l'avenir la
Compagnie ne permettra à aucuns particuliers, qui vou-
dront passer dans l'Inde pour s'y établir, de s'embarquer
sur ses vaisseaux qu'aux conditions contenues dans la
délibération cy-dessus.

Son intention est aussy de ne plus accorder, aux personnes qui s'établiront dans ses concessions à Pondichéry ou ailleurs, de com-missions de conseillers *ad
honores* comme elle a ci-devant fait au sieur de la
Villebague Mahé et autres, attendu qu'elle regarde cette
disposition comme contraire au bien de son service.

Ces commissions ne doi-vent s'accorder qu'à des
employés, qui ont servi la Compagnie avec distinction
et veulent rester aux Indes.

Quoyque vous paraissiez ne plus espérer d'obtenir
par le canal d'Iman Saheb la permission de faire battre des Roupies, cet objet nous paroit cependant si
important que nous vous recommandons de faire de
nouvelles tentatives et de

Après les tentatives que M. Lenoir avoit faites pour
l'obtenir par son canal, nous desespérions de pouvoir y réussir; la Compa-gnie aura été informée
par le retour de son vais-seau l'*Apollon* qu'enfin elle
a obtenu ce privilège par

chercher tous les moyens pour réussir.

Nous voyons avec plaisir que la ferme du tabac et bétel a produit net l'année dernière 5.420 Pagodes et que malgré les difficultés que vous avez trouvées à la régir, vous continuerez cependant à le faire jusqu'à ce que l'adjudication monte à 5.000 Pagodes.

Nous avons reçu toutes les pièces concernant les successions de divers décédés, continuez à nous les envoyer exactement.

La dépense que vous avez délibéré de faire le 31 Octobre à l'occasion des latrines étoit indispensable et nous ne pouvons que l'approuver.

La perte du vaisseau le *Pondichéry* vous aura privé des bois de tek qui vous étoient nécessaires pour l'hopital ; nous souhaitons que vous ayez pu vous en procurer d'ailleurs et faire finir entièrement cet ouvrage, dont vous nous feriez plaisir de nous envoyer le plan.

Puisque nous ne rece-

la faveur d'Iman Saheb luy-même.

Elle a produit l'année dernière environ 7.000 Pagodes ; Vasder devient infirme, c'est pourquoy nous tâcherons de trouver quelque adjudicataire qui veuille s'en charger.

Nous continuerons à les envoyer. Ces écritures sont longues et nous avons peu d'employés ; mais ce qui ne pourra s'envoyer une année le sera la suivante.

Cette dépense étoit des plus urgentes.

La Compagnie aura été informée par notre lettre du 25 Janvier dernier des achats de bois que nous avions faits. Elle recevra ci-joint le plan de l'hopital si le père Louis nous le remet à temps.

Nous remettons à la

vons pas celui de la maison que les P. P. Capucins souhaiteroient faire bâtir et que vous pensez qu'il convient mieux à nos intérêts de fixer une somme pour cet édifice, la Compagnie s'est décidée en considération de vos représentations et des services du Père Louis à la porter à 2.000 Pagodes que vous leur ferez payer lorsqu'ils feront bâtir.

Compagnie copie de la requeste qui nous a été présentée par les Pères Capucins par laquelle ils demandent qu'il leur soit permis d'employer ces 2.000 Pagodes à bâtir une église, la leur menaçant ruine. Ils demandent en outre quelques secours pour la construction de cet édifice et un emplacement convenable. Nous leur avons accordé le premier et le dernier articles; à l'égard du

secours qu'ils demandent, nous avons renvoyé cet article à la décision de la Compagnie. Nous estimons que la construction de l'église excédera dix mille Pagodes. Les Capucins sont très pauvres; ils tirent peu de secours de la colonie quoique nombreuse; la Compagnie ne peut se dispenser d'entrer dans cette dépense et d'en fournir une partie.

## EMPLOYÉS.

La Compagnie n'a pu jusqu'à présent recevoir de vous un tableau général des employés dans l'Inde et tel qu'elle le souhaitoit, nonobstant les demandes réitérées qu'elle vous en a faites; elle a pris le party de le faire dresser icy sur les états particuliers qu'elle a reçus de chaque comp-

Nous avons reçu ce tableau et en avons envoyé des copies à Chandernagor et Mahé. Nous le suivrons jusqu'à ce que nous ayons réponse de la Compagnie sur l'arrangement que nous lui avons proposé et qui est inséré dans notre lettre du 25 Janvier dernier.

toir; vous en trouverez ci-joint une expédition qu'elle

vous recommande de lire avec attention en plein
Conseil, afin de réformer les notes et observations qui ne
seraient pas justes, si vous en trouvez quelques unes, et
d'ajouter celles qui y sont omises. Vous envoyerez une
copie de cet état à Chandernagor èt à Mahé afin que les
Conseils de ces deux comptoirs puissent non seulement
être instruits des ordres que vous aurez à leur donner
et les prévenir dans l'occasion, mais aussi que, sur les
observations qu'ils auront peut être à vous faire au sujet
du rang de quelques employés, vous puissiez définitivement en dresser un état que vous nous enverrez par
duplicata signé et arrêté, avec une note des sous-marchands et commis que vous estimés devoir être privés
d'avancement.

C'est de ce tableau, une fois constaté, que nous vous
recommandons expressément de ne jamais vous écarter
sous quelque prétexte que ce soit, lorsqu'il s'agira de
remplir par intérim quelques places vacantes dans un
des trois comptoirs, à moins de faire connaître à la
Compagnie, par une délibération exactement motivée,
les raisons qui vous auront déterminés à avancer un
sujet au préjudice d'un plus ancien que lui, ainsi que
nous nous en sommes suffisamment expliqués par toutes
nos précédentes lettres.

Vous verrez par l'état cy-joint de la dépense à faire annuellement dans les comptoirs de Pondichéry, Mazulipatam et Yanaon, le rang que chaque Conseiller doit avoir ainsy que le sieur Pilavoine, le sieur Febvrier ; la Compagnie pour reconnoitre les services du premier et le M. Pilavoine ayant souhaité être seul à tenir les livres au départ de M. Febvrier pour France, nous avons chargé M. de Choisy du Secrétariat. Nous avons marqué à la Compagnie par notre lettre du 30 Septembre dernier que nous avons accordé sous son bon plaisir au dit sieur

travail que, lui donne la    Fébvrier un congé de deux
tenue des livres dont elle    ans pour aller vacquer à
est satisfaite, lui a accordé    ses affaires en France.
le rang de Conseiller sans

assister cependant au Conseil que lorsque il y sera appelé. Quant au sieur Febvrier, nous l'avons conservé dans la place de secrétaire du Conseil, puisque vous l'avez jugé le plus propre des sous-marchands à remplir ce poste auquel vous verrez que nous avons attaché 200 Pagodes de gratification annuelle dont il jouira, n'entendant pas néanmoins que ce grade puisse lui donner aucun droit d'entrer dans le Conseil au préjudice des sous-marchands ses anciens, qui doivent être faits Conseillers à leur tour (nonobstant ce qui paroist être à ce contraire dans le commencement de l'article 18 du rèlementg général du 11 Décembre 1734), à moins qu'ils n'en soient exclus pour de bonnes raisons dont vous ne devez jamais manquer d'informer la Compagnie par une délibération motivée.

Par les nouvelles réflexions que la Compagnie a faites sur l'article 12 de ce même réglement, elle a jugé à propos d'en changer la disposition en attachant à l'avenir les appointements non à l'ancienneté et au grade, mais aux fonctions dont chacun sera chargé comme plus capable de s'en acquitter, ce qui lui paroist beaucoup plus équitable et s'étend non seulement sur les conseillers, mais aussi sur les sous-marchands, comme vous le remarquerez dans son état où elle a fixé à tous indistinctement les mêmes appointements suivant leur qualité, c'est-à-dire 1.500 Pagodes à tous les conseillers et 1.000 aux sous-marchands, en allouant cependant l'augmentation d'appointements désignée dans le dit état pour différentes fonctions à ceux qui en seront chargés comme y étant plus propres.

Vous observerez aussi    Il est impossible que ces

sur ledit état que nous a-
vons seulement fixé le nombre des sous-marchands,
commis et sous commis
sans les désigner, parce que
ceux des trois comptoirs
devant tous rouler ensem-
ble, ainsi que nous vous l'a-
vson marqué par notre apostille à l'article 45 de votre
lettre du 12 Janvier 1735,
il arriveroit presque toujours qu'à la réception de
notre état ils ne se trouveroient plus dans le même
ordre où nous les aurions
placés. Vous ne devez ce-
pendant pas cesser pour cela de nous envoyer à l'ordinaire l'état de la dépense
annuelle de votre comptoir
avec les noms des employ-
és, officiers et autres qui
y seront alors, afin que nous
puissions voir par nous mêmes les changements que
vous aurez faits et dont vous
nous rendrez raison par
votre lettre générale. Nous
devons néanmoins vous
observer pour que cette
transmigration ne puisse en
aucune façon préjudicier
au service, par de trop
fréquentes allées et venues,
qu'il suffira, lorsqu'une

allées et venues des subalternes ne préjudicient
beaucoup au service; il conviendroit que dans chaque
comptoir les employés s'y
succédassent les uns aux
autres jusqu'à l'employ de
sous-marchand supérieur
inclusivement, qui suivant
l'ancienneté remplaceroi-
ent les places de conseillers vacantes à Chandernagor et Mahé et les places
de conseiller du Conseil
devroient être remplies par
les plus anciens du Con-
seil de Bengale et Mahé,
et les postes de Directeurs
à Bengale et Mahé par des
conseillers du Conseil de
Pondichéry; et nous ferons
monter un chacun selon son
rang. S'il arrive que nous
soyons obligés d'en avancer
un au préjudice de l'autre,
nous ne manquérons pas
d'en dire les raisons à la
Compagnie par une délibé-
ration motivée.

Nous remettons à la Com-
pagnie l'état de la dépense annuelle de Pondichéry,
Mazulipatam et Yanaon; elle
est à l'ordinaire, à l'exception d'une vingtaine de
pions que nous avons pris

place de conseiller viendra à vacquer dans uu des trois comptoirs, d'y faire passer le plus ancien de tous les sous-marchands de quelque endroit qu'il soit et de nommer seulement au dit poste de sous-marchand le plus

d'augmentation pour mettre à la monnoye et aux blanchisseries. Le commerce de la Compagnie étant augmenté considérablement, le nombre que nous avions n'étoit pas suffisant.

ancien des commis et ainsy des autres, sans pour cela les déplacer le moins qu'il sera possible. Nous vous recommandons, au surplus, de vous conformer pour votre dépense à l'état que nous vous envoyons.

Nous avons cessé de comprendre le sieur Vincent au nombre des Conseillers, ne comptant plus qu'il reprenne le service. Quant au sieur Dirois qui s'étoit embarqué l'année dernière sur le *Maurepas* que le mauvais temps força de revenir à l'Orient et qui ne se trouva plus en état de reprendre la mer, nous lui avons conservé son rang et il doit s'embarquer sur le *Bourbon*. Vous lui tiendrez compte de ses appointements à raison de 1.500

M. Vincent s'est embarqué pour France au mois de Janvier dernier. M. Dirois a repris son rang et a été payé de ses appointements conformément aux ordres de la Compagnie. Nous avons reçu les commissions qu'elle a envoyées pour Mrs. Dirois, Signard et Dumeslier. Elles leur ont été délivrées. M. Dumeslier s'est embarqué pour France sur le vaisseau le *Fleury*.

Pagodes à compter du jour que M. Lenoir le fils a cessé de les percevoir.

Nous vous remettons cijoint une lettre de change de 130 marcs qu'il nous a fournye à votre ordre par

M. Dirois a acquitté cette traite ainsi que celle de 150 M^es de matières d'argent sur M. Dulaurens que

première, seconde et troisième sur le sieur Dulaurens, payable à deux mois de vue. Comme nous lui en avons fait compter ici la valeur, vous en exigerez le payement, mais nous vous observons que ce ne doit être que deux mois après l'arrivée du dit sieur Dirois.

nous avons renvoyée à la Compagnie protestée, avec notre lettre du 10 Octobre 1736.

Nous avons été sensibles à la mort des sieurs La Feuillée et La Morandière. La veuve de ce dernier vous ayant remis ses tarifs et mémoires sur le commerce de l'Inde que vous nous avez fait passer en deux volumes et où nous avons trouvé du bon, nous approuvons que vous lui ayez fait payer les appointements de son mari jusqu'au jour de son décès, mais nous n'avons pu porter sa pension et subsistance du consentement de Monseigneur le Contrôleur général qu'à cent Pagodes que vous lui ferez payer annuellement au lieu de 12 Pagodes par mois que vous lui avez accordées. Quant au sieur Le Noutre son fils, la Compagnie l'a employé dans le nombre des premiers commis et elle continuera de lui faire plaisir s'il le mérite. Elle a aussi placé dans ce rang les sieurs Moreau et Pean, ayant égard aux représentations que ce dernier lui a faites et au temps qu'il est entré au service ; ainsy à la réception de la présente, vous ferez jouir ces trois employés des appointements de huit cents Livres.

Nous ne faisons plus payer, à Madame de la Morandière, sa pension que sur le pied de cent Pagodes par an. Nous avons fait passer le Sieur Pean avec la qualité de commis à 800 Livs.

Nous avons fait aussy liquider icy la succession du sieur Galvy de la mort duquel nous avons été touchés.

Le retour du sieur de Chaulay que vous avez remplacé par le sieur de Mouchy ayant fait place à Yanaon au sieur Lebon, nous approuvons que vous lui ayez accordé les appointements de 800 Livs comme commis du 1er ordre.

Nous approuvons aussy que vous ayez accordé des places de sous-commis aux sieurs de la Selle l'ainé et de Larche. Ainsi vous ferez jouir ces employés des appointements attachés à leurs postes à compter du jour que vous les y avez nommés, et à l'avenir nous vous défendons de remplacer aucun sous-commis sans le proposer à la Compagnie, parce que nous en employons sur les états de dépenses un nombre plus que suffisant pour toutes vos opérations. Vous donnerez vos ordres en conséquence à Chandernagor et Mahé.

Nous avons informé la Compagnie, par notre lettre du 25 Janvier dernier, de la mort du sieur de Mouchy. Sa succeszion est liquidée. La solde sera comprise dans l'état des sommés remises à votre caisse provenant des successions des françois morts aux Indes que nous joindrons à notre lettre générale.

Nous avons fait passer le sr Laselle l'ainé à Mazulipatam, pour remplacer le sieur Ollivier, qui a été envoyé à Mahé où il étoit destiné par la Compagnie.

La conduite irrégulière que le Sieur Desplats de Flaix a tenue en dernier lieu à Chandernagor et les plaintes qui nous ont été ci-devant faites à son sujet, nous ont déterminés à le révoquer. Ainsi vous ferez cesser ses appointements à la réception de la présente.

La Compagnie aura été informée par notre lettre du 25 Janvier dernier que le sieur Desplats est mort le 1er Octobre 1736. Il laisse une veuve et des enfants sans bien et beaucoup de dettes. Nous prions la Compagnie d'y avoir égard.

A la bonne heure si vous avez fait passer à Chandernagor le sieur Parent que l'on dit être un bon sujet, ainsi que les autres commis dont ce comptoir avoit besoin.

Nous avons rendu compté à la Compagnie par notre lettre du 25 Janvier dernier des raisons que nous avons eues pour révoquer le sieur Parent. Depuis son départ pour France, on a encore découvert de lui d'autres traits qui auroient mérité une punition exemplaire.

Pour remplacer ceux qui manqueront ainsy qu'au comptoir de Chandernagor, nous vous ferons passer par les vaisseaux de cette expédition les employés cy-après, Savoir :

| Lintrye | Travaille depuis 3 ans gratis dans les bureaux de la Compagnie à Paris et sait tenir les livres. Bon sujet pour Chandernagor. Commis du 2e ordre. | Il a été envoyé à Chandernagor. |
| Gosse | Pour remplir une place de commis de 2e ordre. Il est neveu de M. Saintard, l'un de nous et travaille gratis dans nos bureaux de Paris depuis 18 mois. | Il travaille ici au bureau des Livres |

| | | |
|---|---|---|
| Aubry | Homme d'esprit qui a été attaché à M. Despremenil, aussy dans le 2ᵉ ordre. | A passé à Chandernagor. |
| Le Bourg | A ci-devant été employé au Sénégal et doit être aussi placé dans le 2ᵉ ordre. | |
| La Breteche Litout | Pour aller à Chandernagor et remplir une place de commis du 2ᵉ ordre, il a fait le voyage de Chine avec son père qui a été subrécargue pour compte de la Compagnie. | A passé au lieu de sa destination. |
| Denis | Travaille gratis dans nos bureaux depuis un an et a une belle main. | A travaillé ici au Secrétariat et sera envoyé à Moka. |
| Des Vaulx | Travaille de même depuis près d'un an et a été cy-devant à l'isle de France. | A passé à Chandernagor. |

| | | |
|---|---|---|
| Droüet | Travaille de même depuis 9 mois et a été cy-devant marchand de dorure à Paris et est âgé de 42 ans. | Idem. |
| Biancourt | Pour remplir à Pondichéry la dernière place des commis du 1er ordre, attendu qu'il est employé depuis plus de 6 ans dans les bureaux de la Compagnie a Paris et qu'il travaille bien. | Travaille icy. |

Nous vous envoyons cy-joint les reçus de trois de ces employés à qui nous avons fait payer ici quelques à comptes sur leurs appointements dont vous ferez faire la retenue,

Savoir :

celui du sieur Lebourg   39 Livs.
celui du sieur Denis   19   4
celui du sieur Des Vaulx 36   6

M. Despremenil aura soin de son côté de vous faire passer par duplicata les reçus de ceux à qui il fera faire quelques avances à l'Orient.

Nous vous observerons que dans les commis du 2ᵉ ordre et les sous-commis il y a plusieurs indiens, métis et autres que la Compagnie ne connoit point et devant

lesquels elle estime devoir faire passer ceux qu'elle vous
envoie de France et qui se sont élevés dans les bureaux.

Nous entendons par indiens les fils de père et mère
indiens et par métis les fils de père européen et de mère
indienne. Il ne convient pas que les métis et indiens
ayent le rang sur les états avant les européens ni qu'ils
passent le grade de commis de 800 Lvs. C'est à quoi vous
tiendrez la main ; au reste ils ne sont pas en si grand
nombre.

## TROUPES.

En supposant que des 79 soldats que nous avons envoyés par les vaisseaux la *Paix*, l'*Apollon*, le *Maurepas* et la *Thétis*, vous en ayez complété votre garnison qui, au 30 Janvier dernier, suivant votre état de revue, étoit composée de 313 hommes compris 5 invalides, que vous n'en ayez fait passer que 30 à Chandernagor quoyque nous voyons qu'il y en manquoit 89 au 5 Janvier et que le reste soit mort dans la traversée et à terre ou ait servy à remplacer ceux dont le temps est expiré, nous pouvons compter avec

La garnison de Chandernagor n'est pas encore complète, quoique nous y avons fait passer trente soldats par le vaisseau le *Philibert* et vingt par le *Saint Pierre* ; le détachement de soixante hommes que nous avons été obligés de mettre sur le vaisseau le *Duc de Bourbon* ne nous a pas permis d'en envoyer davantage cette année à Bengale, à joindre que vous en avez perdu plus de quarante dans l'expédition de Moka, et au retour. Avec notre lettre générale nous remettrons à la Compagnie l'état de revue à l'ordinaire.

fondement qu'en vous envoyant par les vaisseaux de
cette expédition 70 soldats, vous vous en trouverez assez
pour achever de compléter non seulement la garnison

de Chandernagor et la vôtre, car nous ne parlons pas de Mahé qui, au 15 Janvier dernier, avoit neuf fusilliers de plus, mais même qu'il vous en restera suffisamment pour les entretenir complètes jusqu'à ce que nous vous en fassions passer de nouveaux par les vaisseaux de 1737 à 1738.

Les raisons que vous apportez dans l'article 20 de vos réponses en apostilles du 15 Décembre dernier pour nous faire connoitre la nécessité qu'il y a, dans le pays où vous êtes, d'avoir toujours quelques chevaux à l'écurie pour les officiers lorsqu'ils sont obligés de sortir de la ville ou de marcher à la tête d'un détachement, nous a déterminés à vous autoriser d'avoir jusqu'à six chevaux pour l'utilité du service, mais nous vous recommandons de n'en point entretenir au delà de ce nombre aux dépens de la Compagnie.

Toutes les nations ont une écurie bien garnie dans leurs comptoirs. Nous nous renfermerons autant que nous le pourrons dans l'exécution des ordres de la Compagnie au sujet de cette dépense.

Ce que vous nous marqués à l'article 30 des mêmes apostilles que la serge bleue conviendroit mieux que le *guingan* pour habiller les troupes, nous a d'autant plus surpris que cy-devant vous nous avez toujours représenté que le *guingan* bleu étoit plus convenable pour l'Inde que toute autre étoffe, c'est notre sentiment; c'est pourquoy notre

Il est vray que le *guingan* est plus léger, mais il n'babille pas si bien et il n'est pas de tant de durée. Il conviendroit que la Compagnie continua d'envoyer de la serge rouge et bleue; cet habillement convient beaucoup mieux pour les soldats françois que le *guingan* qui blanchit, ne se soutient pas et tombe en peu de temps par lambeaux.

intention est qu'à l'avenir vous en fassiez habiller les troupes de tous les comptoirs des Indes et des Isles, en faisant parmenter les habits de serge rouge et

Nous avons reçu ces 800 chapeaux et avons envoyé à Mahé les 300 que la Compagnie a destinés pour ce comptoir.

n'employant qu'à cet usage les 21 balles que le Conseil de l'Isle de France vous a envoyées par la *Reine;* vous en devez avoir pour du temps; vous recevrez par ces vaisseaux les 800 chapeaux que vous nous avez demandés, non compris 300 pour Mahé; ceux-cy ont les bords un peu plus hauts qu'à l'ordinaire et il en sera de même de ceux que nous vous envoyerons par la suite.

Il semble, par la demande que vous nous faites d'un bon major, que le sieur Bury, à qui elle a donné l'année dernière cette place qui lui appartenoit de droit, soit hors d'état par son infirmité de s'en acquitter, avec l'activité indispensable

La Compagnie l'ayant pourvu du poste de major général, ce seroit une grande mortification pour lui de redevenir simple capitaine. Ses infirmités ont diminué et il fait son service.

à ce poste; au cas que les lettres que nous recevrons de vous l'année prochaine nous confirment dans notre préjugé, la Compagnie y pourvoyera.

Les bons témoignages que M. Dupleix et le Conseil de Chandernagor rendent à la Compagnie du

M. Nehou le Mouton est mort à Chandernagor le 15 Décembre dernier.

Sieur Nehou le Mouton ont déterminé la Compagnie à le conserver à son service et à entretenir trois capitaines dans ce comptoir, eu égard à la flotte pour Patna, sur laquelle il faut toujours un détachement considérable avec des bons officiers. Ledit sieur de Nehou fera les fonctions de capitaine ayde-major.

Le décès du sieur Lemarié et l'affaire arrivée aux sieurs de Laval et Decoulanger méritant leur exclusion du service, a donné lieu à la promotion des sieurs Polo et de la Grandmaison aux postes de lieutenant et des sieurs Loison, Bailleul et Hercules de la Roche à ceux de sous-lieutenant. Nous envoyons, Monsieur le Gouverneur a distribué ces brevets aux sieurs Polo, de la Grandmaison, de Bailleul et Hercules de la Roche. Le sieur Loison est mort à Moka; le sieur Charpentier a passé à Bengale ainsy que le sieur Pochauvin de Marçon; le sieur Coquelin a icy la place d'enseigne à pied.

leurs brevets à M. Dumas, afin qu'il donne ses ordres pour qu'ils soient reconnus en cette qualité à la teste des troupes. Nous vous faisons passer aussy par ces vaisseaux les sieurs Pochauvin de Marçon, Charpentier et Coquelin, qui sont porteurs de leurs brevets, pour servir en qualité d'enseignes, le premier à Chandernagor, le second à Mahé et le troisième pour surnuméraire à Pondichéry, aux appointements ordinaires, ainsy que vous le verrez par l'état de dépense que nous vous envoyons, et ceux des autres comptoirs; nous vous observerons à l'égard du sieur de Marçon qu'ayant servi à l'Orient en qualité d'enseigne, il doit prendre son rang du jour de la date de son brevet, qui est du 7 Décembre 1735.

Nous vous remettons cy-jotnt le tableau général que nous avons dressé de tous les officiers au service de la Compagnie dans l'Inde, qui doit indispensablement vous servir de règle pour remplir par intérim les places qui viendront à vacquer dans les trois comp- Quelques officiers se plaignent qu'ils ne sont pas dans leur rang sur le tableau. Le sieur Hercules de la Roche, par exemple, a été reçu sous-lieutenant longtemps avant l'arrivée du sieur Mondreloir; cependant ce dernier se trouve sur le tableau avant lui

toirs, sans jamais vous écarter de cette disposition que par une délibération en bonne forme, qui en fasse connoitre à la Compagnie les motifs. Vous en ferez passer une copie à Chandernagor et une à Mahé afin que ces Conseils subalternes, exactement informés du plan que vous devez suivre, puissent eux-mêmes dans l'occasion prévenir les ordres que vous aurez à leur donner.

parce que la Compagnie a dressé le tableau sur l'état que nous lui avons envoyé où le dit Sr de la Roche n'étoit qu'enseigne et qu'elle a envoyé ledit sieur de Mondreloir avec la qualité de sous-lieutenant; dans cet état ou tableau nous avions suivi pour le rang d'un chacun l'ordre de sa réception à la tête des troupes, suivant ce qui s'est pratiqué de tout temps que les derniers arrivés ont été après les autres de même grade;

cependant le tableau que la Compagnie a envoyé demeurera pour constaté et ce sera sur ce tableau que nous nous règlerons pour remplir les places vacantes. Nous observerons seulement à la Compagnie que du jour de la date du tableau que nous lui envoyerons annuellement à celle de l'arrivée de nouveaux officiers qu'elle fera passer aux Indes, il pourra arriver quelques changements et qu'il ne convient point que les derniers arrivés passent avant ceux qui auront été reçus dans le même grade avant eux. Ces nouveaux venus n'ont encore rendu aucun service à la Compagnie au lieu que l'avancement des autres est le fruit de leurs services.

Nous avons fait passer à Chandernagor et Mahé copie de votre tableau. Il en est de même de ces tableaux comme de celui des employés; on ne peut y rien changer sans bouleverser tout, au lieu que ces tableaux, demeurant une fois pour constatés, serviront de règle à l'avenir pour ne faire de passe-droits à personne.

Sur l'avis que vous nous

Comme les officiers des

avez donné que les Srs Cordin et Roussel devoient revenir en May à Pondichéry, nous les avons employés dans votre état et les S^rs Guesdon et Bailleul dans celui de Mahé. Vous ferez passer dans ce dernier comptoir 'ainsy qu'à Chandernagor les officiers qui y sont destinés suivant nos états.

trois garnisons doivent rouler ensemble, les états que la Compagnie envoyera ne se trouveront jamais justes.

Le sieur Descoublans étant indispensablement obligé d'être icy pour suivre ses affaires, la Compagnie ʄui a accordé un congé d'un an qu'il a demandé à cet effet et elle lui a conservé sa place de capitaine.

Il n'y a pas d'apparence que le sieur Descoublans revienne aux Indes, ayant écrit à son épouse de l'aller trouver. Elle s'est embarquée avec ses enfants sur le vaisseau le *Maurepas*.

Au lieu de 12 Pagodes par mois que vous avez accordées aux enfants du sieur Lemarié de Vaucourt, vous aurez vu par nos lettres du 11 Février dernier que l'intention de la Compagnie est de fixer ·cette somme à la dernière solde des appointement de leur père. Vous vous y conformerez. Nous vous commandons de veiller à l'éducafion de ces enfants, afin que dans la suite les filles puistent être établies lorsque l'occasion s'en présentera et de faire apprendre à écrire et l'arithmétique au garçon pour qu'il puisse aussi dans la suite travailler dans les bureaux de la Compagnie.

Ces trois enfants ne peuvent être nourris ·et entretenus à moins de quatre Pagodes chacun par mois, surtout les filles qui commencent à devenir grandes, comme nous l'avons marqué à la Compagnie par notre lettre du 25 Janvier dernier.

Nous souhaiterions que

Quand la Compagnie sui-

dans l'état de revue des troupes que vous nous envoyerez en répondant à la présente, le nom de baptême. de famille et de guerre, le lieu de naissance, l'âge, l'année de l'engagement et les vaisseaux sur lesquels les soldats vous sont parvenus, fussent plus exactement détaillés et que vous observassiez surtout de ne point confondre ni mettre un nom de baptême pour un autre comme nous l'avons remarqué jusqu'à présent. Il faut aussy nous faire connaître ceux qui sont en détachement à Ariancoupom, où sur les vaisseaux d'Inde en Inde, et nous en-

vra le plan que nous lui avons proposé par notre lettre du 25 Janvier dernier, sur l'envoi et le retour des soldats, cela sera facile. Nous exécuterons cependant ses ordres autant que nous le pourrons. Les soldats du poste d'Ariancoupom sont ambulants, comme ceux des postes de l'enceinte, et sont incorporés dans les quatre compagnies, qui composent la garnison ; ils se trouvent à toutes les revues et exercices, comme les autres. Il seroit inutile d'en envoyer un état particulier à la Compagnie.

voyer la note de ceux qui meurent dans ces sortes de voyages, comme aussy de ceux que vous faites passer de votre comptoir dans un autre. Nous vous prions d'avoir attention à cet article.

## AFFAIRES GÉNÉRALES

La Compagnie a reçu toutes les pièces concernant le procès au sujet de la succession et du testament du feu sieur Georges Wych. Elle trouve qu'il a été fait bien des fautes dans cette affaire, que le

Nous avons marqué à la Compagnie par notre lettre du 30 Septembre dernier que M. Febvrier, curateur à la succession, avoit remis à la caisse le 24 Août, 6671 Pagodes 13 fanons pour solde de son compte avec

Conseil auroit pu éviter en se conformant à ce qu'elle lui avoit prescrit à ce sujet par sa lettre du 19 Janvier 1732; il étoit de la bonne règle, aussitôt la nouvelle de la mort du dit sieur Wych, de faire faire comme de coutume, à la réquisition du procureur général, l'inventaire de ses effets et nommer un curateur à ladite succession, sauf au sieur Descoublans à produire le testament fait en sa faveur, sur lequel le procureur général auroit donné ses conclusions et ensuite le Conseil. Quoyque pour des raisons que la Compagnie ne peut pénétrer rien de tout cela n'ait été fait que longtemps après, en conséquence de l'arrêt interlocutoire rendu le 5 octobre, le Conseil a toujours pris le bon party d'accorder par ledit arrêt un délay de deux ans et demy aux héritiers pour se pourvoir. M. Wich, envoyé de la Grande Bretagne à Hambourg, est ici; il y a toute apparence qu'il terminera à l'amiable avec le sieur Descoublans. Nous comptons recevoir en Juin prochain le dossier en bonne ladite succession. A mesure que les fonds rentreront, la Compagnie sera remboursée des avances qu'elle a faites à MM. Cyrille Wych et Descoublans, conformément à ses ordres insérés dans sa lettre du 24 décembre 1736 que nous avons reçue avec toutes les pièces y jointes. Nous avons par la même lettre du 30 Septembre dernier informé la Compagnie des raisons qui ont empêché M. Dumas de se charger de la procuration de M. Cyrille Wych et que le sieur Boyelleau avoit été nommé curateur à la succession au lieu et place du dit sieur Febvrier. Outre la somme remise par ce dernier, le sieur Boyelleau a remis 718 Pagodes 9 fanons 6 caches. Ci-joint, nous remettons copie figurée du 1er arrêt, rendu le 18 Avril 1735, au sujet de cette succession, ainsy que du compte rendu par le sieur Febvrier et celui fourni par M. Boyelleau.

forme de cette succession, avec un compte en débit et crédit qui fasse connoitre ce qui a été payé sur le produit, ce qui reste à rentrer et ce qui a été remis à la caisse de la Compagnie pour les parties recouvrées. Si à la réception de la présente cette affaire n'étoit pas encore dans la forme cy-dessus, vous ne manquerez pas à l'y faire mettre et surtout à faire entrer à la caisse de la Compagnie tous les effets perçus par le séquestre que vous avez nommé.

La Compagnie souhaiteroit aussi que vous lui envoyassiez en réponse une copie exactement figurée du premier arrêt rendu, le 18 Avril 1735, au sujet de la succession du sieur Georges Wich.

Vous avez bien fait d'écrire aux religieux Augustins de Manilles et de les prier de faire faire le nécessaire pour avoir main levée des effets délaissés par le sieur Dutertre, françois décédé au dit lieu ; vos premières nous apprendront sans doute s'ils ont remis ces effets aux sieurs Dubois et Villebague pour les faire entrer dans votre caisse suivant l'intention du défunt ; nous comptons aussy qu'en ce cas vaccr n'obmettrez pas de nous remettre toutes les pièces concernant cette succession.

Il n'est pas facile de retirer d'entre les mains des Espagnols les fonds dont ils se sont une fois saisis. La Compagnie peut se souvenir qu'il n'a pas été possible d'avoir d'eux aucun compte ny papier des successions des sieurs Béru et Boutier. Cependant M. Dubois de la Roussellière croit qu'en envoyant à Manilles un homme d'esprit chargé de procuration légalisé......que du diocèse du sieur Dutertre, qui voulut sacrifier une partie de cette succession, elle pourroit retirer l'autre. Les Augustins de Manilles ne nous ont point fait réponse sur ce que nous leur avons écrit à ce sujet. Nous avons informé la Compagnie par notre lettre du 25 Janvier dernier des sommes qui ont été recouvrées aux Indes, appartenant à cette succession et qui ont été portées à la caisse ; elle recevra ci-joint le cahier des pièces qui la concernent. Il ne lui est plus rien dû aux Indes que nous ne le sachions.

Nous avons reçu le dossier et le compte de celle du sieur Ragousse et, en conséquence, nous avons fait payer icy aux quatre héritiers, Jeanne, Pierre, Jacquette et Joseph Michel ce qui revenoit à chacun pour sa part et portion, à la déduction des acomptes que nous voyons avoir été payés à ce dernier que vous ne nous disiez pas devoir repasser en France par le *Duc d'Anjou*, en qualité de matelot.

Il est vray que nous avons obmis de marquer à la Compagnie que Joseph Michel repassoit en France par le *Duc d'Anjou*, en qualité de matelot ; il étoit venu mousse aux Indes, son oncle qui étoit officier de marine sur le *Duc d'Anjou* demanda passage pour lui sur ce vaisseau. Il ne lui fut accordé qu'à condition qu'il y feroit le service de matelot.

En conséquence de l'arrêt du Conseil supérieur du 11 9bre 1734 et l'état du sieur Febvrier du 22 du dit mois et an pour la délivrance des deniers de la succession du feu sieur Nicolas Briand de la Feuillée, nous avons fait payer aux héritiers de Mathieu Bordes la valeur de 123 Pagodes 8 fanons à eux adjugés par le dit arrêt ; ainsy à la réception de la présente, vous

Nous avons informé la Compagnie, par notre lettre du 25 Janvier dernier, de la remise qui a été faite à sa caisse de cette somme. Nous lui avons en même tems marqué les raisons qui ont empêché qu'elle ne fût portée à sa caisse ; elle ne doit faire payer en France que celles comprises dans l'état que nous lui envoyons annuellement. A l'égard de celles qui restent

ordonnerez que cette somme qui étoit en dépôt soit remise à la caisse et à l'avenir nous vous recommandons de ne pas souffrir que ces sortes de dépôts soient faits ailleurs qu'à la caisse de la Compagnie et d'observer de l'en prévenir le plus tôt possible attendu ce qui arrive quand il en est autrement, ainsy que nous vous l'avons marqué par nos dernières à l'occasion de cette même affaire des héritiers Bordes.

en dépôt au greffe, nous ne pouvons les faire porter à la caisse, parce que ce sont des articles litigieux et qu'elle pourroit les payer aux héritiers comme leur appartenant, ce qui la jetteroit dans l'embarras, si les créanciers, qui les auroient fait saisir, venoient à avoir action en répétition contre elle et que les héritiers fussent devenus insolvables.

La Compagnie a appris avec beaucoup de plaisir que la présence de Monseigneur de St Thomé a enfin concilié les Pères Capucins avec les Pères Jésuites et qu'ils communiquent ensemble aujourd'hui, ce prélat lui a envoyé le mandement par lequel, suivant le nouveau concordat du 28 Janvier 1735, il a érigé en église paroissiale, sous le titre de St Louis, la chapelle qui est dans la loge de Chandernagor, qui sera désormais desservie par les Pères Duchamp et Josselin.

La Compagnie aura été informée par les dernières lettres du Conseil de Chandernagor de la nouvelle difficulté que lui font les pères Jésuites contre la teneur du concordat.

Les bons effets que l'on débite icy d'une poudre fébrifuge de l'invention du sieur de la Jutais nous ont déterminés à vous en envoyer deux pacquets conte-

Nos chirurgiens n'ont pas trouvé que cette poudre eut aux Indes les bons effets qu'elle a en France; il en est de même des pilules antivénériennes. Nous en-

nant chacun 300 prises; les imprimés qui y sont vous instruiront de ses qualités, de son usage, de son opération et de la dose qu'il en faut prendre. Vous observerez aussitôt qu'elle vous

voyons à la Compagnie le certificat qu'en a dressé le sieur Ferrier, chirurgien major; la Compagnie y verra que ces drogues n'ont pas eu plus de succès à Mahé.

sera parvenue d'ordonner au chirurgien major d'en faire plusieurs épreuves sur des malades attaqués de diverses maladies; vous lui ordonnerez de dresser un mémoire exactement circonstancié de l'employ qu'il en aura fait et des effets qu'elle aura produits, dont vous nous remettrés deux copies certifiées, et au cas que cette poudre n'ait point le succès que l'on doit en espérer, vous en ferès dresser un procès-verbal en bonne forme que vous nous remettrés par duplicata et nous renvoyerez par ces mêmes vaisseaux ce qui vous restera de cette poudre pour la rendre au sieur La Jutais à la réquisition et aux risques duquel nous vous la faisons passer.

Nous vous envoyons encore par deux différents vaisseaux deux phiolles contenant chacun d'eux 3.600 pilules antivénériennes dont vous recommanderez aussy au chirurgien de faire l'essay conformément à l'imprimé cy-joint, sur plusieurs malades, qui en seront le plus vivement attaqués et de nous rendre compte ensuite, par un mémoire que vous nous envoyerez, des bons ou mauvais effets de ces pilules.

Nous vous prions de faire savoir au sieur Rebuty qu'il a été présenté à la Compagnie un mémoire par le sieur Dastre, md perruquier

Le Sieur Rebuty nous a assuré avoir pris les mesures convenables pour acquitter cette dette.

à Paris, expositif qu'il luy est dû une somme de 450 Liv. qu'il lui a prestée avant son départ pour l'aider à faire son voyage, afin qu'il en fasse le remboursement au sieur Dastre, s'il le juge à propos.

Nous avons obmis de vous informer dans son temps qu'il a été remis icy à la caisse de la Compagnie à Paris, le 30 Janvier 1734, par M. Dautel une somme de 505 Livs. 4 S. pour le compte du Sieur Fébvrier, à qui vous ferez payer pour valeur d'icelle 10 m. 4 on. 1 g. 1/3.

Cette somme lui a été payée de votre caisse.

Ce n'est pas avec raison que vous vous plaignez par l'article 70 de vos réponses en apostille, que vous n'avez point reçu de plumes quoique l'on vous ait envoyé des canifs, puisque par votre état du 28 Septembre 1733 vous demandez seulement les uns sans parler des autres. Vous recevrés les 4000 plumes que vous avez demandées.

Cela a été une obmission de notre part. Nous supposions que la Compagnie ne manqueroit pas de nous envoyer un article aussi nécessaire.

Quoyque nous ayons fait embarquer exactement chaque année les gazettes de France et de Hollande ainsy que les mercures pour le comptoir de Mahé, ce Conseil se plaint cependant de ne les avoir pas reçus ; nous vous prions d'avoir attention à lui envoyer le pacquet qui lui est destiné.

Puisqu'il y avoit lieu de craindre d'indisposer le Nabab contre vous si vous lui eussiez refusé les gens qu'il vous demandoit pour la manœuvre des deux mortiers dont le Gouverneur de Madras lui a fait présent,

Nous ne nous déterminerons jamais à prester de soldats aux Maures ; nous en savons la conséquence et l'avons marqué à la Compagnie par notre lettre du 25 Janvier dernier, article timbre colonie.

nous ne pouvons désap-
prouver qu'en conséquence de votre délibération du 12
Janvier vous lui ayez envoyé à cet effet deux aydes canonniers ; mais vous avez bien fait de vous excuser sur
la faiblesse de votre garnison pour ne pas lui faire passer
les soldats européens qu'il vous demandoit.

Les onze pièces de toile à 4 fils pour Monseigneur le Contrôleur général ont été trouvées de bonne qualité; il nous a chargé de vous en demander vingt autres pièces de la même largeur. Nous avons ordonné les vingt autres et nous comptons les recevoir assez à temps pour les charger sur le *Lys* ou la *Reine*. Nous vous recommandons d'avoir attention à nous les envoyer. Nous comptons recevoir l'année prochaine la balle de toile de 2 aunes de large que vous ont demandée Mrs. les directeurs des ventes pour M. de Fulvy, par leur lettre du 27 Octobre 1735.

Nous avons fait prendre note des 60 Pagodes que vous avez avancées au sieur Guynet et de l'erreur qu'il y a dans le récépissé du port permis du sieur Le Cagnon, enseigne *ad honores* sur le *Lys*.

Il a été aussy pris note des 217 Pagodes 16 fanons remises à votre caisse pour le produit des effets de Joseph Botté, 2ᵉ pilote du *Bourbon*.

Les 56 pains d'or de Chine et 2000 Pagodes d'or d'une part, chargés par M. Dumeslier, ont été remis à M. Jean Lenoir et les 5000 Pagodes avec la petite caisse d'agathe d'autre part, ont aussi été délivrées à M. Lenoir cy-devant Gouverneur.

Nous recevrons sans doute par les prochains vaisseaux les pièces d'atelas que nous vous avons de- Par notre lettre du 25 Janvier dernier, article de Suratte, nous avons informé la Compagnie que les mandées pour le Roy.

montres d'atelas qu'elle nous avoit envoyées ont été perdues. Nous en attendons d'autres par les prochains vaisseaux.

Nous attendons aussi le tabac de Mazulipatam en poudre que vous nous promettez.

Il a été embarqué sur le vaisseau le *Phœnix*.

Nous vous remettons cy-joint une déclaration du Roy du 9 Avril dernier concernant la forme de tenir les registres de baptêmes, mariages, sépultures etc, et une autre ordonnance du mois d'Août 1735 au sujet des testaments; nous vous recommandons de tenir la main à ce que leur contenu soit exécuté dans l'occasion.

Nous les avons reçus, nous tiendrons la main à leur exécution.

Il a été remis le 8 Octobre dernier à la caisse de la Compagnie à Paris une somme de mille Livres pour le compte du sieur Copineau, qui passera en qualité de pilote sur un des vaisseaux de cette expédition et qui doit rester à Pondichéry. Vous lui ferez payer pour le montant d'ycelle la quantité de 20 m. 6 oz. 5 g. 1/3 en deux années et suivant les ordres que M. Dumas jugera à propos de donner à ce sujet.

Nous avons marqué à la Compagnie par notre lettre du 30 Septembre dernier que le dit sieur Copineau a repassé en France par le vaisseau le *Fleury* et que nous lui avons fait compter la valeur de ces mille Livres.

Il a aussy été remis à la caisse le 23 du même mois la somme de 42 Liv. pour le compte du nommé Ma-

Ce soldat est icy. Nous lui faisons payer une Pagode par mois à compte de ses 42. Liv.

thieu Clément Caquille dit
Saint-Clément, soldat de votre garnison à qui vous ferez
donner la valeur peu à peu. Vous nous direz en réponse
si ce soldat est sage et s'il se conduit bien.

Il vous parviendra par les vaisseaux de cette expédition un jeune homme de famille, nommé François Boucher, qui commandera

Il faisait fonction de capitaine d'armes sur le *Fleury* et s'en est retourné par le même vaisseau.

un des détachements de soldats que nous vous envoyons.
Comme il est fort capable, ayant quelques années de
service en qualité de cadet, de remplir un poste de
sergent, nous vous prions de lui en donner un à son
arrivée dans les troupes de votre garnison.

En vous observant à l'article des vins que dans les 150 barriques que nous vous envoyons, il y en aura encore une partie de 1734 attendu la mauvaise qualité de ceux de 1735, nous avons ômbis de vous marquer que comme ces vins vieux nous coûtent très chers, il convient, si les employés n'en veulent pas prendre à raison de 30 Pag. la barrique et qu'ils préfèrent celui qui est à meilleur compte, que vous leur donnerez au prix ordinaire de 20 Pagodes, de vous en défaire à l'étranger le plus avantageusement qu'il vous

Nous avons marqué à la Compagnie que presque tous les vins de Bordeaux que nous avons reçus cette année n'étoient pas potables. Elle ne doit point compter en vendre à la coste aux étrangers; il font venir leur provision directement d'Europe et leur vin est excellent, cependant ils le tirent de chez nous. Les officiers des vaisseaux de la Compagnie sont mieux servis qu'elle, leur vin est mieux fortifié et leurs bouteilles mieux bouchées; elle doit aussy en envoyer pour fournir à ceux de ses vaisseaux qui en pourroient

sera possible comme l'a fait le Conseil de Chander-nagor, qui le lui a vendu à 125 Roupies la barrique.

manquer et pour l'hôpital aussi bien que pour la pro-vision du comptoir de Mahé.

Le Conseil de Chander-nagor peut bien avoir vendu 125 Roupies la barrique une année qu'il étoit rare à Bengale; ils y en font une plus grande consommation qu'à la coste; nous prions cependant la Compagnie de nous en envoyer de bonne qualité en barriques et en bouteilles et vos employés, quoique peu en état de faire la dépense, le payeront le prix auquel vous l'aurez fixé à l'avenir.

Vous prendrez pour le compte de la Compagnie la maison que M. Dumas a achetée de M. Lenoir, atten-du l'état actuel du Gouver-nement et vous lui rem-

Nous en avons fait l'ac-quisition au nom de la Com-pagnie et avons remboursé à M. Dumas ce qu'elle lui coûtoit.

bourserez les 4500 Pagodes qu'elle lui a coûté, dans les termes dont il est convenu pour le payement, nous n'a-vons rien au surplus à ajouter à ce que nous marquons à M. Dumas à ce sujet.

La Compagnie ayant pris en considération les repré-sentations qui lui ont été faites par la veuve Grange-mont au sujet d'une som-me de 4454 Liv. due à dé-funt son mary pour appoin-tements et dont le Conseil

Nous avons envoyé au Conseil de Chandernagor copie de cet article, afin que M. Dupleix qui étoit dé-positaire de cette somme put avec sûreté vider ses mains.

n'a permis le payment qu'à condition que M. Dupleix seroit sa caution, elle consent que ce directeur soit dé-chargé de son cautionnement et, par conséquent, que vous fassiez donner mainlévée de cette somme, nous écrivons de conformité à M. Dupleix.

Nous avons obmis de vous observer à l'égard des metis, compris dans le tableau des employés, que l'intention de la Compagnie n'est pas qu'ils passent les commis du 1er ordre et que, dans ce rang comme dans le second ordre et les sous-commis, ils doivent toujours être placés après les autres. Nous ajoutons même que, si le sieur Bunel qu'elle marque au Conseil de Chandernagor avoir placé avant les sieurs Darlu et Lebrun est un métis comme quelques personnes le croyent, non seulement il ne doit être qu'après eux mais même n'être placé sur l'état général que le dernier des commis du 1er ordre sans pouvoir espérer plus d'avancement.

Nous sommes, etc.

Répondu à l'article des employés.

Nous sommes avec respect, Messieurs, vos très humbles et obéissants serviteurs. Signé : Dumas, Legou, Dirois, Dulaurens, Signard, Ingrand, Miran, et par le Conseil, Boyelleau.

------------

LETTRE DE LA COMPAGNIE
AU
CONSEIL SUPÉRIEUR.

Paris, le 19 Décembre 1736.

Nous vous remettons cy-joint, Messieurs, à cachet volant, notre lettre en date de ce jour au Conseil de Mahé. Vous aurez agréable d'en prendre lecture avant de la lui envoyer et même de retenir copie des

RÉPONSE DU CONSEIL

Pondichéry, le 2 Janvier 1738

Nous en avons pris communication et la lui avons envoyée. Nous ferons dans notre lettre générale la récapitulation des fonds que nous aurons remis à Mahé.

articles qu'il convient que

vous ayez par devers vous, ce qui nous dispensera de vous en répéter le contenu. Nous vous observons seulement que l'intention de la Compagnie est que vous fassiez passer à ce comptoir tant en matières d'argent qu'en marchandises de Bengale et de la coste les fonds nécessaires pour pousser les achats de poivres jusqu'à 5.000 *candils* s'il est possible, afin de pouvoir satisfaire à toutes les opérations dont nous vous avons fait part au commencement de cette année.

Nous vous remettons aussy, ci-joint à cachet volant, la lettre que nous écrivons ce jour au Conseil de Chandernagor, afin que vous en preniez communication avant de la lui envoyer par le vaisseau, le *Triton* qui vous portera la présente.

Nous la lui avons envoyée après en avoir pris lecture.

Nous ne vous avons point accusé réception de vos réponses en apostilles du 18 Janvier dernier à la lettre de la Compagnie du 29 Janvier 1735 concernant le vaisseau suédois; depuis les mémoires que nous avons fournis sur cette affaire, qui ne doit regarder que les Anglais, il n'y a eu aucun mouvement à cet égard; nous avons reçu la copie des lettres que vous avez écrites au Conseil de Madrast et des réponses qu'il vous a faites.

Il ne s'est rien passé de nouveau aux Indes au sujet de cette affaire.

M. de Miraillet, capitaine d'une des compagnie entretenues à Chandernagor, ayant représenté à la Compagnie que l'air du pays est tout à fait contraire à sa santé, il convient de le

Nous avons marqué à la Compagnie, à la fin de notre lettre du 25 Janvier, que nous n'avions pu décider l'affaire du dit Sr. Miraillet, parce que Mrs. du Conseil de Chandernagor

rappeler à Pondichéry, ainsy vous ferez passer à sa place un des capitaines de votre garnison.

ne nous avoient point encore remis copie de leur délibération, qui prononçoit son interdiction. Le dit Sr. de Miraillet que le Conseil de Chandernagor avoit renvoyé ici nous présenta deux requêtes par lesquelles il demandoit à se justifier. Le Conseil de Chandernagor nous remit bien copie de sa délibération, mais il ne nous remit point les pièces nécessaires au soutien, ce qui nous porta à limiter, par délibération du 25 Février dernier, l'interdiction du dit sieur de Miraillet à quatre mois. Nous avons fait part de notre décision au Conseil de Chandernagor; il nous a envoyé d'autres pièces et se plaint de l'indulgence que nous avons eue pour le Sr. de Miraillet. Nous nous en sommes tenus à notre première décision et avons averti le Sr. de Miraillet que s'il nous revenoit la moindre plainte de lui nous le renvoyerions en France. Nous lui tiendrons parole.

Sur les représentations que la Compagnie a faites, en conséquence de ce que vous lui avez écrit au sujet de la nécessité qu'il y a de nommer un particulier au Consulat de Bassora, à cause des difficultés que les Carmes qui y sont établis apportent à son commerce dans les fonctions qu'ils font de Consul en cette échelle, Monseigneur le comte de Maurepas a pris les ordres du Roy pour nommer à ce consulat les trois sujets que

M. Miran n'ayant point accepté le Consulat de Bassora, nous avons écrit au Conseil de Chandernagor de faire passer icy M. de Martinville. Nous lui remettrons les patentes de Consul et l'envoyerons au lieu de sa destination. Nous lui donnerons copie de cet article afin qu'il s'y conforme. Nous en avons envoyé copie au Conseil de Chandernagor et lui avons demandé son avis sur le droit qu'il convient d'ac-

nous lui avons proposés, à cause de l'éloignement, savoir : les Sieurs Miran, Joques de Martinville et de la Noë pour exercer les fonctions, l'un au défaut de corder au Consul sur les vaisseaux qui iront à Bassora. Nous estimons qu'il peut être fixé à un pour cent.

l'autre, et il a fait expédier sur ce pied les provisions nécessaires, qui sont actuellement au sceau, et que vous trouverez ci-jointes au cas qu'elles nous parviennent avant le départ de la présente, pour que vous en fassiez la remise à celui des trois sujets ci-dessus que vous destinerez à remplir cette place, en suivant cependant autant que vous le pourrez l'ordre de la nomination.

M. de Maurepas envoie une copie de ces provisions à M. le Marquis de Villeneuve, afin qu'il sollicite auprès des ministres de la Porte l'expédition du nouveau *barrat* du Grand Seigneur qui sera nécessaire et lui marque de faire en sorte d'aplanir les difficultés qu'il pourra y avoir pour cela par rapport aux trois sujets désignés dans les provisions et d'envoyer le *barrat* quand il l'aura obtenu, à la personne chargée des affaires de la Compagnie des Indes à Bassora pour les remettre à celui des employés ci-dessus que vous aurez choisis et à qui Sa Majesté désire que vous recommandiez expressément de se mettre en correspondance avec M. le Marquis de Villeneuve et de s'adresser à lui tant pour toutes les affaires, qui intéresseront les droits et privilèges de la Compagnie et ceux de la nation que pour celles qui concernent les missions dans les occasions où l'on aura besoin d'avoir recours à la Porte. Sa Majesté entend aussi que le nouveau Consul entretienne bonne union avec les missionnaires et qu'il leur accorde toute la protection dont ils auront besoin pour exercer librement leurs fonctions.

Quant aux émoluments dont il est juste de faire jouir celui que vous jugerez à propos d'envoyer à Bassora, la

Compagnie lui a fixé quinze cents Livres d'appointements par an qui commenceront à courir du jour du départ du vaisseau sur lequel il s'embarquera pour aller à sa destination, et comme ces appointements ne seroint pas suffisants pour faire vivre décemment celui que vous y ferez passer, l'intention de la Compagnie est que vous lui fixiés un tant pour cent sur le montant des chargements qui seront destinés pour Bassora, après cependant que vous vous serez concerté avec le Conseil de Chandernagor, attendu qu'il expédie comme vous des vaisseaux à droiture pour Bassora. Vous donnerez ordre au Conseil de Chandernagor d'en user de même pour les vaisseaux qui seront expédiés à droiture du dit lieu pour Bassora. Vous ne manquerez pas de nous informer de ce que vous aurez fait à cet égard.

Comme nous nous trouvons ordinairement dans le cas de faire remballer à l'Orient les caffés avariés et que nous avons fait bénéfices, nous souhaitons que vous fassiez venir chaque année de Moka, par le vaisseau qui vous apportera les caffés de l'annuel, deux cents poches de jonc pareilles à celles qui forment le premier emballage des balles, avec des quantités de jonc suffisantes pour en coudre environ trois cents. Vous observerez de nous en faire annuellement l'envoy par le vaisseau chargé de caffé et vous aurez soin de les faire mettre dans un endroit sec afin que nous parvenant bien conditionnés on puisse les employer à l'usage auquel nous les destinons.

Nous aurons soin de faire venir annuellement de Moka ces deux cents poches.

Nous vous recommandons aussy d'envoyer exactement à l'isle de Bourbon les emballages de Moka qu'ils vous demanderont.

Nous y avons fait passer par la frégate la *Subtile* ceux qui nous sont parvenus de Moka cette année.

Le nommé Pierre Charles dit Guillard, qui a servy la Compagnie aux Indes en qualité de soldat depuis 1727 jusqu'en 1735 qu'il s'est embarqué sur le *Lys* pour revenir en France, ayant demandé à retourner à Pondichéry par ces vaisseaux en qualité d'ayde canonnier, nous lui avons accordé sa demande et son passage gratis à la ration, sur le rapport que M. Lenoir nous en a fait que c'est un bon sujet. Ainsi vous donnerez, s'il vous plaît, vos ordres à son arrivée pour qu'il serve en cette qualité aux gages qui y sont attachés.

Il est sur l'état en qualité d'adjudant canonnier. Nous lui faisons la retenue des 50 Liv. que la Compagnie nous marque par sa lettre du 3 Février, lui avoir avancées.

Nous vous envoyons cy-joint la délibération de la Compagnie du 20 Juillet dernier qui fixe à 80 % les profit et bénéfice sur les ports permis des officiers des vaisseaux de cette expédition. Vous la communiquerez anx officiers du vaisseau le *Duc de Bourbon* que nous croyons n'en avoir pas eu connaissance avant leur départ.

Nous l'avons communiquée aux officiers du vaisseau le *Duc de Bourbon.*

Nous sommes etc.

Nous sommes avec respect, Messieurs, vos très humbles etc. Signé: Dumas. Legou, Dirois, Dulaurens, Signard, Ingrand, Miran, Golard et par le Conseil, Boyelleau.

| Lettre de la Compagnie au Conseil Supérieur. | Réponse du Conseil. |
|---|---|

**A Paris, le 31 Décembre 1736**

**A Pondichéry, le 3 Janvier 1738**

La Compagnie faisant passer cette année, Messieurs, trois vaisseaux à Chandernagor, elle a été obligée de faire quelques nouvelles dispositions pour l'assortiment de ses vaisseaux, qui ne diffèrent néanmoins que de quelques qualités de plus ou de moins de ceux qu'elle vous avoit précédemment envoyés. Elle a fait pour cet effet un nouveau projet d'une cargaison pour un vaisseau de 500 à 550 tonneaux de port, qui doit lui servir de règle pour former les chargements de tous les navires qu'elle y expédiera dans la suite. Vous avez cy-joint sa lettre au Conseil de Chandernagor à la lecture de laquelle elle vous réfère.

Nous avons pris communication de ce nouveau projet d'assortiment et de la lettre qui l'accompagne. Nous ne doutons pas que le Conseil de Chandernagor ne s'y conforme.

Vous avez cy-joint aussy celui qu'elle a fait pour le chargement d'un vaisseau à Pondichéry de 500 à 550 tonneaux de port qui ne consiste qu'en 926 balles de marchandises y compris 51 balles fabrique de Suratte, que vous ne pourrez suivant toutes les apparences avoir pour l'expédition des vaisseaux que nous vous envoyons cette année.

Nous avons reçu ce projet. Nous prions la Compagnie de le mieux détailler; il porte par exemple 125 balles d'Alemparvé de 80 pièces de chaque sans désigner les qualités, il en est de même des guinées. Nous nous y conformerons néanmoins autant que nous pourrons. Nous y ajouterons les mouchoirs de Pondichéry. Nous doutons si par marchandises fabrique de Surate la Compagnie entend celles fabriquées à Surate ou à Pondichéry. Nous en avions ordonné aux marchands des sortes dont la Compagnie avoit paru satisfaite. Nous en comprendrons aussi un assortiment dans les contrats que nous allons faire avec eux. Cela n'empêchera pas que nous n'en fassions aussi faire à Surate où nous avons écrit en conformité et fait passer douze mille roupies ; ainsi par les prochaines la Compagnie recevra des marchandises des mêmes qualités achetées à Surate et à Pondichéry, ce qui la mettra en état de décider avec parfaite connaissance de cause celles qui conviendront le mieux.

Ce qui nous a déterminés de donner des ordres au Conseil de Chandernagor, de vous faire passer 300 balles de garras par le bâtiment que vous lui expédierez ou à défaut de vous les envoyer par un navire du pays qu'il frétera, parce que l'intention de la Compagnie est que chaque vaisseau du port de 500 à 550 tonneaux lui apporte une cargaison de 1000 balles au moins de marchandises, indépendamment des poivres, bois rouge et salpêtre de Patna et supposé qu'il vous manquât une partie de quelque assortiment de marchandises pour remplir le nombre de 1000 balles par vaisseau vous les remplacerez par d'autres.

Les obstacles que nous trouvions à la fabrication des marchandises de la coste nous avoient d'abord déterminés à demander au Conseil de Chandernagor 500 balles, mais faisant réflexion que les 600 balles qu'il nous a remises l'année dernière qu'il n'avoit que deux vaisseaux à charger, avec des fonds considérables, l'ont dérangé dans le chargement de ces vaisseaux dont il a été obligé d'expédier tard le dernier, nous avons pris le party de nous restreindre aux 300 balles que la Compagnie lui ordonne de nous remettre. Ces trois cents balles serviront à remplacer celles qui pourront manquer sur les contrats de nos marchands.

Ce projet doit vous servir de règle pour le chargement d'un vaisseau de 500 à 550 tonneaux de port en suivant autant que vous le pourrez les assortiments de chaque qualité demandés par Mrs. les Syndics et directeurs députés ponr les ventes.

Ce projet ne s'accorde pas avec le mémoire d'observations de Messieurs les Syndics et directeurs députés pour la vente.

La Compagnie compte annuellement sur quatre pareils chargements et comme les vaisseaux qu'elle vous envoie cette année sont:
le *Duc de Bourbon*......760
Le *Fleury* de près de....900
Le *Lys* de................700
et *la Reine* de............450
que suivant toutes les apparences vous renvoyerez ce dernier chargé de l'annuel du caffé avec quelques balles de marchandises, il ne vous restera par conséquent que les trois premiers à charger sur lesquels vous devez répartir les 4.000 balles de marchandises, y compris les 300 balles de garras, déduction des marchandises de la coste que la *Reine* auroit pu charger, C'est à vous à prendre les plus justes mesures pour cette répartition en donnant au *Duc de Bourbon* et au *Fleury* la plus grande quantité de balles que vous pourrez et le surplus au *Lys*.

Le vaisseau la *Reine* n'étoit pas d'un assez grand port pour charger les 3.000 balles de caffés qui nous sont venues de Moka. Nous les avons chargées sur le *Maurepas* et avons fait passer la *Reine* à Bengale dans la vue d'en tirer du riz pour soulager la colonie. Nous comptons l'envoyer à droiture à l'isle Dauphine. A l'égard du vaisseau le *Lys* il ira relacher à l'ordinaire à l'isle de France.

Nous avons marqué en réponse à l'article 9 de la lettre de la Compagnie du 30 Octobre 1736 qu'il ne convient absolument point à ses intérêts de faire passer de vaisseaux d'icy à Mahé pour y charger des poivres.

qui est celui que nous pensons que vous destinerez pour Mahé, à moins que vous ne substituiez à sa place la *Thétis* pour charger à Mahé toute la plus grande quantité de poivres qu'il vous sera possible.

Nous comptons qu'il ne vous sera pas difficile de charger sur des vaisseaux d'un aussi grand port ces 4.000 balles et que vous les bonderez de poivres.

Le *Fleury* en a pris dix huit cents cinquante.

Vous pourrez charger annuellement 400 pièces *salempouris* et 400 pièces de guinées en écrues.

La Compagnie ne désigne point les qualités. Nous lui envoyerons moitié en 18 *coujons* et moitié en 24.

La *Thétis* ayant fait son opération et devant revenir avec les vaisseaux que nous vous expédions cette année, vous lui donnerez un pareil chargement de 1.000 balles indépendamment du poivre, bois rouge et salpêtre.

Nous avons renvoyé la *Thétis* l'année dernière.

Si vous prévoyez n'avoir pas suffisamment de marchandises pour charger tous les vaisseaux que nous vous envoyons, même ceux que M. de la Bourdonnais pourroit vous faire passer, vous en envoyerez deux à Mahé avec 500 balles chacun de marchandises de la coste et leur bois rouge pour leur lest et vous donnerez ordre au Conseil de Mahé de compléter leur chargement en poivre.

Au moyen de la destination que nous avons été obligés de donner au vaisseau le *Duc de Bourbon*, il ne nous est point resté de vaisseau pour Mahé. M. de la Bourdonnais ne nous en a fait passer aucun cette année, sachant que nous aurions le *Héron*.

Nous sommes, etc.                    Nous sommes avec res-
                                pect, Messieurs, vos très
etc., Signé : Dumas, Legou, Dirois, Dulaurens, Signard,
Ingrand, Miran, Golard et par le Conseil, Boyelleau.

---

A Pondichéry, le 24 Janvier 1738.

MESSIEURS LES SYNDICS ET DIRECTEURS GÉNÉRAUX

Par le *Chauvelin.*

Messieurs,

Par notre lettre du 30 Septembre dernier nous avons
accusé réception à la Compagnie de celles qu'elle nous
a fait d'honneur de nous écrire par les différents vaisseaux. Nous avons répondu par apostilles le 2 du courant à celles des 30 Octobre, 19 et 31 Décembre 1736.
Nous avons traité dans ces apostilles plusieurs articles
de celles des 21 Novembre et 24 Décembre 1736, 12
Janvier et 13 Février 1737. Nous reprendrons dans
celles-ci les articles auxquels nous n'avons pas répondu
et luy ferons part des arrangements que nous avons pris
pour travailler d'avance aux cargaisons des dits vaisseaux
qu'elle nous annonce pour cette année, par ses lettres
des 31 Janvier et 9 Février 1737.

### VAISSEAUX ET COMMERCE D'EUROPE.

La Compagnie aura été informée par notre lettre du
30 Septembre dernier des mesures que nous avons prises
pour le chargement de ses vaisseaux, elle en trouvera
le détail dans nos délibérations des 7 Juin, 17 et 26 Juillet,
ainsy que dans nos apostilles à sa lettre du 30 Octobre
1736. Nous avons peu de chose à y ajouter. Outre les
vaisseaux le *Maurepas*, le *Fleury*, le *Hévon* que nous
avons expédiés en Octobre, nous lui renvoyons le *Chau-*

*vclin* et la *Reine*, de sorte qu'elle recevra cette année plus de 4.600 balles de la coste. C'est le plus bel envoy qui lui ait encore été fait de Pondichéry ; ce n'a pas été sans beaucoup de soins et de peines que nous nous sommes procurés une si grande quantité de marchandises à cause de la famine et de la cherté des cotons. Quand nous aurions eu assez de fonds pour charger le *Duc de Bourbon*, il ne nous auroit pas été possible d'avoir des marchandises et il étoit de toute nécessité d'envoyer un vaisseau d'Europe à Moka pour soutenir dans ces commencements les privilèges que nous avons obtenus des Arabes par le Traité.

Pour conserver nos blanchisseurs et batteurs, qui ne pouvoient vivre de leur travail au prix où étoit le riz, nous leur avons, en conséquence de notre délibération du 7 Juin, fait délivrer du riz de votre magasin sur le pied de 50 Pagodes la *garce*, ce qui nous a paru plus convenable que d'augmenter le prix du blanchissage. La sécheresse a été si grande que, quoiqu'on eut creusé les étangs jusqu'à trois fois, l'eau y manquoit à la fin de Juillet, ce qui a retardé la visite ; quelques orages qu'il a fait en Aoust y ont remis un peu d'eau.

La Compagnie verra, dans notre délibération du 29 Aoust, les motifs qui nous ont déterminés à envoyer le *Héron* caréner à l'isle de France et à lui donner son chargement.

Nous avions, par délibération du 12 Septembre, fait passer le *Lys* dans le Gange et écrit au Conseil de Chandernagor de nous le renvoyer ; il a pris le party d'expédier ce vaisseau à droiture parce qu'à son arrivée dans le Gange il avoit des malades et nous a renvoyé en place le *Chauvelin* ; s'il nous eut renvoyé le *Lys* avec les marchandises de Bengale qu'il devoit nous remettre, la cargaison de ce vaisseau eut été bien assortie et n'auroit pas été à beaucoup près si riche qu'elle le sera. Nous estimons, s'il retourne bien chargé, qu'elle excèdera 7.000 Roupies. C'est beaucoup risquer sur un seul vaisseau.

Nous envoyerons, comme nous avons eu l'honneur de le marquer à la Compagnie par notre lettre du 30 Septembre dernier, son vaisseau la *Reine* relâcher à droiture à l'isle Dauphine. Ce vaisseau est de retour du Gange du........ de ce mois et nous a apporté son chargement de provisions.

Pour correspondre aux vues de la Compagnie, qui nous promet des vaisseaux pour cette année, et comptant sur les offres réitérées d'Iman Saheb de nous prêter dans l'occasion tous les fonds dont nous aurions besoin, nous avons par délibération du 1er Octobre envoyé au Conseil de Chandernagor 240.000 Roupies afin qu'il put travailler à l'avance aux cargaisons des quatre vaisseaux qui luy sont destinés ; sur la fin d'Octobre, Iman Saheb a rendu une visite à Monsieur le Gouverneur ; il a encore fait offre de services et promis de nous prêter 150.000 Pagodes, savoir : 40.000 comptant, 60.000 dans le courant de ce mois et les autres 50.000 lorsque nous les lui demanderions. Nous avons, par délibération du 31 Octobre, accepté ces offres et comptions sur ces fonds pour en remettre à Mahé et travailler à l'avance aux cargaisons. Iman Saheb avoit même fait fournir les premières 40.000 Pagodes. Le Nabab a depuis reçu ordre de se rendre à Golconde auprès de Nizam Moulouk. Il est party depuis peu de jours et a emporté avec lui son trésor d'où Iman Saheb comptoit tirer les fonds qu'il avoit promis. Iman Saheb lui-même l'a suivi, de sorte que nous nous trouvons frustrés de nos espérances et hors d'état de remettre des fonds à Mahé ny de travailler à l'avance. Chankarabary, qui nous a presté cy-devant tiroit pareillement d'Iman Saheb ou du trésor du Nabab les sommes qu'il nous prêtoit et a suivi le Nabab. Le voyage sera long et peut être funeste au Nabab. Il nous faudra attendre l'arrivée des premiers fonds pour contracter. Ce contre temps dérange considérablement nos opérations. La compagnie verra, par notre bilan cy-joint, qu'il ne nous restoit au premier du mois que 35.000 Pagodes en caisse.

Par délibération du 11 de ce mois, nous avons vendu les cent balles de draps londrins, qui nous restoient, à P. 1-8 l'aune, pour en faire une fin.

Quoique, par délibération du 26 Avril, nous ayons réduit le prix des draps trentre quatrains à P. 1-15 l'aune et celui des vingtains à 22 fanons, ils n'ont pas été plus recherchés.

Il nous reste environ cent balles de trente quatrains dont nous ne voyons point de débouché.

Il nous reste pareillement 80 balles de vingtains; cette espèce de draps ne convient point, les couleurs ne sont point belles.

La Compagnie verra, par notre delibération du 26 Avril, que nous avons renvoyé à Bengale, par le vaisseau le *Fort Louis*, 150 balles de drap; suivant ce que le Conseil de Chandernagor nous marque, il n'y a que les seuls londrins qui conviennent pour Patna.

En conséquence de notre délibération du 14 de ce mois, nous avons vendu vingt deux caisses de corail, sçavoir; 4 de la marque B, 9 de la marque A et 9 de la marque M. Il nous en reste 11 caisses à branchettes, 33 de la marque A et de la dernière qualité M 47 caisses dont nous aurons de la peine à nous défaire. Les marchands trouvent qu'il est plus menu qu'à l'ordinaire; il en faudroit, si cela se pouvoit, une plus grande quantité en branchettes dans les envoys que la Compagnie nous fait. Il feroit vendre la dernière sorte dont il nous resteroit sans cela 15 à 20 caisses à renvoyer en France. Les 15 caisses que nous avons envoyées à Bengale par le *Philibert* y ont été vendues 14 1/2 Roupies la *serre*, l'un dans l'autre.

Cy-joint, nous remettons à la Compagnie le duplicata

de la lettre particulière que nous avons eu l'honneur de lui écrire le 19 Octobre dernier. Elle y aura vu les qualités et quantités de fer de chaque espèce que nous pouvons consommer annuellement.

Par délibération du 21 Septembre, nous avons interdit de ses fonctions le sieur Frédéric Cadot, écrivain du vaisseau le *Lys*, pour son ivrognerie.

Il a été payé de votre caisse le 16 Novembre dernier P. 30: 9: 26 au Sieur Boyelleau, procureur du sieur de la Francquerie, pour valeur de 93 Roupies dues au dit sieur de la Francquerie par la succession de M. de Lesquelin, capitaine du *Héron*, au paiement de laquelle somme la succession a été condamnée par arrêt du 30 Septembre. Nous vous en remettons une expédition au pied de laquelle est le récépissé du dit sieur Boyelleau, afin que vous fassiez retenue de cette somme sur le port permis du dit sieur de Lesquelin.

Par notre lettre du 15 Octobre dernier, nous avons marqué à la Compagnie la mort du sieur de Loiselière, premier lieutenant du vaisseau le *Héron*, lequel étoit hors d'état de s'embarquer au départ du dit vaisseau. Nous remettons à la Compagnie le cahier des pièces concernant sa succession; nous lui remettons aussi le procès-verbal de vente des effets de feu M. Berger, capitaine de la *Reine*, déposés au greffe par M. de La Haye, premier lieutenant du dit vaisseau.

La Compagnie aura remarqué, par notre délibération du 30 Aoust, que nous avions accordé à l'équipage du vaisseau le *Maurepas* deux mois d'avance à compte de leurs salaires, l'un en argent comptant et l'autre en hardes; il n'a point voulu de hardes et s'est contenté de celles que nous lui avons données en remplacement de celles qu'il avoit laissées à terre en partant pour l'expédition de Moka et qui ont été mangées des *carias*.

En conséquence de la même délibération, nous avons avancé à M. de la Garde 1.500 Pagodes pour remplir son port permis et faire ses provisions de retour. Il a fait sa soumission au greffe de rembourser en France au cas que la Compagnie ne le fut pas ici, du produit des marchandises qu'il a laissées à Moka.

Nous avons encore, par la même délibération, renvoyé à la Compagnie à décider sur la gratification demandée par les chirurgiens, écrivain et pilotes du vaisseau le *Maurepas*.

Le Sieur Labutte, premier enseigne du vaisseau le *Lys*, étant très malade n'a pu suivre son vaisseau à Bengale et est resté ici. Il lui a été payé 10 Pagodes par mois pour sa nourriture, vin et logement.

Les chapeaux castor et demy castor que la Compagnie nous a envoyés par le vaisseau le *Philibert* ne sont pas d'une bonne teinture, étant rougeâtres. Nous prions la Compagnie d'en envoyer de meilleure qualité.

### COMMERCE D'INDE EN INDE.

Le commerce de l'Inde se ressentira longtemps des malheurs qui sont arrivés, dans le Gange et dans le fonds du golfe de Bengale, aux vaisseaux de toutes les nations. L'ouragan du 11 Octobre a fait périr le vaisseau le *François* corps et biens; les vaisseaux le *Maure*, l'*Union* et le *St Benoist* ont été fort maltraités. Nous ne faisons point à la Compagnie le détail de cet accident, ayant lieu de croire qu'elle en sera bien informée par Messieurs de Bengale.

Le vaissau le *Maure* que les particuliers avoient armé en Janvier 1737 pour Moka y a laissé presque toutes ses marchandises invendues. M. Gabriel Dumas, subrecargue, y est resté.

Quoiqu'il convient plus que jamais aux intérêts de la Compagnie et de la Nation de rétablir le comptoir de Moka, dans la conjecture présente nous nous sommes renfermés dans les défenses expresses que la Compagnie nous fait de le rétablir; mais comme il est de toute nécessité qu'il y ait une personne autorisée à traiter avec le Gouverneur et qui représente la Nation pour contenir les particuliers, qui pourroient par leur contravention au traité faire perdre les privilèges accordés, nous avons, par délibération du 10 de ce mois, établi M. Gabriel Dumas agent de la Compagnie et chef de la nation à Moka. Nous lui adressons, conjointement avec le sieur de Courbezatre, les marchandises que nous avons délibéré le 12 Septembre dernier d'envoyer à Moka. Ces marchandises ne s'étant pas trouvées prêtes au départ du vaisseau le *Duc de Bourbon* et n'ayant point de vaisseau pour les porter à la coste malabare, nous les avons, en conséquence de notre délibération, fait charger sur la *Marie* pour les verser à Mahé sur le *Duc de Bourbon*. Le sieur de Courbezatre sera, suivant les intentions de la Compagnie, chargé de la traite des caffés à Bételfaguy et M. Dumas lui envoyera de Moka les fonds nécessaires et recevra les caffés de son envoy et, comme le sieur de Courbezatre peut venir à manquer et qu'il convient de former un sujet à la connaissance des caffés et à la façon de le recevoir et peser, nous avons donné au dit sieur de Courbezatre le sieur Denys, commis. Au lieu d'appointements nous avons alloué aux dits sieurs Dumas, de Courbezatre et Denys la commission ordinaire de 5 o/o sur les marchandises de la Compagnie et 2 1/2 o/o sur les achats de caffés, le tout à répartir entre eux aux termes de notre délibération; par ce moyen le comptoir n'est point rétabli.

Nous avons encore chargé, sur la *Marie*, 15.000 piastres destinées pour commencer les emplettes de caffé; il en auroit fallu 50.000, mais il ne nous reste point de fonds. Nous comptons sur ceux des particuliers que M. Dumas se sera procuré pendant l'hivernage et qu'il emploiera en caffé.

Le vaisseau la *Marie* a été armé dans le mois de Janvier par les particuliers pour Moka ; il a pris à la coste partie de son chargement et le complètera en denrées de la coste malabare propres pour ce voyage.

Le vaisseau le *Chankarabary* qui est parti d'ici en Avril dernier pour retourner aux Manilles et que l'on attendoit dans le courant de ce mois n'est point encore arrivé ; il y a apparence qu'il aura fait bon voyage. Le vaisseau de Madras n'a pu gagner Manilles et est venu relâcher à Malac, faisant beaucoup d'eau.

Le vaisseau l'*Entreprenant* que les particuliers d'icy avoient armé pour Perse, en Octobre 1736, y a laissé toutes ses marchandises invendues ; le vaisseau le *François* a eu le même sort ; les caffés et draps que nous avions pareillement fait charger sur ce vaisseau y sont pareillement restés invendus. M. de Villeneuve y est mort. Lorsque les vaisseaux sont partis de Bassora, on y attendoit de jour en jour la caravane qui apportoit les fonds ; malgré la disette d'argent les marchandises se soutenoient à leur prix et l'on nous a écrit que l'hivernage dédommageroit les intéressés du retardement de leurs retours.

Il s'étoit fait icy au mois de May un nouvel armement pour Surate et Perse. Le vaisseau le *St. Benoist* destiné pour ce voyage n'ayant pu sortir du Gange à la petite mousson, le vaisseau l'*Entreprenant* lui a été substitué ; il est party au mois d'Octobre dernier ; la Compagnie y a 6 mille Pagodes d'intérêt.

Le Conseil de Chandernagor, par sa lettre générale à la Compagnie, improuve fort l'établissement d'un consul en Perse. Il est certain que s'il étoit tel que le Conseil de Bengale le dépeint il pourroit causer beaucoup de dommages aux négociants qui iroient en Perse. Mais ce sera le contraire en le supposant, comme on doit le penser, un honnête homme et intelligent. Nous croyons que la résidence de ce consul à Bassora ne

peut qu'être très avantageuse au commerce de la nation
puisqu'il se mettra bien au fait, pendant son séjour,
de tous les avantages qu'on peut tirer du pays et de
la façon de s'y conduire. Il est vray que ce consul
contiendra les subrécargues et les empêchra d'agir chacun à leur fantaisie et de faire toutes les fausses démarches qu'ils ont faites par le passé, par exemple de se
dire chef pour la nation, s'ingérer d'écrire au Roy de
Perse et à ses principaux officiers et leur faire sans
aucune autorité des promesses d'établissement dans leur
pays.

Nous avons lieu de croire que si la Compagnie avoit
remis à la nomination du Conseil de Bengale la personne qui doit aller à Bassora, il n'auroit point improuvé si fort cet établissement qui nous paroit très
convenable.

Votre vaisseau le *St. Pierre* que, par délibération du
7 Octobre, nous avions expédié pour le Gange a manqué
son voyage et a relâché à Mahé le 9 Décembre. Le
Conseil l'a envoyé se caréner à Goa. Pour les raisons
énoncées dans notre délibération du 12 Septembre, nous
en avons donné le commandement au sieur Bachelier
et celui de votre brigantin l'*Indien* au sieur Baudran
de Limonay. Ce brigantin marche très mal. Nous le
vendrons dès que nous pourrons nous en procurer un
autre.

Pour remplacer le *Fort Louis*, nous avons écrit à M.
de la Noë au Pégou de demander au Roy la permission
d'en faire construire un autre de pareil port, mais notre
lettre ne lui est pas parvenue, le vaisseau qui la portoit
ayant démasté et manqué son voyage. Comme nous
prévoyons qu'on aura de la peine à faire construire parce
que les Anglois et autres vont faire travailler au Pégou
pour remplacer les vaisseaux qui se sont perdus dans
le Gange et que votre service pourroit souffrir du retardement, si nous trouvons quelque vaisseau d'un port con-

venable à acheter, nous en ferons l'acquisition. Le *St. Joseph* est très vieux, la Compagnie ne doit pas compter désormais en tirer de grands services.

Elle verra, par nos délibérations du 2 Février, 18 May, 4 Juillet et 10 Septembre, le détail des fonds que nous avons fait passer au dit Sieur de la Noë pour toutes les opérations dont nous l'avons chargé. Par délibération du 10 Septembre nous avons envoyé au Pégou votre vaisseau la *Marie Joseph* pour s'y raccommoder et y porter les équipages et agrès des deux bâtiments demandés par le Conseil de l'isle de France.

## COLONIE.

Il ne s'est point trouvé d'adjudicataire pour la ferme d'arraque de Colombo, Goa et Batavia ; ces sortes d'arraques ont totalement manqué à la coste depuis deux ans.

Nous marquons à l'article 93 de nos réponses en apostilles à la lettre de la Compagnie du 30 Octobre 1736 que la ferme du tabac et bétel a produit l'année dernière environ 7.000 Pagodes.

Nous avions marqué à la Compagnie par notre lettre du 25 Janvier 1737 que les Maures avoient arrêté tous les grains de la récolte des environs de Pondichéry pour les faire passer au Nord. Notre conjecture n'a été que trop vérifiée ; quoique, par délibération du 18 Janvier, nous eussions supprimé les droits d'entrée sur les grains, il n'en est point venu des terres.

Le *Fort Louis* que, par délibération du 13, nous avions envoyé dans le Gange nous en a rapporté en Avril son chargement de riz qui nous a été très utile. Nous l'avions renvoyé à Bengale pour apporter une autre cargaison en Septembre. Il a eu le malheur de périr tout chargé, du coup de vent qu'il a reçu le 22 Aoust en descendant le Gange. Les vaisseaux le *St. Benoist* et le *Chandernagor* qui descendoient après lui, aussi chargés de

riz, ont été fort maltraités et obligés de rester dans
le Gange à se raccommoder ; l'*Entreprenant* sur lequel
le *St Benoist* avoit versé quarante *garces* de son riz nous
est heureusement parvenu en Octobre. Nous étions sur
le point de perdre nos blanchisseurs et batteurs faute
de riz à leur fournir, Nous en avons acheté 20 *garces*
à l'encan à 104 et 105 Pagodes la *garce* que nous avons
delivré à ces ouvriers sur le pied de 50 Pagodes, conformément à notre délibération du 7 Juin.

Dans la vue de secourir la Colonie et appréhendant
que les Maures ne fissent comme l'année dernière, nous
avons, en conséquence de nos délibérations des 12 Septembre et 1er Octobre, fait passer dans le Gange vos vaisseaux le *Lys* et la *Reine*. Nous comptions aussy en tirer
une cargaison de vivres par le *St. Pierre* party d'ici le
14 Octobre, mais ce dernier a manqué son voyage et a
relâché à la coste malabare.

Dans la crainte qu'il ne se trouvât pas assez de riz à
Bengale pour charger le grand nombre de vaisseaux de
la coste qui étoient allé y en prendre, nous avons envoyé
votre vaisseau le *St. Joseph* à Merguy et y avons chargé
8.000 piastres et 30.000 Lvs. de fer. Il doit y attendre la
récolte et être ici de retour dans tout le courant de Février.

Les pluyes de cet hiver ont été générales et abondantes au nord et il y a apparence que l'année sera meilleure que les précédentes.

Le Nabab a enfin quitté Alamparvé au mois de Juillet
dernier pour retourner à Arcate. Il vient de partir
pour Golconde où il a été appelé par Nizammoúlouk. Il
a balancé quelques temps s'il s'y rendroit et a consulté les
faquirs sur ce voyage. Il s'y est enfin déterminé, a emporté ses trésors avec luy et a établi Sabder Alikan, son
fils ainé, pour gouverner en son absence, publiant qu'à
son retour il entreprendra le voyage de la Mecque.

Nous avons marqué à la Compagnie, par notre lettre

du 30 Septembre dernier, que nous avions fabriqué à sa monnoye plus de deux millions de Roupies. Elle trouvera aux articles de Chandernagor et Mazulipatam les obstacles qui sont survenus au cours de nos Roupies.

Il ne se fabriquoit plus de Pagodes à votre monnoye parceque les marchands qui avoient de l'or trouvoient mieux leur compte à le porter aux monnoyes des Maures où il leur produisoit une plus grande quantité de Pagodes. Quelques marchands nous ayant proposé de remettre leur or à votre monnoye, nous voulions leur donner la même quantité de Pagodes, qu'on leur donne à Alamparvé. Nous avons délibéré le 20 Mars de réduire la toque des Pagodes de Pondichéry à 8 toques 1/16 au lieu de 8 toques 15/32 qu'elles avoient auparavant, ce qui fait encore 1/64 de toque de plus que n'ont celles d'Alamparvé et a déterminé ces marchands à apporter leur or à votre monnoye.

Par délibération du 6 Avril nous avons réglé la quantité de roupies que l'on donneroit aux particuliers par cent *serres* d'argent qu'ils auroient remis à votre monnoye. Quoique nous leur donnions 6 1/2 roupies de plus par 100 *serres* qu'on ne nous donnoit à la monnoye d'Alamparvé, les étrangers ont continué de porter leurs matières d'argent à Alamparvé, Coblon et St Thomé; ce qui nous a surpris. Nous en avons recherché la raison et avons trouvé que les chefs des monnoyes de ces endroits font des traités particuliers avec les marchands et leur font des conditions encore plus avantageuses que celles que nous pensions leur faire par notre règlement. Nous serons obligés de nous en tenir à tirer 27 roupies 1/2 pour mil, savoir 10 roupies de droit seigneurial, 16 roupies aux ouvriers et un pour mil pour Imam Saheb.

Nos fanons disparoissoient à mesure qu'on les avoit fabriqués. Nous avons été obligés d'en diminuer encore le poids de sorte qu'il y en a 180 à la *serre*. Ils ont pris cours dans le Tanjaour et même à Trinquebar.

Sabderalikan, fils ainé du Nabab, lequel étoit absent lorsque nous avons obtenu le *Paravana* des roupies, étant de retour à Arcate de la guerre qu'il venoit de faire dans le Maduré, Tanjaour et Maissour, nous avons crû devoir l'envoyer féliciter sur ses conquêtes et lui faire un présent de la valeur de 350 Pagodes. La délibération en a été prise le 24 Juin. C'est lui qui gouverne en l'absence de son père.

En conséquence de la même délibération, nous avons envoyé un présent de 130 Pagodes à Iman Saheb avec une lettre de condoléance sur la mort de sa fille unique.

Nous avons, par délibération du 28 Avril dernier, confisqué 300 sacs de riz qui avoient été embarqués en fraude sur le vaisseau le *Fort Louis* et en avons appliqué le produit à la maison des religieuses. Si la Compagnie ne peut trouver d'Augustines ny d'Ursulines, elle peut s'adresser aux filles de St Charles. Nous envoyons à la Compagnie un mémoire que les Pères Capucins nous ont fourni à ce sujet. On nous a assuré qu'elles viendront volontiers et qu'elles étaient très propres pour remplir nos vues.

Par délibération du 17 Juillet, nous avons fait nettoyer la *parcherie* ou village de parias, qui étoit vis à vis de la monnoye, pour y placer les ouvriers de cette monnoye; il ne convient point d'ailleurs que cette *parcherie* restât au milieu de la ville.

Les pluyes avoient tellement gâté le chemin de la porte de Valdaour qu'il étoit devenu impraticable, c'est le principal abord des terres. Nous l'avons fait réparer.

Cy-joints sont les extraits de baptêmes, mariages et enterrements de l'année 1737.

Cy-joint aussy l'état général des fonds remis à votre caisse provenant des successions d'agens morts dans l'année sans héritiers connus aux Indes.

Nous prions la Compagnie de nous envoyer 20 milliers de poudre de guerre en remplacement de pareille quantité que nous devons envoyer au comptoir de Mahé pour remplacer celle qu'il a fournie au Vice-Roy de Goa, et cela sans préjudice de ce que nous en avons demandé par nos états de demandes.

### BATIMENTS ET FORTIFICATIONS.

Les plate-formes d'une partie des bastions de l'enceinte sont faites, ainsy que celles du fort d'Ariancoupom; les ouvriers ont été occupés presque toute l'année à l'hôpital et à la construction de l'hôtel de la monnoye. Ce dernier bâtiment est fini, les monnoyeurs y ont passé au mois de Septembre dernier. A l'égard de l'hôpital, nous n'avons pu le faire crépir faute de chaux; elle est devenue très rare; la sécheresse de plusieurs années consécutives a fait que les rivières ont presque toujours été à sec et n'ont point produit de coquillages. Nous comptons cette année faire crépir l'hôpital et y faire placer la plus grande partie des portes et des fenêtres. Cy-joint en est le plan. Le Père Louis a fort mal réussi dans cet ouvrage, qui est vilain et mal construit, et auquel il a été obligé de faire partout des contreforts pour soutenir les murs qui n'étoient pas capables de résister aux arcs surbaissés qu'il a fait pour parer la charpente et les terrasses. Ces contreforts font un très mauvais effet pour le coup d'œil, et rendent les salles de l'hôpital très obscures.

Par délibération du 29 Octobre, nous avons arrêté de faire démolir le gouvernement, qui menaçoit ruine de tout costé et de louer la maison de M. Febvrier pour 240 Pagodes par an jusqu'à ce que le nouveau gouvernement, dont nous remettons ci-joint le plan à la Compagnie, soit bâti. Nous en faisons actuellement jeter les fondements et en presserons l'ouvrage parce que

M. Febvrier doit revenir dans 18 mois et qu'il n'y a dans le fort aucun appartement convenable pour la Chambre du Conseil et pour les bureaux du greffe et secrétariat.

Nous comptons aussi faire faire cette année le pont de l'ancienne porte Goudelour et qui sert de communication d'une partie de la ville avec l'autre.

## TROUPES ET ARTILLERIE.

Nous remettons à la Compagnie le tableau général des officiers des trois garnisons ; nous n'y avons point compris le sieur Chambon que le Conseil de Chandernagor a fait rentrer au service en qualité d'aide-major. Cet officier a demandé à quitter le service et à passer à Bengale où il avoit quelques affaires et de là repasser en France à droiture. Monsieur le Gouverneur lui en a donné la permission. M. de Nehou étant mort à Chandernagor, le Conseil a fait le dit sieur Chambon aide-major. Les officiers d'icy ayant appris cette nouvelle nous ont donné leur requeste dont ci-joint la copie, par laquelle ils demandent que le dit sieur Chambon ayant quitté le service soit remis à la queue. Les officiers de Chandernagor et Mahé nous feront les mêmes plaintes. Nous sommes surpris que le Conseil de Chandernagor fasse si peu d'attention aux ordres de la Compagnie et à la règle et s'écarte à ce point de la subordination qu'elle lui a prescrite, puisque toutes ces démarches se font contre notre sentiment et sans notre consentement.

Le chevalier de Selve n'est point compris non plus dans le tableau ; il a demandé à repasser en France par congé, suivant sa requête ci-joint où la Compagnie verra que nous l'avons renvoyé à elle. Il s'embarque sur le vaisseau le *Chauvelin.*

Par délibération du 26 Juillet, nous avons confirmé le sieur Baldie dans le poste d'enseigne que lui avoit donné M. de la Garde, à la prise du fort de Moka.

13

Le sieur Loison, officier du détachement de Mahé, est mort à Moka.

Pour les raisons énoncées dans notre délibération du 2 May dernier, nous avons révoqué le sieur Pierçon le jeune, enseigne. Il repasse en France sur le *Chauvelin*.

Le Conseil de Mahé mécontent de la conduite du sieur de Bailleul l'avoit interdit et fait repasser icy en May; par délibération du 24, nous avons fixé son interdiction à un mois à compter du jour de son arrivée.

Nous avons fait passer à Mahé, par le vaisseau le *Duc de Bourbon*, les sieurs Cardon, Duperon, Baldie et la Porterie. Le sieur Guesdon reviendra icy en May prochain.

Le sieur Canhan maître d'artillerie est mort au mois de Novembre dernier. Nous avons demandé à la Compagnie, par notre lettre du 25 Janvier 1737, un bon maître d'artillerie et un bon maître canonnier pour former nos adjudants. Nous comptons qu'il nous parviendra cette année un de ces deux sujets. Il y a sur le tableau une place d'enseigne vacante. Nous nous proposons sous le bon plaisir de la Compagnie de la donner au sieur Martin avec la qualité de lieutenant d'artillerie. Il a servi en qualité d'officier bombardier dans l'expédition de Moka et a bien fait. Il s'est embarqué sur le vaisseau le *Duc de Bourbon* simple passager pour retourner à Moka. A son retour nous lui proposerons les conditions ci-dessus.

Ci-joint l'état de revue de la garnison de Pondichéry au 1er du courant, avec l'état du détachement embarqué sur le *Duc de Bourbon* pour Moka.

De cinquante soldats que nous avions fait partir pour Bengale, il n'y en est parvenu que trente par le *Philibert*, les vingt qui étoient embarqués sur le *St. Pierre* resteront à Mahé pour remplacer ceux qui auront fait leur temps et qui reviendront en May prochain.

Cy-joint est l'état général des soldats que nous avons

reçus de France, celui de ceux renvoyés par les différents vaisseaux et l'état de morts et déserteurs.

## EMPLOYÉS.

Nous avons écrit au Conseil de Chandernagor, par
notre lettre du 28 Juin, de nous envoyer l'état actuel des
employés de Bengale afin de dresser un tableau général.
Il n'a pas jugé à propos de nous l'envoyer. Il se contente
de dire qu'il y a cinq places de sous-marchands vacantes,
deux de commis de premier ordre et une de sous-commis. Nous lui écrirons de choisir dans le nombre qu'il
a ceux qu'il jugera capables d'être avancés et de remplir
les places vacantes. Nous avons cependant fait le tableau
tel que nous vous le remettons : nous y avons suivi
l'ordre de celui que vous nous avez envoyé.

Cy-joint est encore l'état actuel des employés de Pondichéry, Mazulipatam et Yanaon. La Compagnie y remarquera qu'il nous manque plusieurs employés ; elle
n'en a point augmenté le nombre dans son état quoyque
son commerce soit augmenté considérablement ; nous la
prions d'y avoir égard. Nous sommes surchargés de travail;
deux sous-marchands et deux commis du premier ordre
de plus à Pondichéry seroient absolument nécessaires.
Nous avons été obligés, faute de commis pour faire les
écritures, de mettre sur l'état les sieurs Desmarets,
Pradeau, Hérigouyen et Vogle. Le premier est capable
et travaille à notre satisfaction au bureau du greffe et
notariat : les autres sont enfants de la colonie et commencent à travailler.

Le sieur Labeaume auquel le Conseil de Chandernà-
gor avoit permis de venir icy rétablir sa santé y est
mort au mois de Mars en laissant une femme et quatre
petits enfants, sans aucun moyen pour subsister. Nous
leur avons, par délibération du 26 Avril, accordé la demi
solde que nous leur continuerons jusqu'à ce que la veuve

trouve à se remarier ou que la Compagnie en ordonne autrement.

Le sieur Adam, greffier à Chandernagor, est mort aussi.

La Compagnie aura été informée, par notre délibération du 13 Juillet, des motifs que nous avons eus pour faire revenir icy M. Golard et que nous avons fait passer à Mazulipatam le sieur Leverrier pour le remplacer ; au départ de ce dernier, nous avons chargé le sieur Moreau du notariat. Il avoit, par délibération du 9 Février, été fait greffier au lieu et place du sieur Mauvieux, lequel avoit demandé à quitter le service pour retourner à l'isle de Bourbon.

M. Guillard, Chef d'Yanaon, ayant eu de fréquentes indispositions, nous a demandé la permission de venir icy changer d'air ; en conséquence de notre délibération, nous y avons fait passer par terre M. de Choisy pour gérer vos affaires en son absence.

Et comme nous nous proposions de faire à Yanaon le double du commerce des années précédentes, nous y avons envoyé le sieur d'Albert, cy-devant conseiller à l'isle de France, avec la qualité de sous-marchand, qui nous a paru un bon sujet et capable de travailler. Sur la demande réitérée que M. Guillard nous avoit faite d'un commis, nous lui avions fait passer au mois de Février dernier le sieur Leroy en qualité de sous-commis à 400 Liv.

Au départ de M. de Choisy nous avons donné le secrétariat au sieur Boyelleau.

M. Leverrier nous ayant demandé le Sr. Laselle l'ainé pour travailler sous ses ordres à Mazulipatam, nous l'y avons envoyé et avons fait revenir le sieur Ollivier, lequel a passé à Mahé où la Compagnie l'avoit destiné.

Par délibération du 2 Décembre, nous avons rempli les deux places qui étoient vacantes dans le Conseil et y avons nommé les sieurs Miran et Golard, premiers sous-marchands sur le tableau ; à l'égard de M. Ingrand, il se propose de s'embarquer pour France au mois d'Octobre prochain.

Nous avons donné une place de sous-commis au sieur Laselle le jeune, qui travaille à la caisse ; il est égal pour la Compagnie de lui payer des appointements ou de payer sa pension et son entretien chez les Pères Jésuites.

## SURATE.

Nous avons ordonné à M. Martin 40 balles de coton filé depuis la lettre A jusqu'à M.

Nous lui avons aussi ordonné treize balles de marchandises assorties pour joindre à celles de même qualité que nous ferons fabriquer ici ; ces marchandises entreront dans les prochaines cargaisons ; la comparaison des uns auprès des autres, tant pour les prix que pour la qualité mettra la Compagnie en état de décider celles qui lui conviennent le mieux.

Au 30 Avril, il restoit en caisse à M. Martin 6.739 Roupies et il lui étoit dû 5.566 Roupies pour une partie de draps d'envoy du Conseil de Chandernagor qu'il avoit vendue à terme.

Outre ces fonds, M. Martin a tiré sur Bengale 8.100 Rs et le Conseil de Mahé lui a fait passer par l'*Entreprenant* 6.000 Piastres que nous lui avions marqué précédemment d'y faire passer dans la crainte que M. Martin ne trouvât pas à tirer. M. Brignon, subrécargue du vaisseau l'*Entreprenant* a aussy ordre de laisser 15 à 20.000 Roupies à M. Martin s'il en a besoin.

Le Conseil de Chandernagor informe la Compagnie de la perte qu'il y a eue sur la vente de douze balles de draps qu'il avoit envoyées à M. Martin ; nous avons fort blâmé le dit sieur Martin d'avoir vendu ces draps à un si bas prix pendant qu'il ne rapporte aucun procès-verbal d'avaries. Nous ne concevons pas comment il a pu se déterminer et ne pas les renvoyer icy ou à Chandernagor plutôt que de les donner à tant de perte.

Nous avons chargé 160 milliers de fer sur l'*Entreprenant* et l'avons adressé à M. Martin afin qu'il en vende ce qu'il pourra et laisse le surplus à bord pour être vendu en Perse. M. Martin nous ayant représenté que les François qui sont établis à Surate se trouvent tous les jours dans l'embarras quand ils veulent passer un contrat de mariage ou un contrat de vente, que quand il vient à mourir quelqu'un, il n'étoit point autorisé à faire aucune diligence, qu'il étoit nécessaire qu'il y eut à Surate une personne publique pour passer tous les actes, nous avons établi le sieur Cornet notaire et envoyé un réglement à M. Martin sur la conduite qu'il doit tenir dans les différents cas qui peuvent survenir.

## CHANDERNAGOR.

Par notre lettre du 30 Septembre dernier, nous avons fait le détail à la Compagnie tant des fonds qui restoient à Chandernagor au départ de l'*Amphitrite* que de ceux que nous y avons fait passer depuis. Elle aura vu, par notre délibération du 1er Octobre, les motifs qui nous ont déterminés à y remettre encore par la *Reine* 240.000 Roupies et que nous avons chargé sur ce vaisseau les 381 *bars* de poivres que nous avons reçus de Mahé par le vaisseau le *Maure* et qui, avec plus de 200.000 qu'y a porté le *Fort Louis*, fait à peu près la quantité de poivres que la Compagnie nous a ordonné d'y faire passer. Le peu que nous en a remis le Conseil de Mahé nous a empêchés d'en envoyer au Conseil de Chandernagor pour vendre dans le Gange.

Nous avons encore remis à Chandernagor, par les vaisseaux le *Fort Louis* et le *Lys*, 375 milliers de bois rouge.

Par la lettre que le Conseil de Chandernagor écrit à

la Compagnie en date du 19 Décembre, nous voyons que Patna sera un grand débouché pour les draps londrins, pourvu qu'ils ne soient point de couleur de garence et qu'à l'égard de trente quatrains et vingtains la Compagnie ne doit pas penser à y en envoyer d'avantage. Il nous demande de lui faire passer des londrins; nous venons de vendre tout ce qui nous en restoit; il nous demande aussi du corail; nous lui en ferons passer une partie de celuy qui nous reste, ce qui nous procurera plus facilement la vente de l'autre.

La Compagnie sera sans doute informée, par la lettre que le Conseil de Chandernagor lui a écrite par le *Philibert*, des ravages qu'a faits dans le Gange et dans le fond du golfe l'ouragan du 11 Octobre. Pour nous, nous n'en savons que ce que nous en avons appris par la voye des Anglois. Il n'a pas jugé à propos de nous en faire le détail ni de nous envoyer copie de sa lettre par le *Philibert*. Il nous a seulement remis copie de celle du 29 Décembre ou ce détail n'est point marqué.

Nous croyons que la Compagnie n'approuvera pas que le Conseil de Chandernagor ait changé la destination du vaisseau le *Lys*; ce n'a été que dans la vue de grossir son envoy qu'il s'y est déterminé. Nous craignons qu'il ne reste pas assez de fonds à Chandernagor pour travailler à l'avance aux cargaisons de l'année prochaine.

Nous attendons la même justice de la Compagnie au sujet du sieur Chambon, qui avoit quitté le service et que le Conseil de Chandernagor a fait rentrer sans notre participation en qualité d'aide-major. Nous ne l'avons pas compris dans l'état des officiers.

Les observations que fait le Conseil de Chandernagor à la Compagnie sur l'établissement d'un consul en Perse ne partent que du chagrin qu'il a eu de voir que la Compagnie nous en ait adressé les patentes; cela est si vray que par notre lettre du 28 Juin nous l'avions prévenu que la Compagnie devoit nous envoyer ces pa-

tentes et qu'il a attendu à nous faire réponse qu'il eut su
la personne qu'elle auroit nommée au consulat. Messieurs de Chandernagor ne balancent point à vous
écrire qu'ils sont les seuls depuis longtemps qui font ce
commerce de l'Inde. La conduite qu'ils ont tenue au
sujet de l'armement du vaisseau le *François* en est une
preuve aussi bien que ce qu'ils écrivent à la Compagnie
que le commerce des particuliers à Bengale doit passer
par les mains du directeur. Leur but est d'empêcher
les particuliers d'armer à Bengale; ils avancent encore
mal à propos que nous serons libéraux à leurs dépens,
comme si toute l'Inde ne savoit pas que leurs vaisseaux
sont presqu'entièrement chargés pour le compte des
étrangers et que les employés de Chandernagor n'y ont
que très peu d'intérêt, au lieu que les marchandises qui
composent les cargaisons de nos vaisseaux tant à frêt
qu'à l'armement appartiennent aux négociants français
de Pondichéry. Il est aisé de faire beaucoup d'armement quand il faut peu de capital et qu'on trouve des
étrangers qui les chargent. Nous avons fait passer à
Messieurs de Chandernagor l'extrait de votre lettre où
vous nous marquez de nous concilier avec eux pour
régler le droit à accorder au consul. Nous comptions
qu'en réponse il nous auroit marqué leur sentiment;
ils se contentent de nous renvoyer à ce qu'ils vous en
écrivent et ajoutent qu'ils ne pensent pas devoir recevoir
d'ordre de Pondichéry là dessus. Il est bien vray qu'ils
sont dans l'usage de faire peu de cas des ordres de
Pondichéry. Nous ne serons point libéraux à leurs
dépens, nous avons plus d'intérêt qu'eux à ne pas accorder au consul plus qu'il n'est raisonnable. Nous
estimons qu'on ne peut lui donner moins d'un pour
cent sur les cargaisons; les particuliers seront bien dé-
dommagés de ce droit par les services que leur rendra
une personne capable, que sa résidence aura mis au fait
du commerce du pays, qui connaissant les bons mar-

chands fera vendre avec sureté et prendra à l'avance
des mesures pour la vente des cargaisons. Nous faisons une grande différence d'un consul résidant sur
les lieux d'avec un subrécargue, qui le plus souvent
doit ce poste moins à son mérite qu'à la faveur et à la
protection.

L'exemple du consul anglois que Messieurs de Chandernagor vous citent, supposé que ce qu'ils en disent
soit vray, ne vient point à propos pour rendre suspecte
la probité d'un consul ny celle de M. de Martinville,
nous avons trop bonne opinion de lui pour croire qu'il
tienne une conduite semblable. Les craintes où ils
paroissent être qu'il ne leur faille abandonner le commerce de Perse n'ont pas plus de fondement que celles
qu'ils disoient avoir au sujet de l'armement de M. de
Villeneuve; l'intérêt particulier ne doit en aucun cas
prévaloir sur le bien général, qui peut résulter à la
Compagnie et à la nation de l'établissement d'un consul
en Perse. Cet employé y établira le commerce des
draps, serges et autres marchandises du Royaume, ce
qu'un subrécargue ne fera jamais. Nous envoyons à la
Compagnie une caisse contenant des montres de gom-
mes et drogues qu'on peut tirer de la Perse et des
montres de draps et serges que le sieur Beaumont a
remis icy à son retour. Nous n'envoyons pas copie de
son mémoire; le Conseil de Chandernagor l'envoie
d'ailleurs. Il ne nous paroit pas tout à fait juste.

Sur ce que nous avions écrit au Conseil de Chandernagor de se procurer un vieux vaisseau pour en faire
un ponton, il écrit à la Compagnie que les vaisseaux
sont trop rares et chers à Bengale et vous demande la
permission de faire construire un ponton. Nous lui
avons écrit par le *St. Pierre* que nous lui ferions passer
le *St. Joseph* à son retour de Merguy pour servir de
ponton. Le *St. Pierre* ayant manqué son voyage, notre
lettre n'est point parvenue. Le *St. Joseph* ne rendra

pas désormais de grands services à la Compagnie. Il conviendra mieux à servir de ponton à Chandernagor.

Le Conseil du dit lieu marque à la Compagnie qu'il se propose de contracter pour 1.800.000 Roupies de marchandises et qu'il pourra charger plus de quatre vaisseaux s'il reçoit des fonds de bonne heure. Nous pensons que quatre cargaisons de Bengale seront plus que suffisantes pour la vente. D'ailleurs, il ne nous reste point de fonds et nous avons à reprendre sur les premiers qui viendront de France pour Chandernagor les 240.000 Roupies Arcatte que nous y venons de faire passer par la *Reine* pour les mettre en état de travailler pour les prochains vaisseaux.

Ci-joint l'état de comparaison des fonds destinés par la Compagnie pour Bengale avec ceux que nous y avons remis, non compris les draps, coraux et bois rouge.

Le Conseil de Chandernagor nous demande cinq employés; nous en manquons nous-mêmes et ne pourrons luy en envoyer que de ceux que nous attendons pour cette année.

Le sieur Drouet, commis resté à l'isle de France, ne nous est parvenu que fort tard ; il s'étoit embarqué sur le *St. Pierre* pour Bengale et est actuellement à Mahé.

Nous marquons à la Compagnie, article " Employés " que nous n'avons point reçu l'état actuel des employés de Bengale, quoi que nous l'eussions demandé dès le 28 Juin. Le Conseil ne nous a point remis non plus l'état des officiers.

Il vous informe que Fatechem a obtenu du Nabab un ordre qui défend le cours des Roupies Arcattes à Bengale, que depuis cet ordre il y a 10 p % de *banta* sur ces Roupies contre les Roupies sicca au lieu de cinq où elles étoient auparavant, qu'outre ce *banta*, les *Jemidars* exigent 3 1/2 p % de toutes celles qui entrent dans leur territoire ; il se proposoit d'obtenir du Nabab la permission de faire fabriquer des Roupies sicca à la monnoye de Moxoudabad ; on demandoit pour cette permission 50.000 Roupies. Nous craignons que quand on l'aura obtenu il ne survienne chaque année bien des difficultés de la part des gens de la monnoye. Nous marquerons au Conseil de Chandernagor de nous envoyer copie de ses lettres à M. Burat et des réponses de M. Burat pour mieux être instruits de tout ce qui s'est passé au sujet de ces Roupies, dont il auroit été convenable de nous informer des premiers pour nous mettre en état d'agir auprès de Nizammoulouk et de notre Nabab et de trouver le moyen de se faire lever les obstacles que le Nabab de Moxoudabad apporte au cours des Roupies Arcatte dans le Bengale.

Il semble se plaindre à la Compagnie de ce que nous ne luy avons pas envoyé le compte de la conversion en Roupies des fonds qui lui étoient destinés : de quelle utilité ce compte peut-il être ? ne luy avons nous pas remis beaucoup au delà de ce que nous avions à luy remettre et d'ailleurs il leur est aussi aisé de le faire qu'à nous, puisqu'ils sont informés que la Compagnie leur destinoit 66.000 marcs de matières.

Pour être en état de juger s'il est avantageux à la Compagnie ou non de porter de l'argent à la monnoye de Moxoudabad, Mrs. de Bengale auroient dû marquer à la Compagnie et à nous ce que 100 *serres* de piastres rendront de Roupies sicca, tous frais déduits.

## MAHÉ.

Nous avons peu de chose à ajouter au sujet de ce comptoir à ce que nous avons eu l'honneur d'en marquer à la Compagnie par notre lettre du 30 Septembre dernier et par nos apostilles à sa lettre du 30 Octobre 1736. Nous avons remis à Mahé par le vaisseau *Duc de Bourbon* 25.000 Pagodes et 206.000 fanons ou 5ᵉᵐᵉ de Roupies ;

la Compagnie verra par le bilan de ce comptoir soldé au 15 Décembre dernier qu'il leur restoit en caisse 246.000 Roupies, 55.260 Roupies en marchandises et qu'il leur étoit dû 163.572 Roupies. Ces fonds devroient être suffisants pour se procurer deux à trois mil *candils* de poivres, mais nous avons lieu de craindre qu'ils ne soient bientôt consommés si la guerre que Mrs. de Mahé projettent a lieu. Nous comptions qu'au moyen des sommes qu'Iman Saheb avoit promis de nous prêter, nous serions en état d'y remettre encore d'autres fonds cette mousson, il ne nous est pas possible de le faire dans la situation où nous nous trouvons; cependant nous sentons toute la nécessité qu'il y aura que ce comptoir fut bien pourvu de fonds pour se procurer dans le temps de la récolte tous les poivres nécessaires, tant pour vos vaisseaux d'Europe que pour le commerce des vaisseaux de l'Inde.

Nous avons fait passer à Mahé par le vaisseau le *Duc de Bourbon* 20 soldats, qui, avec les 20 qui étoient sur le *St. Pierre*, font le nombre de quarante; ils serviront à remplacer les morts et à changer ceux qui auront fait leur temps; nous écrivons au Conseil de Mahé de nous renvoyer en May prochain ce qu'il y en aura de plus que le nombre fixé par l'état.

Ci-joint est le paquet du Conseil de Mahé à l'adresse de la Compagnie; elle y trouvera qu'il est dans le dessein de s'emparer des deux montagnes A et B et qu'il appréhende une rupture avec Bayanor. Il nous demande des ordres pour rassembler par précaution et à tout évènement les matériaux nécessaires; nous lui avons fait réponse que nous n'étions point en état de lui envoyer les secours nécessaires et qu'il valoit mieux tenter les moyens d'obtenir par voie de conciliation ces deux montagnes que de s'engager dans une guerre, qui coûteroit beaucoup et dont l'évènement incertain pourroit entrainer la perte de l'Établissement; au reste, il ne nous paroit pas encore que Bayanor ait de mauvais desseins; au contraire le Conseil de Mahé nous marque qu'il a fait planter quatre pieux à Bargaret pour empaller ceux qui feront sortir de son pays des poivres en fraude.

Le Vice-Roi de Goa nous ayant demandé et au Conseil de Mahé des secours pour reprendre sur les Marates l'ile de Salcete, le Conseil de Mahé lui a fourni ce qu'il a pu en attendant l'arrivée du vaisseau le *Duc de Bourbon* sur lequel nous avons chargé les munitions de guerre que le Vice-Roi nous a demandées; il doit les payer comptant à M. de Marquaysac, qui en remettra le produit à la caisse de Mahé.

Le vaisseau le *Duc de Bourbon* est arrivé à Mahé le 23 Novembre et en est reparty le 4 Décembre pour Goa.

Le vaisseau le *St. Pierre* que nous avions expédié pour Bengale le 14 Octobre, après avoir lutté contre les vents pendant cinquante sept jours, a relâché à Mahé le 9 Décembre; il a été envoyé à Goa pour se caréner. Nous avons écrit au Conseil de luy faire prendre à Mangalor son chargement de riz et de l'envoyer à l'isle de France.

- Les dernières nouvelles que nous avons eues de Mahé portent que le Roi de Canara étoit à l'extrêmité et qu'on le croit mort; si cela est, la paix pourra se faire entre les princes malabars et son successeur.

Nous ne pouvons dire à la Compagnie quel vaisseau nous envoyerons à la coste malabare pour nous apporter des poivres; si nous en trouvons un d'un port convenable à acheter, nous l'achèterons, si non, nous freterons un ou deux vaisseaux suivant le besoin et les occurences.

## MAZULIPATAM & YANAON.

Par notre lettre du 30 Septembre dernier, nous avons informé la Compagnie que nous avions remis aux comp-

toirs de Mazulipatam et Yanaon environ **7.500 Pagodes** et
**138.000 Roupies**, et par celle du 15 Octobre que nous
avions encore chargé sur *l'Aventurier* **52.000 Roupies**.
Ce brigantin est arrivé à bon port le 12 Novembre après
avoir été beaucoup contrarié. Nous avions tout lieu de
croire que ces remises mettroient les chefs de ces deux
comptoirs en état de travailler à l'avance pour les fournitures de cette année et que la Compagnie auroit un
grand bénéfice sur la vente de ses Roupies ; elles étoient
à Mazulipatam à 298 pour cent Pagodes courantes, lorsqu'il
en est revenu du trésor de Golconde 7.500 Roupies Arcattes
d'un bas titre que l'on disoit avoir été frappées à Pondichéry, ce qui a arrêté le cours de nos Roupies ; quelques
épreuves faites à la monnoye et à la loge en présence de
plusieurs *serafs* et marchands, de celles qui étoient dans
votre caisse, en avoient un peu rétabli le crédit. Il est encore revenu à Mazulipatam d'une ville appelée Gontour
3.200 de ces mêmes Roupies ; il s'en est aussi trouvé dans
un sac de Roupies envoyé de Madras à Mazulipatam et
l'on a répandu dans le public que nos Roupies étoient
décriées à Madras. Comme notre chape est la même que
celle d'Arcatte, Alamparvé, Cobelon, St. Thomé, Vilpou-
ran et Vandavassy, il n'étoit pas facile de savoir au juste
où ces Roupies avoient été fabriquées ; la nouveauté de
notre monnoye a porté le public à croire que ces Roupies en étoient sorties, de nouvelles épreuves n'ont pas
été capables de le détromper. Nous espérions cependant
qu'en faisant quelques présents au garde du trésor de
Golconde et au *faussedar* de Mazulipatam, ils termine-
roient cette affaire à notre satisfaction, et ce avec d'autant plus de fondement que dans les épreuves réitérées
qui ont été faites, nos Roupies ont été trouvées supéri-
eures à toutes celles que l'on nomme Arcatte ; les marchands offroient de les recevoir à quelque chose de
perte. Comme il ne convenoit point de consentir à aucune
diminution de prix sur la vente de nos Roupies, parce

que ce auroit été avouer tacitement que ces Roupies
faibles avoient été fabriquées icy et que nos Roupies
étoient inférieures aux autres, ce qui leur auroit donné un discrédit général tant à Bengale qu'à la côte,
nous avons écrit à Monsieur Leverrier que si elles n'a-
voient pas cours à Mazulipatam comme les autres, il
eut à nous renvoyer tout ce qui lui en resteroit et de
déclarer au *faussedar* que nous aimions mieux ne point
faire de commerce chez lui que de perdre sur nos
Roupies.

Nous soupçonnons quelque nation jalouse de notre
commerce d'avoir fait fabriquer ces Roupies faibles et
de les avoir répandues à Mazulipatam pour décrier
notre monnoye ; ces faibles Roupies trouvées dans un
sac envoyé de Madras nous faisoient croire que les
marchands qui avoient accoutumé d'acheter nos matières
d'argent avant que nous fabricassions des Roupies pouvoient bien avoir part dans ce stratagème ; les dernières lettres de M. Leverrier nous donnent à penser
que le *faussedar* de Mazulipatam, jaloux du bénéfice
que nous faisions sur nos Roupies, nous a lui-même
suscité cette affaire, puisqu'il a obtenu du Souba de
Golconde un *paravana* qui interdit à Mazulipatam le
cours de toutes autres Roupies que de Roupies sicca
frappées à la monnoye de Mazulipatam, à peu près
comme cela se pratique à Bengale. Nous dirons à
la fin de cette lettre quelles auront été les suites de
cette affaire, si nous en apprenons quelque chose avant
le départ du *Chauvelin*. Nous voilà frustrés de l'espoir
que nous avions de faire fabriquer à l'avance à Yanaon et de porter pour cette année le commerce de
ce comptoir aussi loin que nous nous l'étions proposés ; nous ne nous déterminerons qu'avec peine à envoyer des Pagodes à Mazulipatam, qui perdent 7 $\frac{1}{2}$ %
contre les Pagodes de Madras ; il conviendroit mieux
d'accorder quelque *banta* sur nos Roupies, supposé

qu'elles puissent y être reçues. Nous prions la Compagnie de croire que nous ne ferons à ce sujet que ce qui luy sera le plus avantageux ; nous avions expédié le 15 Septembre le brigantin l'*Indien* pour porter des fonds à Mazulipatam et Yanaon, de là passer à Bengale et en rapporter à la fin de Décembre son chargement de riz à Yanaon où il l'auroit débarqué et auroit pris les marchandises de ce comptoir. Ce brigantin a manqué son voyage de Bengale et a été rejeté entre Mazulipatam et Yanaon dans un endroit nommé Bandarmourilanka où il s'est raccommodé.

Nous avons informé la Compagnie que nous avions envoyé M. Leverrier pour relever M. Golard et M. de Choisy à Yanaon pour y gérer vos affaires en l'absence de M. Guillard lequel a demandé à venir ici changer d'air.

Notre dessein seroit d'avoir un petit comptoir au nord d'Yanaon vers Ganjam. Les Anglois et les Hollandois y ont jeté le fort de leur commerce ces dernières années que le sud a été désolé par la sécheresse et la famine. Nous avons écrit aux chefs de Mazulipatam et Yanaon d'envoyer séparément chacun une personne intelligente pour prendre connoissance des lieux d'où les autres nations tirent leurs marchandises, et du commerce qu'elles y font. Ils doivent parcourir la coste pusqu'au dessus de Ganjam. Ce petit comptoir outre les marchandises qu'il nous fourniroit, nous procureroit des grains dans les temps de la disette au sud; Ganjam est le grenier du nord de la coste comme le Tanjaour l'est du sud.

Au commencement de l'année dernière, un oncle du Mogol, qui étoit errant depuis de longues années sous l'habit de faquir, ayant été reconnu à Mazulipatam, le *faussedar* l'a fait arrêter. Nizam Moulouk a envoyé 8.000 hommes à Mazulipatam sous prétexte d'obliger le *faussedar* à lui remettre ce prince ; le *faussedar* lui a fait

trancher la tête et l'a envoyée au commandant de ces troupes ; son corps a été abandonné sur le pont en proie aux
chiens marrons ; cette affaire n'a eu aucune suite. M.
Golard, craignant que la ville ne fût forcée, s'étoit assuré
d'une embarcation et de deux bateaux pour s'y embarquer
avec les effets de la Compagnie en cas d'accident.

La Compagnie aura vu par notre lettre du 15 Octobre que le brigantin l'*Aventurier* nous avoit apporté
160 balles de toiles d'Yanaon et 26 balles et ballots
de mouchoirs de Mazulipatam ; nous avons trouvé les
marchandises d'Yanaon assez bonnes, il n'en pas été
de même des mouchoirs qui sont inférieurs à ceux des
précédents envoys, encore M. Leverriera-t-il été obligé d'en rebuter dix à onze balles ; les marchands eux-
mêmes sont convenus de la mauvaise qualité des mouchoirs ; ils en ont rejeté la cause sur l'état miséra-
ble où la famine avoit réduit le pays. La fabrique
de nos 30 à 36 *coujons* étant depuis quelques années
très difficile et étant même impossible d'en avoir la
quantité demandée par la Compagnie, nous en avons
envoyé des montres à Yanaon afin d'essayer si l'on ne
pourroit point les imiter.

## LES ILES DE FRANCE

## ET BOURBON

Nous avons eu l'honneur de marquer à la Compagnie, par notre lettre du 15 Octobre dernier, la relâche
icy de la frégate *Subtile* venant de Perse. Nous l'avons
expédiée le 24 chargée d'emballage et autres effets. Nous
y avons fait embarquer 22 esclaves et 26 sur le *Héron*.
Nous en faisons embarquer 25 sur le *Chauvelin* et en ferons encore passer d'autres à l'isle de France par les vaisseaux la *Reine* et le *Fulvy*.

Par la même lettre, nous avons informé la Compa-

gnie que nous avions fait embarquer sur le *Maurepas*
50 pions. Le Conseil de l'isle de France nous a demandé
50 soldats pour donner la chasse aux noirs marrons
et à défaut de soldats 50 pions ou taillards, si nous
n'étions point en état de luy envoyer de soldats.

Le Conseil de Chandernagor vous marque qu'il y
fera passer 30 topas et 80 lascars par les trois vaisseaux
d'Europe. Il est mort l'année dernière à l'isle de France
23 topas et 19 ouvriers. Il ne nous sera guère possible d'y envoyer de bons ouvriers dorénavant. Il nous
en reste peu, nos travaux souffrent de ces envoys ;
on nous en demande de tous les comptoirs. Le Conseil de Chandernagor nous demande encore 20 maçons
et 6 coulis habiles. A la fin, il ne resteroit aucun ouvrier icy.

Le Conseil de l'isle de France nous a fait passer des
officiers pour composer l'état major des deux bâtiments
que nous avons ordonnés au Pégou ; nous les avons
fait embarquer avec les équipages, agrès, canons et
ustensiles nécessaires sur votre vaisseau la *Marie Joseph*
que, par délibération du 11 7bre, nous avons envoyé au
Pégou.

M. de la Noê nous avoit fait espérer que le plus
grand de ces deux bâtiments (il se nomme le *Fulvy*)
seroit en état de sortir du Pégou à la fin de Septembre
pour porter à Chandernagor son chargement de bois de
construction, s'y achever et arriver icy dans le courant
de ce mois chargé de provisions ; il n'étoit point encore
arrivé dans le Gange le 28 Décembre que le *Chauvelin*
en est sorti ; le nouveau *Pondichéry* que les particuliers
de la colonie ont fait construire au Pégou et qui devoit
aussi passer dans le Gange dans la mousson n'y étoit
point non plus arrivé, ce qui nous fait croire que ces
bâtiments seront partis tard du Pégou et auront trouvé
des calmes.

A l'égard du petit bâtiment nommé la *Marie Gertrude*,

nous ne croyons pas pouvoir l'envoyer aux isles cette
année; nous n'avons pas même nouvelles qu'il ait été
commencé.

Le Conseil de l'isle de France nous a demandé
un bateau pour remplacer un de ceux qu'il envoye
à Rodrigues prendre de la tortue et que l'ouragan
du 1er Avril a fait périr. N'y en ayant point à la coste,
nous avons écrit au Conseil de Chandernagor de nous
en envoyer un à la petite mousson; il nous a fait réponse qu'il étoit lui même embarassé pour remplacer
un des bots de la rivière qui lui manquoit, que cependant il tâcheroit de nous en envoyer un cette
mousson; l'ouragan du 11 Octobre a tant fait périr
d'embarcations dans le Gange que nous doutons que
le Conseil puisse nous envoyer le bateau que nous lui
avons demandé.

Sur la nouvelle que le Conseil de l'isle de France nous
a donnée que les ouragans avoient détruit toutes les
plantations de cette isle, nous nous étions proposés d'y
envoyer au mois d'octobre le vaisseau le *St. Pierre* ou le
*St. Joseph*, chargé de riz et autres provisions. Nous comptions sur le *Fort-Louis* et le *St. Benoist*, le malheur
qui leur est arrivé et la disette de grains où nous étions
ont privé cette isle des secours que nous nous étions
proposés d'y faire passer.

Le Conseil de Chandernagor vous informe de la quantité de vivres qu'il fait passer à l'isle de France par les
vaisseaux d'Europe.

Nous avons donné ordre au Conseil de Mahé de charger de riz le vaisseau le *St. Pierre*, à son retour de Goa,
et de l'envoyer à l'isle de France. Nous comptons aussi
y envoyer le vaisseau le *Fulvy* avec son chargement
d'effets et provisions.

Messieurs du Conseil de cette isle se plaignent que
nous ne leur ayons pas envoyé les marchandises qu'ils
nous avoient demandées en 1736 pour l'Abyssinie et

Mozambique; ils ne se sont pas souvenus que sur cet article ils nous avoient renvoyé aux mémoires, qui devoient nous être envoyés par les sieurs La Feuillée et Vigoureux et qui ne nous sont point parvenus.

Ils nous ont demandé pour environ un millier de Pagodes de marchandises de Bengale pour tenter le commerce à Mozambique; le Conseil de Chandernagor auquel nous les avons ordonnées nous les promet; nous envoyerons aussy à l'isle de France ce que nous pourrons, des marchandises de la coste demandées par le Conseil pour Mozambique dont il nous marque que le Gouverneur est le même auquel M. de la Bourdonnais a rendu service à Moka.

Messieurs de l'isle de France nous demandent de leur adresser tout ce qui sera destiné pour les deux isles et qu'ils auront soin de fournir le nécessaire à celle de Bourbon. Nous n'y trouvons aucun inconvénient et nous nous y conformerons.

Le vaisseau le *St. Joseph* n'est arrivé des isles que le 12 Octobre; nous prions la Compagnie d'ordonner au Conseil de l'isle de France de ne retenir que le moins de temps possible les vaisseaux de France et ceux que nous lui envoyons; ces vaisseaux doivent nous apporter du Gange les effets et provisions nécessaires pour Pondichéry, Mahé et les isles: quand ils arrivent si tard icy, ils courent le risque de manquer leur voyage de Bengale.

Le Conseil de l'isle de Bourbon a tiré sur nous 1.612 piastres 6 réaux que nous avons payées.

Le Conseil de l'isle de France nous a remis 20.000 piastres pour joindre aux 18.000 Pagodes d'effets et provisions que vous nous prescrivez de remettre aux deux isles.

Nous avons remis à l'isle de France la quantité d'emballage de Moka qui nous avoit été demandée par le Conseil de l'isle de Bourbon.

## AFFAIRES GÉNÉRALES.

La Compagnie nous demande par sa lettre du 12 Février 1737 d'où se tire le lapis azuly; M. Miran qui a traversé la Perse nous a assuré qu'il se tiroit des mines des environs de Nichabour, d'où l'on tire aussi des turquoises, dans la province de Corassan et que le lieu où il se vend se nomme Mochat, capitale de cette province, que même de son temps il a passé des négociants français d'Alep, qui faisoient ce commerce pour Marseille.

M. Godeheu de Zaimont est arrivé icy par le vaisseau le *Fleury*; pendant son séjour il a eu séance et voix délibérative au Conseil; il a passé à Bengale par le vaisseau le *Triton*; c'est une personne de mérite que nous avons vue icy avec plaisir.

M. de St. Sauveur a remis à votre caisse le solde de son compte que vous nous aviez envoyé en 1736.

La nouvelle est venue aux Indes que les Hollandois ont perdu huit vaisseaux au Cap en may dernier par une tempête et un tremblement de terre violent et que presque tous les équipages ont été noyés.

Il est venu aux Indes un vaisseau portugais pour charger des marchandises de la côte et de Bengale ; c'est le même qui étoit venu il y a trois ans ; comme il est arrivé fort tard, il ne pourra partir pour Lisbonne qu'au mois d'Octobre prochain.

Nous renvoyons à la Compagnie par le *Chauvelin* une pièce de velours vert ayant été avariée dans le vaisseau le *Fleury* et ne pouvant nous être d'aucun usage ; elle pourra se teindre en quelqu'autre couleur.

Le vaisseau d'Europe que Messieurs de Madras avoient expédié en Juillet dernier pour la Chine en est de retour du 20 de ce mois. Nous avons appris que vos vaisseaux y étoient bien arrivés et qu'ils en devoient partir à la my Décembre. Nous espérons qu'ils vous seront parvenus avant la réception de la présente.

Nous vous envoyons par le *Chauvelin* des copies des livres de Moka cotés N.O.P.Q.R.S.T. Vous en avez ci-joint la facture et le connoissement.

Nous vous remettons aussy l'état et l'inventaire de tous les françois morts à Moka depuis 1720, tel que la Compagnie l'a demandé à M. Ingrand.

Le vaisseau le *Chauvelin* à pris 1004 balles de la coste, 150 milliers de salpêtre, 100.117 1/2 de bois rouge, 99.142 Livres de poivre, le tout montant à 104.620 Pagodes dix fanons suivant la facture ci-jointe.

Nous attendons la *Reine* et lui donnerons son chargement en entier. Comme ce vaisseau ne pourra partir d'ici avant le 15 Février, nous l'envoyerons en droiture à l'île Dauphine avec liberté de relâcher en cas de besoin à Sainte-Hélène.

Nous ne vous envoyons point le bilan que nous vous avons promis, s'y étant trouvé lorsqu'on nous l'a présenté des erreurs considérables ; ce qu'il y a de certain est que les fonds réels qui nous restent aujourd'hui pour travailler à l'avance aux prochaines cargaisons, faire des remises à Mahé, Mazulipatam et Yanaon, consistent en 35.000 Pagodes effectives et environ 70.000 entre les mains de nos marchands dont ils se trouveront redevables après la fourniture des cargaisons du vaisseau le *Chauvelin* et la *Reine*. C'est ce dont nous informerons la Compagnie plus précisément par ce vaisseau.

Nous avons l'honneur d'être, etc. Signé : Dumas, Legou Dirois, Dulaurens, Signard, Ingrand, Miran, Golard, et par le Conseil : Boyelleau.

INVENTAIRE

de la boîte du Conseil supérieur.

*Par le Chauvelin.*                    Pondichéry pour Paris.

No. 1  Lettre en apostille.

2  Lettre générale.

Nos. 21   Copie de la requète de M. de Selve.

22   Copie du mémoire des Révérends Pères Capucins sur les filles de Saint Charles.

23   Facture générale du chargement du *Chauvelin*.

24   Extrait du registre des arrèts du Conseil du 30
Septembre 1737 et le récépissé du sieur
Boyelleau de la somme de Lvs. 30: 9: 25 de
la succession de M. Lesquelin.

25   Dépense de l'expédition de la guerre de Moka.

26   Compte rendu par le sieur Febvrier de la succession Wyche.

27   Compte rendu de celui de M. Boyelleau.

28   Etat de comparaison des envoys faits à Bengale
avec des fonds qui étoient destinés par la
Compagnie.

29   Mémoire du sieur Ferrier sur la poudre fébrifuge et sur les pilules antivénériennes.

30   Extrait des registre des baptèmes, mariages,
enterrements.

31   Etat général des fonds remis à la caisse de
Pondichéry provenant des successions des
décédés tant pendant la campagne de Moka
qu'à Pondichéry pendant le cours de l'année
1737 avec l'état de ceux qui n'ont rien
laissé.

32   Copie des procès verbaux de vente des effets
des françois décédés à Pondichéry depuis le
1er Janvier 1737 jusqu'au 31 Xbre de la
même année.

33   Cahier de la succession du sieur Louis de
Mouchy.

34   Cahier de la succession du sieur Jean Dutertre.

35   Cahier de la succession du sieur Pierre Me-
rere, y joint une bourse cachetée pour être
remise à sa famille.

16

Nos. 52 Extrait du registre des délibérations du Conseil de Pondichéry depuis le 1er Octobre 1737 jusqu'au 23 Janvier 1738.

53 Facture du petit port permis du Sieur Labutte, premier enseigne du vaisseau le *Lys*, lequel a été embarqué sur le vaisseau le *Chauvelin*.

54 Paquet à Messieurs des Missions.

55 9 lettres à l'adresse de Messieurs les Syndics et Directeurs.

56 2 lettres à Monseigneur le Comte de Maurepas.

57 1 lettre à Monseigneur le contrôleur général.

58 2 lettres à Mr. de Fulvy.

59 4 lettres à M. Godeheu.

60 7 lettres à M. d'Hardancourt.

61 8 lettres à M. Lenoir.

62 5 lettres à M. Castanier.

63 2 lettres à M. Saintard.

64 1 lettre à M. Fromaget.

65 2 lettres à M. Cavalier.

66 1 pacquet contenant 17 lettres pour Rome.

67 27 lettres particulières.

68 le présent inventaire.

---

A Pondichéry le 24 Janvier 1738.

M. M. LES SYNDICS ET DIRECTEURS DÉPUTÉS
POUR LA VENTE A L'ORIENT.

*Par le Chauvelin.*

Messieurs,

Nous avons l'honneur de vous remettre ci-joint la facture des marchandises que nous avons chargées sur le vaisseau le *Chauvelin* montant à Rs. 104.620-10 fa.

et consistant en 1.004 balles de la coste, 156/m de salpêtre, 100.117 Lvs. de bois rouge et 99.142 Lvs. de poivre ; nous nous flattons que vous serez satisfaits de son chargement.

Vous serez amplement informés par les lettres que nous avons l'honneur d'écrire à la Compagnie de toutes nos opérations de l'année dernière et des mesures que nous avons prises à l'avance pour le chargement des dix vaisseaux que la Compagnie nous marque qu'elle fera passer aux Indes cette année.

Nous aurions pensé que se proposant d'y faire passer tant de vaisseaux elle y auroit remis des fonds plus considérables pour nous mettre en état de travailler à l'avance et de remettre au Comptoir de Mahé les fonds nécessaires pour la grande quantité de poivres qu'il doit nous fournir, tant pour les vaisseaux d'Europe que pour les armements d'Inde en Inde et pour le commerce de Bengale.

Vous trouverez les mouchoirs de Mazulipatam inférieurs à ceux des précédents envoys. Nous en marquons les raisons à la Compagnie ; la famine a fait périr la plus grande partie des tisserands et M. de Choisy que nous avons envoyé par terre à Yanaon nous écrit que depuis Paliacatte à Mazulipatam il a trouvé le pays désert et que dans les plus grosses aldées à peine y reste-t-il dix habitants ; nous appréhendons fort que M. Leverrier ne puisse nous fournir de meilleures marchandises pour les vaisseaux que nous attendons cette année.

Nous nous conformerons du mieux que nous pourrons au mémoire d'observations que vous nous avez fait l'honneur de nous envoyer et au projet de cargaison que nous avons reçu de la Compagnie ; il ne sera cependant pas possible que les cargaisons soient assorties comme elle le désire, il y a certaines marchandises que l'on ne peut pas avoir qu'en très petite quantité ; celles qui manqueront seront remplacées par d'autres que nous croirons convenir le mieux.

Nous sommes avec respect, etc. Signé: Dumas, Legou, Dirois, Dulaurens, Signard, Ingrand, Miran et Golard.

———

A Pondichéry, le 24 Janvier 1738.

Monsieur Despremenil, Commandant à l'Orient.

Monsieur.

Nous avons eu l'honneur de vous écrire par les vaisseaux le *Fleury*, le *Héron* et le *Maurepas* que nous avons expédiés pour France au mois d'Octobre dernier ; nous souhaitons qu'ils y arrivent à bon port.

Nous avons obmis de vous donner avis que nous avions payé à M. de Lagarde Jazier 743 Pagodes 16 fanons 44 caches pour quelques mois de table pour ses officiers; quoyque nous lui ayons délivré une expédition de son compte de table, nous vous en remettons ci-joint une copie.

Vous verrez par nos lettres à la Compagnie que le Conseil de Chandernagor a retenu le *Lys* pour l'expédier à droiture ; il n'avoit été délivré que de simples récépissés à ceux des officiers de ce vaisseau qui ont remis leur port permis à la caisse ; nous vous envoyons l'état de ces ports permis.

Vous avez cy-joint un paquet contenant les états des dépenses faites par le *Lys*, tant à la Baye de Tous les Saints qu'icy et à Madras. Nous avons remboursé M. Dugué des 1300 piastres qu'il a dépensées à sa relâche de la Baye de Tous les Saints, comme vous le verrez par son récépissé.

Nous vous remettons les états des troupes à l'ordinaire ainsi que celui des décédés, dont les fonds ont été portés à la caisse de la Compagnie.

Cette lettre vous parviendra par le *Chauvelin* que le Conseil de Chandernagor nous a envoyé en place du *Lys*. Vous avez cy-joint les états de sa dépense et le connoissement général de son chargement.

Cy-joint aussy l'état de signalement des soldats embarqués sur ce vaisseau en remplacement de ceux que nous avons tirés; ils y sont émargés pour ce qu'ils doivent à l'hospital et à notre chirurgien dont nous prions de leur faire la retenue.

Nous vous remettons encore l'état des passagers sur le dit vaisseau. Nous attendons de Bengale le vaisseau la *Reine* de jour en jour. Nous l'envoyerons à droiture relâcher à l'ile Dauphine.

Cy-joint l'état de ce qui a été fourny des magasins au vaisseau le *Lys* à son départ pour le Gange.

Cy-joint aussy un reçu de M. de Lagarde de 10 quarts de viande salée de celles laissées icy en dépôt pour le vaisseau le *Lys*.

Cy-joint le reçu de M. de St Georges de 16 piastres qu'il a dépensées dans sa relâche à St. Iago.

Il a été embarqué sur le *Chauvelin* une petite caisse marquée M.F.G. contenant 10.000 Pagodes pour M. de Castanier. Nous vous prions de la luy faire remettre.

Nous sommes, etc. Signé : Dumas, Legou, Dirois, Dulaurens, Signard, Ingrand, Miran, Golard et par le Conseil : Boyelleau.

Inventaire,

de la boite du Conseil Supérieur.

Pondichéry pour l'Orient.

Nos. 1 Lettre du Conseil de ce jour.

    2 Pacquet du Conseil à l'adresse de M. M. les Syndics et directeurs députés pour la vente.

    3 Connoissement général des marchandises chargées sur le *Chauvelin*.

Nos. 22 Etat des effets reçus au dit magasin provenant de l'armement du dit vaisseau.

23 Signalement de soldats embarqués en remplacement sur le dit vaisseau.

24 Déclaration des officiers de ce vaisseau comme ils n'ont pu prendre une plus grande quantité de marchandises.

25 Connoissement d'une caisse de livres embarquée sur le dit vaisseau.

26 Etat des passagers embarqués sur le dit vaisseau.

27 Reçu du sieur Chevry de la boite de dépêches.

28 Ampliation du reçu du sieur St. Georges de deux cent soixante seize piastres pour les dépenses de sa relâche à St. Iago.

29 Etat général des fonds remis à la caisse de Pondichéry provenant de la succession des françois décédés tant dans la campagne de Moka qu'à Pondichéry pendant l'année 1737 avec l'état de ceux qui n'ont rien laissé.

30 Etat de la dépense du vaisseau le *Chauvelin* à Pondichéry tant avant son départ pour Bengale qu'à son retour du dit lieu, deux pièces.

31 Pacquet du Conseil de Mahé à M. Despremenil.

32 6 lettres à l'adresse de M. Despremenil.

33 34 lettres particulières.

34 le présent inventaire.

A Pondichéry le 5 Mars 1738.

Messieurs les Syndics et Directeurs
Généraux.

*Par la Reine.*

Messieurs,

Nous vous remettons cy-joint le duplicata de nos expéditions par le *Chauvelin* qui a fait voile pour France le 27 Janvier. Nous avons l'honneur de vous écrire la présente par le vaisseau la *Reine* qui n'est arrivé de Bengale que le 24 du passé; il a été contrarié par les courants et les vents du sud, qui durent contre mousson depuis près d'un mois et demi; s'ils continuent, nous appréhendons qu'il ne puisse doubler le Cap dans la saison.

Ce vaisseau ne nous a apporté que vingt *garces* de mauvais riz, qui n'est point de garde; le *Chauvelin* ne nous en avoit aussi apporté que vingt *garces*, qui ne valoit guère mieux. Nous en avons fait charger sur le vaisseau la *Marie Joseph* pour l'isle de France 25 *garces*, de sorte que si malheureusement le vaisseau le *St Joseph* ne nous en apporte point de Merguy, nous n'en aurons point pour la garnison. Si nous eussions prévu que le riz de la *Reine* eut été si mauvais et qu'il nous en eut apporté une si petite quantité, nous aurions fait acheter la cargaison du vaisseau portugais d'Europe qui est venu icy; c'étoit de beau riz pris à Chandernagor. Nous voyons arriver tous les ans la même chose; la Compagnie peut le remarquer par notre correspondance avec Chandernagor, elle n'y a jamais fait bien attention. Les vaisseaux armés à Chandernagor sont bien servis; l'on donne à ceux de la Compagnie et à ceux d'icy tout ce qu'il y a de plus mauvais; le Conseil de Chandernagor ne veille point sur la conduite d'Indi-

naram, qui seul est en possession de faire toutes les
fournitures à Chandernagor. Nous ne pouvons que nous
en plaindre ; le Conseil se moque de tout ce que nous
pouvons luy en écrire, il affecte au contraire de prendre
le contrepied de ce que nous luy marquons et fait toujours en sorte d'éluder les ordres que nous luy donnons ;
il est impossible que notre correspondance avec Chandernagor dure plus longtemps sur le pied qu'elle est ;
il faut qu'une porte soit ouverte ou fermée, que la
Compagnie nous mette en état de faire exécuter nos
ordres à Bengale, ou qu'elle nous permette de n'y en
donner aucun.

Elle sera informée par les lettres de Messieurs de
Chandernagor du party qu'ils ont pris de solliciter auprès du Nabab de Bengale la permission de faire fabriquer des Roupies sicca à la monnoye de Moxoudabad ;
nous ne doutons pas un moment que l'esprit dans lequel
ils entretiennent leur correspondance avec nous depuis
quelques années, n'ait eu plus de part à cette démarche
que les véritables intérêts de la Compagnie et nous sommes persuadés que si, au lieu de payer 50.000 Roupies
pour avoir la permission de fabriquer des Roupies sicca,
ils eussent voulu sacrifier partie de cette somme pour
lever les obstacles que le Nabab apportoit au cours des
Roupies Arcatte, ils auroient réussi ; ils devoient naturellement attendre que nous eussions fait agir notre Nabab
à la Cour et auprès de Nizam Moulouk, duquel dépend
aussi le Nabab de Bengale ; le Conseil de Chandernagor
luy même, par la lettre qu'il nous avoit écrite le 5 Septembre dernier, nous marquoit que ce seroit un moyen
assez puissant pour maintenir le cours de nos Roupies ;
aussi est-il naturel de croire que notre Nabab, qui a beaucoup plus d'intérêts que nous que les Roupies Arcatte
aient cours dans le Gange, ne s'endormira pas et aura
porté ses plaintes à la Cour. Quand il saura que le Conseil de Chandernagor a abandonné l'affaire des Roupies

Arcatte et a traité avec le Nabab de Bengale pour fabriquer des Roupies sicca, il s'indisposera contre nous et
trouvera fort mauvais que pendant que nous le pressons
vivement d'agir à la Cour et auprès de Nizam Moulouk
pour rétablir le cours de nos Roupies à Bengale, nous
ayons fait un traité contraire avec le Nabab pour porter
notre argent à sa monnoye et fabriquer des Roupies sicca. Rien ne pressoit le Conseil de Chandernagor d'enta-
mer cette négociation; il n'a point de matières à convertir en Roupies, et n'en peut avoir qu'au mois de
Juillet prochain; d'icy à ce temps nous pouvons obtenir
des ordres de la Cour de Nizam Moulouk pour donner un cours libre à nos Roupies; si cela arrive,
comme nous nous en flattons, voilà 50.000 Roupies
de perdues pour la Compagnie et des démarches con-
tradictoires qui nous embarasseront beaucoup. D'ailleurs
le cours des Roupies Arcatte n'a point été interdit dans
le Gange; c'est avec ces Roupies que presque toutes les
nations ont fait leur commerce; le Conseil de Chandernagor n'a pas eu d'autres espèces pour payer les marchandises de cette année, et il paroist que ces Roupies y auront toujours cours; s'il en étoit autrement, pourquoi
Messieurs de Chandernagor demanderoient-ils pour
l'avenir la moitié des fonds en matières et l'autre
moitié en Roupies Arcatte ou bien le tiers en matières et les deux autres tiers en Roupies? il faut
nécessairement qu'ils ne trouvent pas d'impossibilité
à les faire passer et que la permission que l'on assure qu'ils ont obtenue de fabriquer des Roupies sicca
dont ils nous font un mystère ne soit pas si avantageuse
qu'ils veulent le donner à entendre. Nous ne pouvons
dissimuler à la Compagnie notre chagrin de voir que ses
propres employés travaillent ainsy à rendre inutile un
privilège aussy avantageux que celui qu'elle a obtenu de
battre des Roupies icy. Le Conseil de Chandernagor
convient que le bénéfice étoit certain; pourquoi n'a-t-il

donc pas fait son possible pour l'assurer à la Compagnie?
Ne convenoit-il pas mieux céder au temps et sacrifier même s'il le falloit pendant quelques années le bénéfice de la fabrication des Roupies jusqu'à ce quelles
eussent eu un cours libre ?

L'affaire des Roupies du côté de Mazulipatam n'a point
changé de face ; le *faussedar* de Mazulipatam veut nous
obliger à porter nos matières d'argent à sa monnoye
pour convertir en Roupies sicca. Nous attendons réponse
de Nizam Moulouk. M. Leverrier a chargé sur le brigantin l'*Indien* presque toutes les Roupies qui lui restoient ; ce brigantin n'est point encore arrivé ; le brigan-
tin l'*Aventurier* arrivé le 27 Janvier nous a apporté 169
balles d'Yanaon et 25 balles et ballots de mouchoirs.

N'ayant aucune nouvelle du vaisseau le *Fulvy*, nous
avons chargé sur le vaisseau la *Marie Joseph* les besoins
les plus pressants des isles et l'avons expédié le 23 du
passé ; les vents du sud ont continué à souffler ; elle a
été plusieurs jours à la vue. Nous y avons fait embarquer
quarante esclaves, il nous en reste 74 que nous ferons
embarquer sur le *Fulvy*, s'il arrive.

Il nous reste aussy quantité d'effets et provisions destinés pour les isles que nous ne pourrons y faire passer,
si le *Fulvy* manque. Nous appréhendons qu'il ne soit arrivé tard dans le Gange et que le Conseil de Chandernagor n'ait été obligé de l'expédier à droiture ; les dernières nouvelles que nous avons de Chandernagor sont du
1er Janvier. Nous remettons ci-joint à la Compagnie copie
des factures des divers envoys que nous avons faits aux
isles tant par les vaisseaux d'Octobre que par ceux de
cette mousson.

Nous avons fretté le vaisseau le *Neptune* du port
d'environ 400 tonneaux pour aller à Mahé charger des
poivres et nous les apporter ; il est party le 19 du passé.

Le vaisseau le *St. Benoit* destiné pour l'armement
de Chine est aussy party le 14 du passé pour aller

prendre ses poivres à Mahé. La Compagnie sera intéressée dans cet armement de 25.000 Pagodes. Nous avons
remis à Mahé par ce vaisseau 20.000 Pagodes et 100.000
fanons ou cinquièmes de Roupies.

Le vaisseau la *Marie* armé pour Moka, et lequel
devoit porter au *Duc de Bourbon* les marchandises et
les fonds destinés pour Moka, s'étant trouvé hors d'état
de naviguer, les particuliers lui ont substitué le vaisseau
le *Pondichéry*, nouvellement construit au Pégou; il est
party de Portenove le 11 du passé.

M. de Martinville s'étoit embarqué sur la *Reine* pour
venir icy prendre ses patentes de consul en Perse;
lorsqu'il est arrivé, il n'y avoit plus d'occasion pour
passer en Perse ni à la coste malabare; il restera icy
jusqu'au mois d'Octobre ou Janvier prochain. Nous avons
relu ses patentes; elles ne portent point qu'il sera
subordonné aux ordres du Conseil de Pondichéry, comme
il le doit être puisque la Compagnie lui paye des appointements; il doit être aussy statué que ses jugements
ressortiront par appel au Conseil de Pondichéry. Nous
la prions de faire rectifier cette omission, afin que nous
puissions lui faire rendre compte de sa gestion, qu'il
remette annuellement à notre greffe les procédures
qu'il aura pu faire et que les particuliers qui auront eu
quelque affaire devant luy ou avec luy puissent se
pourvoir au Conseil; la Compagnie ne luy passe point
de chancelier; il lui en faut un; nous choisirons un
sujet propre pour ce pays et lui accorderons de légers
appointements.

Nous avons eu nouvelle de Manille que le commerce
a été avantageux. M.M. Dubois et de la Villebague ont
été obligés d'y faire caréner le *Chankerabary*, ce qui
a retardé leur départ; ils ne seront icy que dans le
mois prochain. Nous avions embarqué sur ce vaisseau
144.000 livres de fer; il a été vendu 6 piastres 3 réaux
les cent trente livres, ce qui revient à environ 46 Pa-

godes le *bar*. Nous envoierons par le prochain vaisseau
une pareille quantité.

Le vaisseau la *Reine* part chargé de 902 balles de
la coste, 71 milliers de salpêtre, 75 milliers de bois
rouge et 103 milliers de poivres ; le tout montant, suivant la facture cy-jointe, à Pagodes 99.278 22 fanons
15 caches.

La Compagnie trouvera cy-joint notre bilan arrêté
au premier février. Nous allons continuer à faire la fabrique des marchandises, afin de pouvoir expédier plusieurs vaisseaux en Octobre prochain. Il est à souhaiter
qu'il nous arrive de bonne heure quelques vaisseaux
afin que les fonds ne nous manquent pas.

Le R.P. Esprit, supérieur des R.R.P.P. Capucins, qui
depuis plus de 40 ans faisoit les fonctions de Curé et en
prenoit la qualité, étant mort le 2 Janvier dernier, Monseigneur l'évêque de Saint Thomé se plaignit que le Père
Dominique, supérieur, continuât à faire les fonctions
curiales sans avoir ses provisions de curé ; il étoit à craindre que les quatre mois accordés au patron pour présenter
expirés, ce prélat ne pourvût luy même à la cure. Nous
avons cru devoir le prévenir en luy présentant le Réve-
rend Père Dominique de Valence ; il luy a donné ses
provisions. Ci-joint est copie de l'acte de présentation
de la collation ; quelques personnes pensent que le
le tout est nul, n'y ayant jamais eu d'érection de cure ;
cependant tant que le Père Esprit a vécu, il a pris la
qualité de curé et a fait paisiblement toutes les fonctions
curiales. Monseigneur de St. Thomé le reconnoit luy
même dans les provisions qu'il a accordées au Père
Dominique. D'un autre côté, les R.R.P.P. Capucins paroissent souhaiter que la Compagnie fasse avec eux, pour
la cure de Pondichéry, les mêmes conditions qu'elle a
faites par le concordat avec les Pères Jésuites, pour la
cure de Chandernagor, c'est à dire qu'elle fit ériger
l'église St. Louis, qui est dans le fort, et leur église de

Notre Dame des Anges en églises paroissiales, que la Compagnie doit à l'une et l'autre, comme elle est obligée de la faire en qualité de patronne, et enfin qu'elle attachât ces cures à leur communauté.

Nous nous trouvons obligés de représenter à la Compagnie que la colonie étant considérablement augmentée et les vivres plus chers du double qu'ils n'étoient autrefois, il est impossible aux Révérends Pères Capucins de pouvoir subsister avec les 1.200 liv. que la Compagnie leur accorde, n'ayant absolument aucun autre revenu ; il faut encore faire attention au nombre de religieux qu'ils sont obligés d'entretenir pour le service de la Compagnie et de la ville ; ils fournissent tous les dimanches et fêtes deux pères pour l'église du fort dont un dit la messe à 5 heures $1/2$, avant la garde montante, et l'autre à 7 heures $1/2$; il leur en faut au moins trois pour leur église de la ville et il en sera bientôt nécessaire d'un quatrième pour rester au grand hôpital, qui est trop éloigné de la paroisse pour pouvoir se passer d'un aumonier qui y fait sa résidence. En attendant la réponse de la Compagnie, nous donnerons aux Révérends Pères Capucins, sur les états, la qualité de curé afin que la cure de Pondichéry paroisse dotée.

Quand la cure des malabars viendra à vacquer, il faudra présenter un curé à Monseigneur de Saint Thomé. Nous prions la Compagnie de nous donner ses ordres là dessus et de prévenir toutes difficultés qui pourroient naître à cette occasion. La Compagnie n'a point fondé ni doté l'église des Pères Jésuites ; ils ne manqueront pas d'alléguer ces raisons et de dire que la cure des malabars est une mission dépendante de la Sacrée Congrégation; cependant il ne convient point que la Compagnie abandonne son droit de patronage à une cure, qui se trouve dans l'enceinte de Pondichéry.

M. d'Hervilliers, conseiller à Chandernagor, étant mort insolvable, le Conseil a accordé à sa veuve quarante Roupies de subsistance par mois; nous envoyons à la Compagnie copie de la requête qu'elle a présentée au Conseil de Chandernagor.

Nous remettons à la Compagnie copie des instructions que nous avons données à M. de La Haye, commandant le vaisseau la *Reine*, pour son retour; elle y remarquera que nous avons remis au dit sieur de la Haye des copies des mémoires que nous avons reçus concernant l'isle Dauphine ou Fernandez de Noronha où il a ordre de relâcher.

Il y a dans la caisse quelques lettres pour Espagne qui nous ont été adressées des Manilles, nous vous prions de les faire acheminer à leur adresse.

Il a mouillé hier en rade un petit bâtiment venant de Bengale. Nous avons appris, par la suite de la lettre du Conseil de Chandernagor et la première en date du 19 Décembre, que l'affaire concernant les Roupies sicca, étoit terminée et que moyennant 50.000 Roupies sicca, le Nabab de Moxoudabad avoit accordé la permission de porter chaque année nos matières d'argent à sa monnoye pour y être converties en Roupies. Nous improuvons totalement cette négociation, qui est contradictoire à tout ce que nous avons fait icy et rend inutile quant au commerce de Bengale la permission que nous avons obtenue de frapper des Roupies à Pondichéry. Nous remarquons par cette lettre que Messieurs de Chandernagor sont eux-mêmes persuadés que les Roupies Arcattes reprendront leur ancien cours dans le Bengale; pourquoi donc se tant presser de conclure un marché qui nous occasionnera vraisemblablement quantité de discussions et de difficultés avec les Maures tant à Bengale qu'icy? Quant à l'augmentation de *banta* dont on flatte la Compagnie, c'est un moyen spécieux pour lui faire goûter plus facilement la dépense qu'on vient de faire; car si on force le marchand à prendre les Roupies sicca à un *banta* plus fort que celui qu'elles ont dans le commerce, ce sera une perte pour lui dont il faudra nécessairement qu'il se récupère sur le prix de la marchandise qu'il fournira; nous ne sommes au surplus informés que très imparfaitement de tout ce qui s'est passé dans cette affaire; Mrs. de Bengale ne nous en disent presque rien, nous renvoyant aux lettres qu'ils en écrivent à la Compagnie et dans le détail qu'ils lui font de cette affaire, ils la renvoyent pour de plus grands éclaircissements à leur correspondance avec M. Burat dont ils ne nous ont point remis copie.

Nous avons embarqué sur la *Reine* un petit pacquet de quelques montres de marchandises qui se fabriquent dans le Tanjaour; la Compagnie en trouvera ci-joint la facture montant à 33 Pagodes 1 fanon 51 caches; si quelques unes de ces qualités conviennent pour vos assortissements, nous pourrons sur vos réponses en faire fabriquer. Nous en envoierons par les prochains vaisseaux une petite balle de chaque qualité.

Cy-joint un état des hardes que nous avons fait faire cette année à Pondichéry pour les isles et Mahé, ce qui ne laisse pas de nous causer beaucoup d'embarras.

Nous vous remettons cy-joint le duplicata des expéditions du Conseil de Mahé.

Nous sommes avec respect, Messieurs, vos très humbles, etc: Dumas, Legou, Dirois, Dulaurens. Signard, Ingrand, Miran, Golard et par le Conseil: Boyelleau.

INVENTAIRE.

de la boite de dépêches

Pondichéry, pour Paris.

Nos. 1 Lettre du Conseil de ce jour;
2 Duplicata de la lettre en apostille du 2 Janvier 1738.
3 Duplicata de la lettre générale du 24 Janvier.

Nos. 57   Paquet pour Mrs. des Missions.
      58   1 lettre pour Rome.
      59   4 lettres pour l'Espagne.
      60   5 lettres pour Londres.
      61   26 lettres particulières.
      62   le présent inventaire.

---

A Pondichéry, le 5 Mars 1738.

A MESSIEURS LES SYNDICS ET DIRECTEURS<br>
DÉPUTÉS POUR LA VENTE.

*Par la Reine.*

Messieurs,

Vous avez cy-joint le duplicata de la lettre que nous avons eu l'honneur de vous écrire le 24 Janvier dernier par le vaisseau le *Chauvelin*, qui a appareillé pour France le 27.

Le vaisseau la *Reine* n'étant arrivé de Bengale que le 24 du passé, nous n'avons pu l'expédier plus tôt, quelque diligence que nous ayions faite. Nous vous remettons cy-joint la facture de son chargement montant à Rs. 99.278: 22: 15 et consistant en 902 balles de la coste, 103 milliers de poivres, 71 milliers de salpêtre de Patna et 75 milliers de bois rouge.

Nous sommes avec respect, Messieurs, vos très humbles et très obéissants, etc. Signé; Dumas, Legou, Dirois, Dulaurens, Signard, Ingrand, Miran, Golard et par le Conseil: Boyelleau.

---

A Pondichéry, le 5 Mars 1738.

M. Despremenil, Commamdant a l'Orient.

*Par la Reine.*

Monsieur,

Cy-joint vous trouverez le duplicata de la lettre que nous avons eu l'honneur de vous écrire par le vaisseau le *Chauvelin*. Celle-ci vous parviendra par le vaisseau la *Reine*; ce vaisseau a été contrarié dans sa traversée de Bengale icy; il n'est arrivé que le 24 du passé. Nous avons fait toute la diligence possible pour le débarquement des provisions dont il étoit chargé et pour lui donner son chargement. Nous souhaitons qu'il fasse son retour en France dans la saison. Cy-joint le connoissement général de son chargement.

Nous vous remettons encore des états de la dépense qu'il a faite icy et à Bengale. Vous remarquerez que parmi ces états il y en a un de vivres fournis pour la table montant à Rs. 16 : 18 : 52 et un reçu de M. de La Haye de 648 Rs. qui lui ont été payées à Chandernagor pour les dépenses de la table; vous aurez agréable d'en tenir compte à la succession de M. Berger, ce qui vous sera d'autant plus facile que le produit de la vente de ses hardes est compris dans l'état général des fonds remis à la caisse de ce comptoir provenant des successions de divers décédés aux Indes.

Cy-joint aussi le décompte du nommé Pierre Porel, matelot du vaisseau le *Phoenix* resté aux Indes, qui est décédé au Pégou; vous pourrez en faire payer le montant à sa famille.

Il est dû par la succession de Brice l'Allemand dit Rossignol, soldat du détachement de Moka décédé au retour de l'expédition, une somme de trois Pagodes au nommé Vaucouleur, soldat embarqué sur le vaisseau la

*Reine*; ce Brice l'Allemand est compris dans l'état général des décédés ; nous vous prions de procurer au dit Vaucouleur le paiement de cette somme.

Nous avons fait payer à M. de la Haye 300 Pagodes pour sa relâche à Sainte Hélène. Cy-joint est l'ampliation de son reçu. Nous vous prions de lui en faire rendre compte.

Nous sommes, etc. Signé : Dumas, Legou, Dirois, Dulaurens, Signard, Ingrand, Miran, Golard et par le Conseil : Boyelleau.

INVENTAIRE,

du pacquet de M. Despremenil.

Par la Reine.

Nos. 1 Lettre du Conseil de ce jour.

2 Duplicata de celle du 24 Janvier.

3 Pacquet du Conseil à l'adresse de M.M. les Directeurs députés pour la vente.

4 Etat des effets fournis des magasins au vaisseau le *Lys*.

5 Ampliation du reçu de M. Dugué le Fer de la somme de 1.300 Piastres.

6 Etat des sommes remises à la caisse de Pondichéry pour le port permis des officiers du vaisseau le *Lys*.

7 Revue générale de la garnison de Pondichéry.

8 Etat des officiers et soldats embarqués sur le *Bourbon* pour Moka.

9 Etat des soldats envoyés par la Compagnie pour recruter la garnison de Pondichéry.

10 Etat des soldats tirés des vaisseaux en 1737.

11 Etat des soldats embarqués en remplacement en 8bre et Janvier 1738.

12 Etat des soldats morts pendant la campagne de Moka.

29 Reçu du sieur de La Haye de la boite des dépêches,

30 Etat des effets fournis des magasins de marine
   de Pondichéry au vaisseau la *Reine*.

31 Ampliation du reçu du sieur La Haye de 300
   Pagodes de sa relâche à Sainte Hélène.

32 Etat de la dépense faite à Pondichéry pour le
   vaisseau la *Reine* depuis son retour de Bengale jusqu'à son départ pour France.

33 Connoissement général des marchandises chargées sur le vaisseau la *Reine*.

34 Connoissement général du petit port permis
   des officiers du dit vaissseau.

35 Etat des effets fournis des magasins du dit
   vaisseau.

36 Etat des effets fournis des magasins au dit
   vaisseau.

36 Etat des effets reçus en magasin provenant de
   l'armement du dit vaisseau.

37 3 lettres à l'adresse de M. Despremenil.

38 35 lettres particulières.

29 Le présent inventaire.

A Pondichéry le 18 Octobre 1738.

M. M. les Syndics et Directeurs
de la Compagnie des Indes.

P<sup>ta</sup> par le *Duc de Bourbon*
Dup<sup>ta</sup> par le *St. Géran*.

Messieurs,

Vous verrez par notre délibération du 18 Juillet dernier en conséquence du traité fait le même mois avec
Sahagy Marajou, Roi de Tanjaour, que nous nous étions

proposés d'envoyer prendre possession de la forteresse
de Karcangery, de l'aldée de Karical, qui est très considérable et marchande, et des dépendances de ces deux
endroits dont le revenu monte à cinq à six mil Pagodes,
indépendamment des motifs de commerce èt de l'espoir
de procurer des secours de grains à cette colonie que
la disette désole depuis si longtemps. Le vaisseau le
*St. Géran* étant icy en rade, nous y fîmes embarquer,
en attendant le *Phœnix* que nous y avons aussi envoyé
aussitôt son arrivée, les matériaux, ustensiles, bois de
construction, munitions, troupes et tous les ouvriers de
différents métiers que nous avions jugé nécessaires pour
mettre promptement cet établissement en sûreté et en
état de devenir utile à la Compagnie ; ce vaisseau que
nous avions expédié le 27 Juillet arriva le 4 Août à la
vue de Tranquebar, où nous avions envoyé M. Dirois
accompagné des sieurs Martinville et Rebuty pour y
attendre le *Divan* ou ministre du Roi de Tanjaour, qui
devoit aller le prendre pour nous mettre en possession
et terminer ce qui restoit à conclure; nous fîmes aussi
suivant ses instances réitérées, par ses lettres et les envoyés de ce roi, partir les présents pour partie de la
somme dont on étoit convenu. Nous déposâmes entre
les mains de celuy qui nous avoit été indiqué à ce sujet
par ce Roy et son Ministre, les 18 mil Pagodes pour le
prix convenu de la concession. Nos brahmes qui con-
duisoient les présents s'arrêtèrent à quelques lieues de
Tanjaour où ils envoyèrent nos lettres et firent part de
leur arrivée; le Ministre de Tanjaour leur envoya des
gens du Roy pour les engager à rester quelques jours
dans l'endroit où ils s'étoient arrêtés, avec de grandes
promesses de terminer incessamment à notre satisfaction.
Dans cet intervalle, le Conseil de Négapatam députa
deux employés qui nous signifièrent les protestations
ci-jointes; ils en avoient en même temps auprès du Roy
de Tanjaour, qui traversèrent nos négociations avec tant

de chaleur et de vigilance que M. Dirois ni nos brahmes n'eurent plus de réponse, qu'il fut contraint par le
Gouverneur de Tranquebar, intimidé par les menaces et
les artifices du commandant de cette contrée gagné par
les Hollandois, de sortir de cette ville où il avoit été
bien reçu en y arrivant, que le Ministre ou *Divan* qui
le devoit venir prendre pour le mettre en possession fut
disgracié et obligé de s'enfuir. Les gens corrompus par
les Hollandois ayant enfin persuadé le roi de Tanjaour,
qui est un jeune homme, que ce *Divan* l'avoit engagé par
son propre intérêt dans une affaire onéreuse qui pourroit avoir de tristes suites pour luy même, notre nation
étant trop entreprenante pour ne pas chercher à lui
faire un jour une loi dure, ce jeune noir qui venoit
d'être assez heureux pour surprendre son concurrent
Sidogy et de s'en défaire par une mort cruelle, a faussé
son traité avec cette facilité si commune chez les Indiens. N'espérant plus de surmonter les oppositions
pendant le peu de temps du reste de cette mousson,
nous avons rappelé les deux vaisseaux le 7 Septembre,
parce que ce sont ceux que nous avons été obligés de
destiner pour vous être renvoyés actuellement.

Nous aurions bien pu prendre vengeance de cette
perfidie et désoler Karical, Naour et les environs, mais
nous pensons qu'il est de la prudence de ne pas nous
rendre odieux dans un pays où nous n'avons pas perdu
de vue l'idée d'y former un établissement et d'où nos
marchands tirent beaucoup de toiles pour Europe et
avoient de gros fonds à la Compagnie répandus dans le
pays, que nos hostilités auroient mis en risque.
M. Dirois fit seulement arrêter un vaisseau appartenant
à un maure habitant de Karical, qui avoit insolemment
déclamé contre les françois et donné des conseils
violents au commandant de la contrée. Le *Nacodar* de
ce vaisseau ayant vu mouiller le *St. Géran* en rade de
Karical, à une lieue au large de luy, avoit pris ses pré-

cautions pour appareiller aussitôt que notre vaisseau auroit jeté son ancre, qui fut bientôt levée. Au moyen de quelques coups de canons, le Maure fut obligé d'amener ses voiles entre Karical et Tranquebar; le *St. Géran* le ramena en rade de Karical; nous donnâmes ordre de le relâcher aussitôt que nous en fûmes informés. Le Conseil de Tranquebar a pris de là occasion pour couvrir sa malhonnêteté et prendre les devants, si on s'en plaignoit en Europe, de nous faire luy même des plaintes, prétendant faussement que ce bâtiment avoit été arrêté en rade et sous le canon de la forteresse. Cy-joint sa lettre et notre réponse.

Sandersaheb, gendre de notre Nabab, qui prit Trichenapaly l'année dernière, s'étoit mis en campagne dans le milieu de cet été pour prendre aussi Tanjaour; il a envoyé des gens exprès auprès de M. le Gouverneur et luy a écrit souvent pour luy offrir de le mettre en posssession de cet établissement et luy demander quelques secours de canonniers & de troupes pour l'aider à terminer plus tôt; comme nous étions en traité avec le Roi de Tanjaour, nous n'avons pas cru devoir le trahir; il nous a à la vérité prévenus, mais nous aurions eu à nous reprocher un manque de bonne foi, qui n'auroit été d'aucune utilité, parce que Sandersaheb ne s'est pas trouvé assez fort pour forcer Tanjaour qu'il tenoit seulement bloqué pendant que nous étions devant Karical et que la guerre qu'il fait a été désapprouvée du Nabab, son beau père, à son retour de Golconde. Il seroit bien moins embarassant et plus sûr pour les suites d'avoir cet établissement à l'amiable; nous entretenons des gens à Tanjaour qui continuent les négociations; les plus forts obstacles que nous avons trouvés et que nous aurons à surmonter sont de la part des Hollandois. Vous verrez par leur protestation dans laquelle ils insinuent des menaces tacites, qu'ils le prennent fort haut. Ayez pour agréable, Messieurs, de nous prescrire positivement la conduite que nous aurions à tenir avec eux si nous parvenions à devenir par cet établissement leurs voisins, et si leur inquiétude et leurs airs de hauteur étoient suivis de quelques effets auxquels la prudence et les égards ne seroient qu'une faible opposition.

Sandersaheb nous a promis de ne conclure aucun traité de paix avec le Roi de Tanjaour qu'à la condition de ratifier la vente qu'il nous a faite de Karical et dépendances et de nous en mettre en possession.

Nous sommes, etc. Signé: Dumas, Legou, Dirois, Dulaurens, Ingrand, Miran et Golard.

---

A Pondichéry, le 15 Octobre 1738.

M. M. LES SYNDICS ET DIRECTEURS

DE LA COMPAGNIE DES INDES.

Messieurs,

Vous trouverez ci-joint N° 1 la copie d'une lettre que nous avons écrite au Conseil de Chandernagor le 31 Mars 1738 au sujet du *paravana* acheté cinquante mil Roupies sicca du Nabab de Moxoudabad pour porter nos matières d'argent à sa monnoye; vous trouverez aussi en marge la réponse que M. Dupleix et son Conseil ont jugé à propos de nous faire; comme nous nous y trouvons grièvement insultés, que cette lettre détruit entièrement toute subordination, nous avons jugé que le parti le plus sage étoit de l'envoyer à la Compagnie et de lui demander à cet égard la justice qui nous est due.

Nous ne cacherons pas à la Compagnie que nous n'ayons ressenti un chagrin très cuisant en apprenant par voie indirecte que Mrs. de Bengale étoient en traité avec le Nabab pour porter nos matières d'argent à sa monnoye et que ce chagrin n'ait augmenté considérablement lorsque, par leur lettre du 20 Janvier, nous en apprimes la conclusion au moyen de 50 mil Roupies sicca que la Compagnie devoit payer.

Nous regardâmes cette opération comme un coup très fâcheux pour le commerce de la Compagnie en général par le tort que cela faisoit au cours des Roupies arcatte dans le Bengale et à la vente de nos matières d'argent à cette coste. Notre sensibilité à cet égard n'a rien de personnel et étoit entièrement produite par l'attachement que nous avons pour les intérèts de la Compagnie. Nous nous crûmes obligés de faire connoitre à Mrs. de Bengale ce que nous pensions à cet égard; c'est ce que nous fîmes le 30 Mars en réponse de leur lettre du 20 Janvier. Quoique nous nous exprimions dans notre lettre en termes précis mais modérés et tels qu'un supérieur, qui croit avoir sujet de se plaindre, peut se servir à l'égard de celui qui lui est subordonné dont il désapprouve la conduite, nous croyons cependant qu'il ne nous ait rien échappé de contraire à la bienséance et à la règle; la Compagnie en jugera par la lecture.

Le Conseil de Bengale, ou pour mieux dire le directeur, n'a pu voir avec tranquillité que nous fussions assez téméraires pour blâmer sa conduite et notre lettre ne produit depuis ce temps que fureur et emportement et pour trouver un prétexte spécieux de nous quereller, ils trouvent dans notre lettre ce qui n'y fut jamais, et ils nous prètent une façon de penser à l'égard du Conseil de Bengale qui n'exista jamais chez nous. Suivant notre lettre du 31 Mars, nous voulons, disent-ils, les faire passer pour fols et pour fripons, nous leur attribuons des qualités déshonorantes en nous servant à leur égard de termes offensants. Nous avons, ajoutent-ils, lâchement prévenu la Compagnie contre eux par la *Reine* et nous répondrons devant Dieu des mauvaises impressions que nous avons taché de donner d'eux à la Compagnie, à qui ils demandent réparation de l'injure que nous leur avons faite en voulant les faire passer pour des fripons.; ils concluent enfin en nous faisant entendre qu'ils ne sont subordonnés au Conseil supérieur que d'une certaine façon et que le Conseil mériteroit qu'ils n'eussent plus d'égard à sa supériorité. Voilà, Messieurs, à quels termes nous en sommes avec le Conseil de Bengale; c'est à la Compagnie à juger si tout ce qui est avancé dans leur lettre est vray ou non.

Le Conseil supérieur par sa lettre du 31 Mars désapprouve le traité fait avec le Nabab de Moxoudabad pour porter nos matières d'argent à sa monnoye et explique en même temps les raisons sur lesquelles il s'appuye; nos lettres à la Compagnie sont en conformité et ne disent rien de plus sans qu'il nous soit jamais échappé la moindre chose qui puisse intéresser la probité ny l'honneur de personne; c'est sur quoy la Compagnie peut nous rendre justice en se faisant relire tout ce que nous luy avons écrit à ce sujet; nous avons cru devoir faire quelques observations en apostille à la lettre de Mrs. de Chandernagor du 22 Avril, afin de mettre la Compagnie en état d'examiner cette affaire à fond, que le Conseil de Bengale s'efforce d'embrouiller en abandonnant le fond de l'affaire pour se justifier sur des faits, dont on ne l'accuse point.

Nous sommes, etc. Signé: Dumas, Legou, Dirois, Dulaurens, Ingrand, Miran et Golard.

———

<table>
<tr><td>OBSERVATIONS<br>du Conseil sur la lettre<br>cy-contre.</td><td>A Chandernagor, le 22<br>Avril 1738.</td></tr>
<tr><td></td><td>Messieurs,</td></tr>
<tr><td>Article 1er</td><td>1</td></tr>
<tr><td>Il n'y a dans notre lettre<br>du 30 Mars ny injure ny</td><td>Si vous avez vu avec dou-<br>leur notre lettre du 20 Jan-</td></tr>
</table>

expression outrageante et si elle a fait une si forte impression sur l'esprit de Mrs. de Chandernagor et leur a causé une si vive douleur, elle n'a pu être occasionnée que parce qu'ils auront senti qu'ils avoient mal fait et que la Compagnie n'approuveroit pas leur opération.

vier dernier, nous pouvons vous assurer que celle que nous avons ressentie à la lecture de la réponse que vous y avez faite le 31 Mars dernier a été d'une si grande violence que le relâchement s'étoit déja emparé de nous; nous avons longtemps balancé sur le parti que nous devions prendre; revenus de notre première surprise, et faisant réflexion que nous avions des maitres équitables qui nous rendront plus de justice que vous ne faites, nous avons pris le party d'attendre leur décision et de vous faire voir clairement que

2

Cet exposé est faux, il n'y a rien de pareil dans notre lettre où nous n'avons employé aucun terme déshonorant ny offensant pour qui que ce soit.

2

nous ne méritons en aucune façon les diverses qualités deshonorantes que vous voulez bien nous donner et que, suivant l'usage le plus usité d'une correspondance réglée telle que la Compagnie l'exige, vous n'étiez pas en droit de vous servir des termes dont votre réponse est remplie, d'autant moins à propos que nous ne sommes pas vos commis, mais ceux de la Compagnie; nous sommes aussi bien que vous au service de cette Compagnie, M. Dupleix occupe le second poste de l'Inde et plusieurs de nous ont précédé la plupart de ceux qui s'assoyent dans le Conseil supérieur; avec quelle satisfaction devons-nous recevoir les termes offensants dont ils se servent.?

3

Nous serions fort à plain-

3

Le titre de Conseil supé-

dre si étant forcés par la Compagnie à donner des ordres à Chandernagor et et à lui dire notre avis sur leurs opérations nous sommes exposés à recevoir de pareilles réponses.

rieur qu'il a plû à la Compagnie de vous donner ne vous autorise pas à faire si peu de cas d'un nombre d'honnêtes gens qui composent celuy-ci, sur la probité desquels il n'y a jamais eu aucun doute; le titre à

part, ils ne vous cèdent en rien du tout et ne vous doivent rien.

#### 4

Nous avons lu et relu notre lettre; nous n'y trouvons aucun terme ambigu et elle ne veut dire précisément que ce qu'elle dit. Nous désavouons toutes les fausses interprétations que l'emportement voudra lui donner.

#### 4

Cette seule réflexion auroit dû, Messieurs, vous retenir et vous engager à nous dire simplement votre sentiment sans y mettre des termes ambigus auxquels il est facile de donner une interprétation très déshonorante à notre réputation et sans nous faire des menaces que notre conduite nous empêche de craindre ; nous nous attendons cependant à tout le funeste des réflexions que vous nous promettez de faire jusqu'à l'arrivée des vaisseaux d'Europe où nous trouverons prêts à soumettre à qui l'on voudra la gestion des affaires que la Compagnie a bien voulu nous confier. Nous nous attendons aussi à quelque chose de facheux de sa part sur le violent rapport que vous lui avez fait par le vaisseau la *Reine* d'une affaire que vous n'avez pas voulu comprendre; cependant il nous reste encore l'espérance de croire qu'elle ne nous condamnera pas sans nous entendre et que vous ne jouirez pas du plaisir de l'avoir prévenue contre nous d'une manière peu généreuse.

5

Cet article et le précédent sont pleins d'expressions injurieuses au Conseil supérieur, qui n'a rien écrit à la Compagnie de pareil à ce que Mrs. de Bengale supposent faussement. Nous avons désapprouvé, il est vrai, l'achat du *paravana* pour porter nos matières d'argent à la monnoye de Moxoudabad et nous avons expliqué les raisons sur lesquelles nous établissions notre opinion. Ainsi que nous l'avons déja dit cy-devant, ce que nous avons écrit à Bengale, nous l'avons écrit à la Compagnie. Pouvions-nous nous dispenser de le faire ? Mais il est faux que nous ayons attaqué, ou même cherché à rendre suspect la probité de personne; c'est donc sans fondement que Mrs. de Chandernagor nous outragent en nous prêtant une façon de penser si déshonorante pour nous.

6

Sans doute nous ne nous plaignons pas que de cela; tous les autres commentaires que ces messieurs ont fait sont inutiles et n'ont d'existence que dans leur esprit.

Si cette permission a été offerte, il est à présumer que le but du Gouvernement maure est plutôt dans le dessein de nous forcer par la suite à ne plus apporter de Roupies arcatte dans le Gange que dans l'intention de nous obliger; il est encore sur-

6

Voici donc tout notre crime: nous avons obtenu la permission de frapper nos matières à la monnoye de Moxoudabad et cette permission a coûté cinquante mille Roupies.

Il est très vray que nous serions coupables si nous avions, de notre propre mouvement et sans raisons légitimes, cherché cette fabrication dans le temps que la Compagnie avoit obtenu la permission de fabriquer à Pondichéry, mais comme nous l'avons

20

prenant qu'une permission offerte coûte cinquante mil Roupies sicca, après avoir été marchandée pendant six mois; mais ne pourroit-on pas penser que tout cet arrangement n'est qu'une intrigue secrète du courtier Indinaram, qui ayant quelque intérêt particulier dans la conclusion de cette affaire lui aura donné ce biais pour la faire approuver plus facilement, n'y ayant pas d'apparence qu'il parût aux yeux de la Compagnie qu'on eût sollicité la permission de porter nos matières à la monnoye de Moxoudabad, pendant que nous avions à Pondichéry celle de battre monnoye. Il étoit donc absolument nécessaire de luy faire croire que le *paravana* de Bengale n'a pas été sollicité, mais qu'on nous a forcé de le prendre.

déja dit plusieurs fois, elle nous a été offerte et nous avons cru que c'étoit le seul moyen de nous tirer avec honneur d'une affaire disgracieuse.

## 8

Nous ne pouvons nous persuader que la permission de porter nos matières d'argent à la monnoye de Moxoudabad soit un moyen pour faciliter le cours des Roupies arcattes; nous pensons au contraire que c'est un engagement tacite contracté avec le Nabab de Bengale de ne plus porter dans le Gange que des matières d'argent et nous craignons, lorsqu'il verra que nous continuons à porter une grande quantité de Roupies et peu de matières

## 8

Et de soutenir en même temps le cours des Roupies arcattes; d'une façon ou d'une autre, il falloit payer une somme considérable, vous en convenez; elle seroit devenue infructueuse à la Compagnie si la permission de la fabrication n'ayant point été obtenue, le Nabab ou si vous voulez Fatechem eût exigé cette somme chaque année comme un droit sur les Roupies arcattes; ce droit ou ce présent n'en eut pas fait diminuer le *banta* qui

d'argent, qu'il ne nous suscite de nouvelles chicanes fondées sur ce que nous ayant accordé la permission de marquer des Roupies à sa monnoye, nous continuons d'en apporter au coin d'arcatte dont il nous défendra absolument l'usage.

subsiste toujours à la boutique à 10 1/2 °/₀ et dans le bazard à 8. 10as; il n'y a pas de doute que si nous avions jugé qu'un présent même considérable eût pu faire baisser ce *banta* que nous l'eussions fait sans parler de la fabrication à Moxoudabad, mais comment eût été reçu ce présent? comme un droit du passé et l'on eût exigé de nous de ne plus apporter des Roupies arcattes ou d'en payer le droit de 3 1/2 °/₀ que le Nabab vouloit absolument et que plusieurs Patanes, Maures et autres ont payé et que les *Gemidars* ou grands rentiers exigent toujours dans les divers *harams*; ce droit nous parut être une atteinte si forte aux privilèges des Compagnies que nous ne voulûmes pas en entendre parler; nous n'avions cependant pas une autre alternative à prendre; il falloit ou payer ce droit ou porter nos Roupies arcattes à la monnoye. Pouvions-nous, Messieurs, consentir à l'un ou à l'autre et ne sentez-vous pas les suites qui eussent pu en résulter? Nous en sentimes toute la conséquence et vîmes très clairement qu'il en coûteroit une somme très considérable d'une manière ou d'une autre à la Compagnie.

9

Nous n'avons jamais dit ny voulu dire à Mrs. de Bengale qu'il convient de se servir de la voie de force dans cette occasion; mais nous avons voulu leur insinuer que dans une af-

0

La voye de force qu'il paroit que vous eussiez souhaité n'étoit nullement convenable. Nous savions de source certaine que les Maures ne souhaitoient autre chose. Le parti contrai-

faire de cette conséquence, un peu plus de fermeté employé avec prudence auroit été convenable, ne voyant pas qu'ils l'ayent soutenue avec la vigueur que le cas l'exigeoit.

re les surprit el les mit dans le cas d'être les premiers à nous faire des offres ; ils en firent faire d'abord de secrètes par l'entremise de quelques noirs ; l'on fit l'offre à M. Dupleix de la permission de la fabrication ;

c'étoit de la part du *divan* : vous en aurez vu les conditions dans la lettre du 12 Septembre 1737 à M. Burat ; cette négociation ne put avoir lieu et M. Burat nous en proposa une autre que vous verrez détaillée dans ses lettres ; enfin, voyant que rien ne se terminoit et que l'on s'entestoit toujours à vouloir exiger les 3 1/2 ou à porter nos Roupies arcattes à la monnoye, nous écrivimes à M. Burat le 23 Octobre de ne plus faire porter aucune parole à tous les entremetteurs et qu'il eût simplement à leur dire que l'on attendoit l'exécution de leur promesse.

Le 22 Novembre, M. Burat nous fit part des nouvelles offres que l'on étoit venu lui faire ; nous lui répondimes d'en tirer le meilleur parti et de finir une affaire qui ne duroit déja que trop et qui retardoit bien le chargement de nos vaisseaux. Nous remarquâmes en même temps que la somme que l'on demandoit étoit exorbitante ; cette remarque qu'il a sans doute regardée comme peu importante à la conclusion d'une affaire avantageuse dans les circonstances présentes ne l'a pas arrêté et par degré il a consenti de la donner ; que pouvions-nous faire dans cette conjoncture ? Ne point appouver M. Burat, c'étoit rendre l'affaire plus mauvaise. Nous avons plusieurs exemples de l'inutilité de cette démarche, celle qui fut ordonnée par le Conseil supérieur au sujet des avanies criantes faites au sieur Malescot ne servit qu'à faire mépriser la nation et à la déshonorer pour toujours peut-être et l'on peut l'assurer que si l'on

n'avoit pas fait une démarche si peu méditée dont l'on savoit ici quel en auroit été le résultat, que la Nation seroit sur un autre pied, mais la crainte de la désobéis-
sance fit oublier tout et l'on exécuta fort inutilement les
ordres du Conseil supérieur.

Que pouvions-nous dire à M. Burat? Ne savions-nous
pas qu'il faudroit toujours payer une somme considérable et plutôt que de la rendre inutile, ne valoit-il pas
mieux en tirer un avantage dont on pourroit user en
temps et lieu?

Lorsque vous aurez vu nos lettres et les siennes, si
vous voulez bien nous rendre justice pour un moment,
vous conviendrez que nous ne pouvions faire autrement
et que d'une très mauvaise affaire nous en avons tiré
un parti auquel nous ne devions pas nous attendre en
aucune façon.

### 10

Ce n'est pas la permis-
sion de porter nos matières
d'argent à la monnoye de
Moxoudabad que nous trou-
vons par elle-même désho-
norante à la nation, mais
c'est le ridicule que cette
opération nous donne par-
mi les autres nations; quoi,
disent-ils, les françois a-
près bien de la peine et des
intrigues ont enfin obtenu
de battre monnoye au coin
de l'Empereur à Pondi-
chéry et à la première difficulté qu'on leur suscite,
ils abandonnent cette permission pour faire un traité

### 10

Vous le trouvez déshono-
rant pour la nation; per-
mettez-nous de vous dire
que la prévention vous a
fait avancer ce paradoxe et
que bien loin de l'avoir
déshonorée, cette permis-
sion l'honore infiniment et
a surpris toutes les nations,
qui ne pouvoient se per-
suader que nous eussions
pu si bien terminer cette
malheureuse affaire; nous
ne voyons pas en quoi elle
rend inutile la permission
que vous avez de fabriquer
à Pondichéry: au contraire,
nous avons prétendu et

qui y est contraire.

## 11

Quelle chimère! C'est à Mrs. de Bengale à qui l'on doit, disent-ils, l'idée d'obtenir la permission de battre monnoye à Pondichéry et ils nous renvoyent pour le prouver à des extraits de leurs lettres des années 1734 et 1736. M. Dupleix a oublié sans doute qu'il y a plus de vingt ans qu'on avoit travaillé inutilement pour l'obtenir, que lui-même en 1724 avoit fait toutes les dépenses et apprets nécessaires pour aller en ambassade à Arcatte et que tout devint inutile, la négociation ayant échoué.

## 12

Nous désavouons cette citation qu'on ne trouvera dans aucune de nos lettres et il n'est pas véritable que nous ayons pu ni voulu insinuer à qui que ce soit que les personnes qui composent le Conseil de Bengale étoient fols ou fripons.

nous le prétendons encore la soutenir mieux que jamais.

## 11

Pourquoy voulez-vous que nous détruisions notre ouvrage? A qui la Compagnie doit-elle la première idée de votre fabrication? A qui la devez-vous? Donnez-vous la peine, Messieurs, de lire l'extrait cy-joint des lettres que nous avons eu l'honneur de vous écrire en différents temps; n'est-ce pas à nous à qui elle et vous en avez l'obligation? Quel avantage, quel intérêt particulier pourrons-nous retirer en détruisant ce que nous avons si bien commencé? Dites-le nous, s'il vous plaît.

## 12

Nous ne sommes ny fols ny fripons ainsi que l'on voudroit l'insinuer; notre conduite ne s'est point démentie un moment; nous avons cherché tous les moyens de soutenir notre ouvrage et n'avons jamais abandonné de vue les inté-

rêts de nos maîtres. L'on
ne vous a jamais écrit qu'il falloit envoyer icy toutes les
matières qui nous seroient destinées; il semble cependant suivant votre lettre que nous l'eussions fait; permettez-nous de vous dire que la prévention, pour ne
pas nous servir d'autres termes, ne vous a pas laissé la
liberté de penser sur ce point ainsy que sur bien d'autres; prenez la peine de relire nos lettres, celles que
nous écrivons à la Compagnie, vous y trouverez que
nous vous demandons cette année la moitié de matières
en espèces. Si cette part vous paroit bien forte,
réduisez là au tiers, même au quart. Il suffit qu'il
paroisse que nous portions au *Tancasel* de Moxoudabad
trois à quatre mil Roupies.

### 13

N'est-ce pas avec justice que nous nous plaignons de n'avoir été informés que superficiellement d'une affaire de cette importance. Mrs. de Bengale nous renvoient pour en être éclairés aux lettres qu'ils écrivent à la Compagnie. Nous avons recouru à ces lettres et nous trouvons qu'ils renvoyent la Compagnie à la correspondance de Chandernagor avec Cassimbazard et ils ne nous envoyent point de copie de cette correspondance. N'est-ce pas là se moquer véritablement de nous ?

### 13

Lorsque que vous aurez vu les lettres de M. Burat et les nôtres vous y trouverez toutes les raisons que vous nous dites que nous devions alléguer; il est vray que

## 14

Mrs. de Chandernagor peuvent-ils douter un instant que le Nabab de Bengale ne soit parfaitement informé que nous marquons des Roupies à Pondichéry? il n'y a personne dans l'Inde qui l'ignore; plusieurs vaisseaux de ce Nabab sont venus à Pondichéry y vendre leur cargaison et ont pris des Roupies à notre monnoye; Mrs. de Bengale nous supposent icy faussement en contradiction avec nous-mêmes. Par notre lettre en apostille du 28 Juin art. 4, nous leur disons que la proposition qu'ils nous font de mettre une marque particulière sur nos Roupies, qui les distingue des Roupies arcattes, ne convient pas. Est-ce là dire qu'il faut faire un mistère aux Maures de la permission que nous avons à Pondichéry de battre Roupies ce qu'ils n'ignorent surement pas? L'extrait cy-joint de notre lettre du 28 Juin fera connaître à la Compagnie que nous ne méritons pas le ridicule qu'ils s'efforcent de nous donner.

## 14

nous n'avons pas osé avancer que vous aviez eu la permission de fabriquer à Pondichéry. Vous nous en aviez fait sentir la conséquence par votre lettre en apostille du 28 Juin dernier. Nous sommes surpris de vous voir sitôt changer de sentiment et oublier ce que vous nous avez écrit alors. Il est très certain que si nous avions fait la sottise d'avancer que vous aviez obtenu cette permission, l'affaire ne se seroit point tournée comme elle a fait. Nous avons toujours dit que c'étoit des Roupies arcattes et que si la monnoye de Moxoudabad souffroit de la perte, elle étoit réparée par le bénéfice que faisoit celle d'Arcatte et qu'ainsy le Roi n'en souffroit aucune.

Nous sommes mortifiés que les raisons que nous alléguons à la Compagnie pour soutenir notre conduite, vous paroissent frivoles et aisées à détruire. Nous espérons qu'elle voudra bien en nous rendre plus de justice que vous et que persuadée comme elle l'est de notre zèle pour son service, quand même elle les trouveroit telles que vous les nottez, elle ne se servira pas à notre égard des termes et des expressions dont il vous a plû très gratuitement de remplir votre lettre.

Notre seul et unique but nous dites-vous, Messieurs, devoit être de faire rétablir l'ancien *banta* des Roupies arcattes. A qui nous adresser pour y parvenir et quel étoit le dessein du Nabab et de ses adhérans? N'étoit-ce pas d'empêcher absolument que l'on apportât dans son gouvernement de ces sortes de Roupies? Eussiez-vous voulu que nous nous fussions engagé à indemniser le Nabab ou Fatechem de la perte que l'introduction de ces espèces lui apporte? Croyez-vous que cent mil Roupies eussent suffi annuellement?

<table>
<tr><td>

**15**

Par le mot d'autrement nous entendons beaucoup de bonne volonté et un peu plus de fermeté pour soutenir le cours des Roupies arcattes et nullement une déclaration de guerre au Nabab; n'y avoit-il nul milieu entre une guerre déclarée et un acquiescement si facile à sa volonté et au payement de cinquante mille Roupies sicca?

</td><td>

**15**

Nous ne voyons cependant pas d'autres moyens de rétablir ce *banta* et l'autrement que vous mettez après les présents ne nous est point connu, à moins que vous n'entendiez par là une déclaration de guerre au Nabab. Si tel est votre dessein, vous pouvez vous en servir; mais, s'il vous plaît, ne nous rendez point responsables des suites qui en pourront résulter; ce

</td></tr>
</table>

n'est point du tout notre sentiment; il est conforme à celuy de la Compagnie, qui comme nous en sent toute la conséquence; cecy n'est pas Moka, ceux qui pensent de même se trompent infiniment et l'on peut dire qu'ils n'ont aucune connoissance du pays.

Sur quoy fonde-t-on que les Roupies arcattes pourront par la suite reprendre leur cours, si ce n'est sur le traité ou sur la permission que nous avons obtenue? L'on pense que les défenses ne seront plus si rigoureuses et que l'argent passant avec plus de facilité dans les *harams*, ces espèces pourront se rétablir; les Roupies sicca que nous donnerons à nos marchands rendront encore cette monnoye plus courante par la raison qu'ils ne seront plus obligés de changer les Roupies arcattes en sicca, soit pour payer leurs dettes soit pour en avoir pour les endroits où le commerce ne se fait qu'en Roupies sicca. Cette espérance paroit cependant encore fort éloignée et le nouvel ordre que Fatechem vient d'obtenir en fait désespérer. Il est dit dans cet ordre que Fatechem sera le seul dans le Bengale qui pourra donner des lettres de change et changer les Roupies arcattes en sicca. Jugez, Messieurs, si avec un pareil ordre l'on peut espérer que les Roupies arcattes se rétabliront sur l'ancien pied.

La permission que nous accorde le Nabab de porter notre argent à la monnoye est si peu une obligation de notre part envers luy que luy et ses adhérans, craignant que nous n'en fissions trop porter, vouloient nous limiter une somme, à quoy nous n'avons pas voulu consentir ainsi que vous le verrez dans nos lettres à M. Burat. Fatechem ne souhaite autre chose que nous n'apportions aucune matière à la monnoye; c'est lui rendre un service essentiel; le *banta* à 10 1/2 o/o lui assure un bénéfice certain sur la nouvelle fabrication des Roupies arcattes en sicca; il y gagne plus que sur les matières d'argent. Ne craignez donc rien de ce coté là, pourvu qu'il paroisse la quantité que nous avons déjà eu l'honneur de vous marquer, vous pouvez être en sureté; mais nous craignons que les marchands ne s'en contentent point; c'est de là que nous appréhendons toutes les difficultés.

16

Mrs. de Bengale par leur lettre du 3 Septembre 1737, nous ont marqué eux-mêmes de solliciter à la cour des ordres pour avoir le libre cours de nos Roupies, par le canal de Nizammoulouk et de notre Nabab, Alydostkan, et que ce seroit un moyen assez puissant pour faire cesser dans le Bengale toutes les difficultés du Nabab de Moxoudabad; ce n'est plus la même chose aujourd'huy; leurs idées sont changées et ces ordres quand nous les obtiendrions seroient inutiles.

Nous ne comprenons pas comment Nizammoulouk, votre Nabab, et Ymansaheb pourront être irrités contre vous; leurs sollicitations à la cour ne sont pas arrêtées. Nous souhaitons qu'ils réussissent, mais nous prévoyons que tout ce qui pourra les facher, ce sera l'inutilité des ordres qu'ils pourront obtenir de la Cour, sur quoy ce Nabab en présence de tous les officiers du Dorbar a pris une précaution, qui rompra le col à tout ce que l'on pourra écrire ou faire contre lui.

17

Quelle apparence qu'on puisse persuader que les Roupies arcattes et madras ne soient que du titre des Piastres, surtout dans un pays où ces deux sortes d'espèces sont si connues et l'épithète de bonne qu'il plait à Mrs. de Bengale de donner à la déclaration dont ce Nabab s'est muny n'empêchera pas qu'on ne soit partout convaincu de la fausseté.

Il est muni d'une bonne déclaration des essayeurs comme quoi les Roupies arcattes et madras ne sont que du titre des Piastres; qu'elle soit vraye ou fausse, ce sera toujours une pièce dont il se servira avec avantage et dont il peut résulter un ordre de la cour qui proscrive toutes les Roupies étrangères et ne donne de cours qu'à la Roupie sicca; si cet ordre a lieu comme on le doit craindre, on se trouvera bien heureux que nous ayons fait le grand mal dont vous nous accusez.

Puisque vous vous étiez attendu, Messieurs, aux orages et aux oppositions, qui devoient s'élever au sujet de vos Roupies, pourquoi, s'il vous plaît, n'avez-vous pas eu la bonté de nous prescrire la conduite que nous devions tenir? Nous nous en fussions servis, si elle avoit été convenable au pays et aux circonstances. Vous ne devez pas ignorer que nous avons des ordres à ce sujet de la Compagnie, qui nous donne la liberté de faire l'usage de vos ordres suivant que nous les trouverons convenables à la situation des affaires; elle nous permet aussi d'agir de même sur ceux qu'elle pourroit nous donner. Sa façon de penser est suivant les règles de la prudence; elle juge que, comme nous sommes sur les lieux, nous devons mieux savoir qu'elle et que vous les différents biais que l'on peut donner à une affaire et la manière de la terminer. Vous mêmes, Messieurs, et vos prédécesseurs ont pensé ainsy. Toutes les lettres ne font mention d'autre chose et l'on a toujours laissé à la prudence de notre Conseil de terminer le mieux qu'il luy sera possible les mauvaises affaires que l'on pourroit susciter. Le Conseil supérieur s'est une seule fois éloigné de cette route naturelle, l'exécution de ses ordres au sujet de l'affaire de Malescot déshonora la nation.

C'est donc suivant ceux de nos maîtres que nous avons agi dans la dernière affaire; ils nous y autorisent; ainsi c'est d'eux que nous attendons le blâme ou le remerciement. Quand même nous eussions agi contre vos ordres, ce que nous n'avons pas fait, vous ne pouvez, en conséquence de leur intention, nous blâmer de ne les avoir pas suivis, parce que sans doute nous ne les eussions pas trouvés convenables à la situation des affaires. Supposons, s'il vous plaît, pour un moment, que nous eussions pu attendre vos réponses pour la conclusion de cette affaire; elles ne nous fussent parvenues qu'à présent. Trois mois peut-être ne suffiroient pas pour mettre vos ordres à exécution, c'est-à-dire terminer suivant vos intentions et si ces intentions ne convenoient point et qu'il fallut d'autres réponses, où cela ne nous mèneroit-il pas? Comment pourrions-nous fournir la cargaison des vaisseaux qui nous seront destinés? Pensez-vous que la Compagnie se contenteroit des raisons que nous pourrions luy donner touchant l'hivernage de ses vaisseaux? Sur l'attente de vos ordres, elle nous renvoyeroit sans aucun doute à ceux qu'elle nous a cy-devant donnés et nous n'aurions en vérité rien à lui répliquer. L'avantage perdu d'une vente en France n'est point comparable aux sommes que la cupidité des Maures nous force à leur payer de temps en temps.

### 18

Notre argent dans les *harams*, dans les grands chemins et sur les rivières n'est pas entre les mains du Nabab ainsi qu'il le sera à la monnoye de Moxoudabad ; de plus, cet argent ayant été délivré aux marchands est censé leur appartenir et il y aura toujours beaucoup plus de difficultés à le faire arrester entre leurs mains qu'à la monnoye.

### 18

Notre argent à la monnoye de Moxoudabad n'est pas plus en risque que dans les *harams*, dans les chemins ou sur la rivière. Quand le Nabab veut se faire payer des Européens, les moyens ne luy manquent point. Il a bien su faire arrêter celuy qui a causé toute l'affaire quoiqu'il fut escorté de quatre soldats. Il est le maître dans l'étendue de son gouvernement ; le moindre de ses ordres est exécuté dans toute la rigueur, ainsi sa tirannie ne laisse pas plus de sûreté dans un endroit que dans un autre ; nous sommes à sa mercy et de l'humeur dont il est ou plutôt ses adhérans. Nous nous trouvons heureux de n'être pas plus vexés. Si les Hollandois avoint

senti l'inconvénient que vous craignez touchant les droits
sur le commerce que nous faisons, il y auroit longtemps qu'ils eussent cessé de porter leurs matières à la
monnoye ; il n'a jamais été question d'une pareille crainte et voilà la première fois que nous en entendons
parler.

Voilà, à ce que nous croyons, répondre à toutes vos
objections et au crime que vous voulez bien nous faire
de gaieté de cœur. Nous ne pouvons sentir les autres
choses que vous auriez bien encore à nous dire ; soyez
persuadés que nous y répondrions avec la même facilité
et que malgré tout ce que vous pensez et pouvez dire,
nous sommes très persuadés d'avoir tiré la Compagnie
d'un très mauvais pas et de l'avoir mise à même de
choisir suivant les occurences ou la fabrication à
Pondichéry ou celle du Bengale.

19

Quand même la Compag-
nie trouveroit à Bengale le
même bénéfice à porter ses
matières à la monnoye de
Moxoudabad qu'elle trouve
à Pondichéry, il y auroit
encore de grands inconvé-
nients à livrer chaque année tout son argent entre
les mains des Maures ; mais
nous avons lieu de croire
que ce bénéfice se réduira
à bien peu de choses. Le
compte cy-joint, que Mrs.
de Bengale nous ont remis,
et la conversion d'une partie d'argent en Roupies sicca,
nous confirment dans cette

19

Car enfin ne devez-vous
pas convenir que si ce Nabab obtient n'importe de
quelle façon ou donne un
ordre de proscrire absolument les Roupies arcattes,
que la Compagnie se trou-
veroit réduite à porter comme à l'ordinaire ses matières à Bengale et en passer
par la volonté de Fatechem
ou du *séraf* qui tiendroit
sa place, si elle n'avoit pas
comme elle l'a à présent la
faculté de porter son argent
à la monnoye ? Vous avouez
qu'il eut fallu faire des présents ; n'est-ce pas avoir

opinion, puisque quatre mil Piastres pesant 440 marcs 5 ou 3 gr. ou 9.272 Rs. sicca 14/16 de poids portées à la monnaie de Moxoudabad n'ont produit net que 8.017 Roupies sicca 14/16; cette même quantité d'argent vendue à raison de 207 Roupies sicca pour le poids de 240 sicca, qui est le prix de vente le plus ordinaire, rendent 7.997 Rs. sicca 13/16. Ce n'est sur 8.000 Roupies que 20 Rs. de bénéfice qui reviennent à 2 1/2 pour mille, ce qui est très peu de chose. Pour trouver une raison à ce peu de bénéfice, Mrs. de Bengale pensent et disent qu'on les a trompés dans cette conversion; nous verrons si à l'avenir ils seront traités plus fidèlement. Ne pourroit-on point aussi faire quelqu'attention aux dépenses qu'il faudra faire pour porter son argent de Chandernagor à Moxoudabad et aux risques qu'il peut y avoir à courir ?

agi avec prudence que d'en tirer un avantage que pendant l'espace de cinquante ans on n'avoit pu obtenir ? Nous vous le répétons encore, nous ne sommes engagés à rien. Nous avons une simple permission. Nous sommes les maîtres de porter une telle quantité que nous le jugerons à propos. On ne peut nous contraindre à rien du tout et si vous trouvez que c'est trop que la moitié que nous vous avons demandé, réduisez-le, l'année qui vient, si les Roupies arcattes reprennent faveur. Nous le réduirons ainsi petit à petit; on se restreindra à n'envoyer que ce qu'il faudra pour Cassimbazard où tout le commerce se fait en Roupies sicca et où il ne convient point que nous fassions paraître des Roupies arcattes pendant les mouvements présents.

### 20

Tous ces malheurs que Mrs. de Bengale semblent craindre étoient faits pour

### 20

Nous pensons ajouter à toutes les précédentes raisons que si nous n'avons

nous seuls; car les Anglois qui n'ont jamais sollicité ny voulu accepter le *paravana* pour porter leurs matières à Moxoudabad ont toujours continué à faire leur commerce en Roupies madras et arcattes, et malgré tous ces grands inconvénients exposés ici avec tant d'emphase, toutes les Roupies que nous avons envoyées à Chandernagor ont été distribuées dans le commerce à 8 o/o de *banta* de la Roupie courante. Il est cependant vray que la démarche que nous avons faite à Chandernagor d'acheter si cher la permission de porter nos matières à la monnoye du pays jointe à la défense que M. Dupleix a faite à ses vaisseaux revenant de Perse, Jedda et de Manille de prendre des Roupies à Pondichéry et de préférer de convertir leur argent en Pagodes, a causé pendant quelque temps un discrédit au cours de ces Roupies.

pas pris le party de terminer comme nous l'avons fait, qu'il eut été impossible de faire aucun contrat avec nos marchands, à moins de consentir, comme ils le vouloient avec juste raison, à ne leur donner la Roupies arcatte que sur le pied de la Roupie courante, telle qu'elle est effectivement dans les bazards et dans les *harams*. Quelle perte pour la Compagnie si nous avons consenti à cette demande ainsi que vous nous l'avez fait entendre par votre précédente lettre.! Quand et comment eussions-nous pu les rétablir sur le pied ordinaire et à quoi eut servi la monnoye de Pondichéry si ce n'est à la destruction du commerce de la Compagnie à Bengale ? Nous nous sommes bien donné de garde de tomber dans une pareille bévue, qui eût été adhérer entièrement aux volontés de Fatechem; à force de prières et de sollicitations, nous sommes convenu avec les marchands qu'ils prendroient la Roupie arcatte à 8 °/o de *banta* de la courante et la sicca à 14. 6 as. Nous eussions pu pousser le *banta* de la dernière jusqu'à 17. Mais nous avons considéré que ce seroit faire tomber la Roupie arcatte et la réduire à la courante, ce que nous voulons absolument éviter, notre unique but étant de soutenir cette dernière autant qu'il sera en notre pouvoir.

Il est encore bon de vous remarquer, si l'arrêt des bateaux portant les Roupies arcattes précédé de la défense du cours de ces espèces avoit eu lieu avant le temps que nous fîmes les avances aux marchands, qu'ils n'eussent point consenti à les prendre que sur le pied de Roupies courantes; mais comme la plupart les avoient déjà fait passer dans les divers endroits de commerce et qu'ils les avoient reçues sur le pied de 8 °/₀ de *Banta*, ils se contentèrent de se plaindre sans insister sur le dédommagement. Ceux qui n'avoient pas été si prompts que les autres à faire marcher leur argent en supportèrent toute la perte; quelques uns essayèrent de les faire passer, cinquante Roupies à la fois portées dans des ceintures, d'autres croyant mieux faire les faisoient mettre dans des vieilles *panelles* couvertes de riz; outre les risques infinis qu'ils couroient, il leur en coûtoit beaucoup, et souvent ceux qui en étoient porteurs revenoient n'ayant pas osé franchir les passages gardés; d'autres qui ne vouloient point courir aucun risque alloient prendre des lettres de change chez Fatechem. Ils commençoient à payer 10 1/2 °/₀ de *banta*, ensuite 1 1/2 jusqu'à 2 1/2 pour le change de la lettre; de cette façon de 100 Roupies arcattes ils n'en faisoient pas 87. Quelles pertes! Croyez-vous, Messieurs, qu'un tel commerce puisse se soutenir longtemps et qu'à un aussi grand mal il ne falloit pas apporter un prompt remède; ces difficultés, ces pertes jointes à l'ouragan ont retardé la fourniture des marchandises de plus d'un mois et nous sommes encore à comprendre comment les marchands en ont pu venir à bout: aussi les regarde-t-on comme ruinés et Fatechem en est si persuadé qu'il a défendu à ses *gou-*

*mastas* ou agents de prêter à aucun marchand de Bengale, de Chinchura, d'icy et de Calcutta. C'est la gracieuse situation où les pertes qu'ils ont faites sur les Roupies arcatte les a mis ; si l'accomodement que nous avons eu le bonheur de faire ne leur faisoit pas envisager moins de perte par la suite, ils n'eussent pas consenti à payer la moitié de la dépense.

### 21

Que de fureur et d'emportement ! Est-ce ainsi qu'un inférieur doit écrire à un supérieur. Comme ce n'est qu'en vertu de l'autorité que la Compagnie nous a confiée que nous donnons des ordres à Bengale, c'est à elle à venger l'autorité blessée et la façon injurieuse avec laquelle Mrs. de Chandernagor nous traitent ; on peut lire et relire notre lettre, l'on n'y trouvera rien de pareil à ce que ces Messieurs prétendent faussement y avoir trouvé, ny que nous ayons voulu les faire passer pour des fripons ; on peut refuser d'allouer une somme pour avoir été dépensée mal à propos, sans pour cela attaquer ny blesser la probité de celuy qui a fait la dépense.

### 21

Autorisés comme nous sommes par la Compagnie à traiter ou accommoder toutes les mauvaises affaires qui se présentent, nous sommes dans la dernière surprise de voir comme vous terminez toutes vos réflexions sur l'affaire en question. Vous ne nous allouerez pas, dites vous, aucune des dépenses que nous avons faites à ce sujet. Croyez-vous que nous sommes à votre service ou vos domestiques ? D'où tirez-vous s'il vous plaît cette autorité ? Est-ce votre bien ou celuy de l'Etat que nous gérons ? Sera-ce vous qui serez juges dans cette affaire ? Non. Nous avons des maîtres à qui nous en appellerons. Ils seront nos juges et nous leur demanderons réparation de l'injure que vous nous faites, en voulant nous faire passer pour des fripons, puisqu'il n'y a que cette qualité qui puisse obliger de ne pas allouer une somme, et en nous traitant comme les derniers des hommes, vous répondrez devant Dieu et devant les hommes des mauvaises impressions que vous avez tâché de donner de nous à nos maîtres, par la lettre que vous avez sans doute écrite par la *Reine*, à laquelle vous saviez bien que nous ne pouvions répliquer.

Un supérieur qui s'éloigne de l'attention qu'il doit avoir pour ceux qui ne lui sont subordonnés que d'une certaine façon, qui ne ménage point les termes, qui tâche de le déshonorer, qui ne veut examiner une affaire de la dernière conséquence que suivant ses préjugés, mériteroit que le subalterne n'eût plus d'égards à sa supériorité jusqu'à la décision de leur maître commun. Mais non, soumis à vos ordres, nous ne nous en écarterons pas, quelque sujet que nous en ayons.

L'arrivée de la *Reine* â Pondichéry et son départ pour France que vous nous apprenez, nous rendent plus tranquilles sur le sort de ce vaisseau. Nous ne pouvons faire que des vœux pour son heureuse traversée et pour celle des autres, qui vous font appréhender des vents du S. O.

Ce qui nous est revenu du bas de la rivière et que le sieur Lahaye n'a pu charger sur son vaisseau, fait, avec ce que vous avez reçu, le complément de notre facture. Nous ne nous sommes jamais servi d'autres jarres pour le beurre et l'huile que de celles que nous vous avons envoyées, qui sont les jarres que l'on fait dans le pays. Cependant nous aurons soin qu'elles soient faites de terre mieux cuite et moins sujettes aux avaries.

Nous chargerons sur le vaisseau le *Fulvy* le plus que nous pourrons de gonis, cordes et ficelles.

Nous ferons payer au charpentier, suivant vos ordres auxquels nous l'avons renvoyé, comme vous le verrez par notre dernière, ses appointements depuis le 25 Juillet.

Nous avions différé jusqu'à présent de lui allouer sa demande parce que nous n'avions aucune pièce certificative qu'il eût servi à Pondichéry sans avoir rien reçu et qu'il est d'usage ici, comme chez vous, de ne payer un officier que du jour de sa réception.

Nous ferons remettre les 82 Pagodes 23 fanons et 19 caches que vous avez retirées de la succession et nous vous en débiterons.

Il n'est pas possible de choisir le riz comme on le voudrait. Les Anglois en font charger de si grandes quantités et les Maures nous inquiètent si souvent à ce sujet que nous prenons celui que nous pouvons attraper furtivement à droite et à gauche, l'ouragan ayant rendu cette denrée moins abondante.

22

Ce sont de pareilles avanies qui peuvent naître à chaque instant et qui doivent nous faire craindre de livrer chaque année notre argent entre les mains des Maures, qui causeroient toujours un grand dommage à la Compagnie s'ils s'avisent de le retenir pendant quelques mois.

Que tout ce que Mrs. de Bengale disent dans cet article est déplacé! C'est bien dans de pareilles occasions que la Compagnie prétend qu'ils soient subordonnés ou qu'ils soient obligés d'attendre nos ordres. Il nous est impossible de

22

Vous avez ci-joint copie de deux lettres que nous avons reçues il y a quatre jours de Cassimbazard. Vous y verrez de quelle façon le Nabab ou ses adhérans se conduisent avec les européens et combien, pour une bagatelle, ils font paraître de violence. Nous avons écrit à M. Burat que nous attendions le résultat de son entrevue avec le Nabab. Nous craignons bien qu'il ne les garde prisonniers. Voici l'affaire dont il s'agit : Une femme et son fils faisant service de coulis *rayottes* de cette colonie furent trouvés morts dans

traiter à l'avenir aucune affaire ny continuer la correspondance avec des esprits si peu raisonnables et si aigris. leur maison; il y a toute apparence qu'ils soient morts dans la nuit, sans qu'on puisse dire par quel accident, ne s'étant trouvé aucune blessure sur leurs corps.

A midi, leur porte étoit encore fermée, les voisins voyant cela sont devenus inquiets, ils ont poussé la porte un tant soit peu, qui s'ouvrit d'elle même; ils aperçurent que ces deux personnes étoient mortes. On en donna avis au *cotwal* de l'aldée qui en informa le *gemidar* et celuy-ci M. Dupleix, qui donna ordre d'attendre qu'il se présentât quelqu'un de leurs parents et que pour lors on enterrât ces défunts. Trois ou quatre parents sont venus, les ont vus et n'ayant pas ce qui étoit nécessaire pour l'enterrement se retirèrent pour l'aller chercher; ils ont été deux jours sans reparoitre. Ces cadavres restoient ainsi sans sépulture; les voisins et les *Chokidars* vinrent en informer M. Dupleix disant qu'ils ne pouvoient ni boire ni manger pendant que ces corps morts seroient dans cette maison, que les parents des défunts ne paroissoient point; sur quoi M. Dupleix dit à ces voisins de les enterrer à la manière des Maures, et l'on fit fournir pour cela la toile nécessaire aux dépens de la Compagnie; beaucoup de Maures ont été dans cette maison, ont lavé les cadavres, ont fait les prières ordinaires et les ont enterrés suivant la coutume. Après l'enterrement, les parents de ces défunts vinrent et voyant qu'ils étaient enterrés dirent: ce qui est arrivé est arrivé, il faut seulement sçavoir qui a donné la mort à ces gens; on a fait des perquisitions inutilement sans découvrir de quelle façon cela était arrivé et nous n'avons pu y parvenir; ces gens ensuite ont été porter leur plainte au *faussedar*; le chef de la justice et autres officiers sont venus pour prendre connaissance et examiner cette affaire; ils ont fait toutes les perquisitions possibles et n'ont pu rien découvrir. Ils se sont trans-

portés sur les lieux de la sépulture sans empêchement
de qui que ce soit et tout l'exposé de la requête au
Nabab est absolument faux dans tous ces points. Il est
bon de vous remarquer que cette femme était publique
et se prostituait au premier venu.

Vous pouvez voir, Messieurs, par ce détail si l'affaire
demandait une telle violence de la part du Nabab. Nous
vous avouons que nous sommes très embarassés sur le
parti que nous devons prendre; quel serait encore notre
embarras s'il fallait attendre vos réponses pour la terminer! Cet échantillon de la tiranie du gouvernement doit
vous faire voir combien peu nous sommes maîtres de faire ici ce que nous souhaiterions. Vous nous ferez plaisir
de nous dire votre sentiment sur cette affaire et de nous
prescrire pour la suite la conduite que nous devons
tenir dans de pareilles occasions. Nous la suivrons ponc-
tuellement, ne voulant plus rien prendre sur notre
compte; c'est trop nous exposer; cependant comme celle
cy demande célérité pour éviter la dépense d'une petite
armée, qui est malgré nous à nos gages, nous travaille-
rons, après les réponses de M. Burat reçues, à la terminer d'une façon ou d'autre; nous aurons soin de vous
informer de la façon dont elle se sera terminée.

Nous n'avons pas encore de nouvelles que le vaisseau
portugais soit sorti; de deux vaisseaux hollandais qui
devaient sortir, l'un est rentré et va remonter devant la
loge hollandaise, ainsi il ne leur parviendra cette année
que quatre vaisseaux: trois à Batavia et un en Europe.

Nous avons reçu l'extrait de la lettre de M. M. Martin
et Cornet avec l'état de ceux qui sont morts à Bassora;
nous sommes vivement affligés de ces fâcheuses nouvelles, qui nous font encore appréhender des suites plus
funestes. Dieu veuille nous en garantir.

Le duplicata de votre lettre du 2 Octobre dernier ne
nous est parvenu qu'hier avec votre lettre du 5 du même
mois.

23

C'est avec cette fermeté qu'il fallait agir pour soutenir le cours des Roupies arcattes, affaire si importante pour tout le commerce de la Compagnie.

à Pondichéry, le 15 8bre 1738.

Nous sommes etc... Signé: Dumas, Legou, Dirois, Dulaurens, Ingrand, Miran et Golar.

23

Nous ne pouvons, Messieurs, vous dire comment cela finira. Nous prenons le parti de tirer le plus que nous pouvons en longueur et si les Maures n'outragent pas davantage M. Burat, nous n'entrerons en composition avec eux que lorsqu'ils se restreindront à quelque somme modique, ce que nous n'osons cependant pas espérer; au contraire, les discours qu'a tenus Agy Hamed nous font présumer qu'il a envie d'exiger une somme exhorbitante, laquelle cependant nous sommes dans la résolution de ne payer qu'à la dernière extrémité et lorsque nous nous y verrons forcés d'une façon qui nous mette à l'abri de la plus rigide censure, celle de votre dernière lettre nous empêche de prendre aucun parti qu'à l'extrémité, peut-être les Maures seront longtemps à se déterminer à nous faire violence. Ainsi avant d'être obligés de finir avec eux, il se pourrait que nous eussions le temps de recevoir votre réponse. Nous vous prions de nous la faire ample, sans ambiguité et décisive, afin que nous sçachions à quoi nous en tenir.

Nous avons l'honneur etc... Signé: Dupleix, Godeheu de Zaimon, Barthélémy, Renault, de St. Paul, Guillaudeu et par le Conseil: Aubry.

RÉPONSE DU CONSEIL SUPÉRIEUR.

A Pondichéry le 15 8bre 1738

Messieurs,

I

Nous avons appris avec plaisir l'arrivée de tous les vaisseaux de la Compagnie à l'Orient et l'heureux succès de la vente. Il n'arrivera jamais à la Compagnie autant de prospérité comme nous lui en désirons.

L'usage de répondre les lettres à my marge nous a toujours paru très convenable pour bien suivre les affaires sans oublier aucun article, nous le continuerons puisque la Compagnie le désire.

LETTRE DE LA COMPAGNIE AU CONSEIL SUPÉRIEUR DE PONDICHÉRY

A Paris, le 30 8bre 1737.

I

La Compagnie a reçu, Messieurs, par les vaisseaux l'*Apollon*, le *Dauphin* et le *Phœnix* heureusement arrivés à l'Orient les 9, 12 May et 12 Juillet derniers, les deux lettres que vous lui avez écrites les 10 et 20 8bre 1736 et les quatre autres en date du 25 Janvier dernier, avec toutes les pièces qui devaient y être jointes conformément aux inventaires.

Elle voit qu'en conséquence de ses ordres vous avez repris dans votre lettre générale du 25 Janvier tous les articles de vos deux précédentes. Comme il lui paraît cependant, tout considéré, que vous n'en avez pas eu pour cela moins d'écritures à faire et que, de son côté, elle trouve qu'elle se reconnait encore plus aisément par des réponses en apostilles à ses lettres, vous reprendrez, s'il vous plaît, votre ancien usage, et répondrez la présente à my-marge.

Elle va par la présente vous faire réponse aux articles qui l'exigent et vous faire part en même temps de la quantité de fonds et de vaisseaux qu'elle se propose d'expédier d'ici en Janvier prochain, ainsi que de ses intentions sur l employ que vous en devez faire.

Avant d'entrer en matière, il convient de vous informer suivant l'usage que les autres vaisseaux qu'elle attendait cette année sont pareillement arrivés à bon port, Sçavoir:

Le *Comte de Toulouse* et la *Duchesse* venant de Chine le 12 Juillet;

Le *Griffon* le même jour avec son chargement en café de l'isle de Bourbon;

La *Thétis* de Mahé et la *Paix* de Bengale le 29 du même mois.

Et *l'Amphitrite* venant aussi de Bengale est entrée dans le port le 17e Aoust sans avoir un seul malade. Ce vaisseau n'a point touché à l'Isle de France.

La vente de leurs chargements et celui de la *Reine* resté de l'année dernière a été faite à l'Orient le 23 7bre et jours suivants avec tout le succès qu'on en pouvait espérer. Nous nous référons entièrement aux observations que M.M. les Directeurs ont faites sur les marchandises de votre envoy et sur la façon dont il convient que soient assortis les chargements que vous ferez dans la suite.

Nous ne vous dirons rien de la situation des affaires d'Europe; les gazettes de France et de Hollande que nous vous envoyons à l'ordinaire ainsi que les Mercures vous en instruiront amplement.

## VAISSEAUX ET COMMERCE D'EUROPE.

2

Le vaisseau le *Comte de Toulouse* commandé par M. Butler a mouillé en cette rade le 6 May; le *Saint Géran* le 11 Juin, la *Du-*

2

Suivant les promesses que la Compagnie vous a faites notamment par les dernières lettres du commencement de cette année, *chesse* le 9 Juillet, le *Phœ-nix* le 10 Aoust, la *Paix* le 8 7bre, la *Thétis* le 10, l'*Apollon* le 28 et le *Dauphin* le 3 8bre. Nous avons reçu par ces différents vaisseaux les lettres que la Compagnie nous a fait l'honneur de nous écrire les 30 8bre, 20 et 27 9bre, 10 Xbre 1737, 15, 18, 25 et 29 Janvier, 17 Février et 10 Mars et toutes les pièces y jointes suivant les inventaires. Le parti que M. Butler a pris de relâcher au cap de Bonne Espérance, qui l'a tait arriver à cette coste un mois plus tôt, nous a fait bien plaisir et procure à la Compagnie une cargaison de plus pour cette mousson. Il est de la dernière conséquence que les trois quarts des fonds nous soient parvenus chaque année au mois de Juin au plus tard, sans quoi il ne faut point compter sur des retours considérables en 8bre et ce sera toujours avec beaucoup de peine et de difficultés que nous pourrons même employer pour Janvier suivant des fonds qui ne nous parviendront, comme cette

elle se propose d'expédier d'ici en Janvier prochain les onze vaisseaux cy après avec 240.000 marcs de matières d'argent, Sçavoir:

POUR PONDICHÉRY.

Le *St. Géran,* Capitaine Aubin Duplessis 600 Ts.
Le *Phœnix,* Richard Butler . . . . 780
La *Paix,* Bouexiere le Cadet . . . . 600
L'*Apollon,* Magon de la Métrie . . . . 550
Le *Dauphin,* Desplancher . . . . 468 } 207.000 Mcs.

POUR CHANDER-NAGOR.

Le *Comte de Toulouse,* Butler . . . . 600
La *Duchesse,* Monic 500
La *Thétis,* Pennelen de Prigem . . . . 550

POUR CHINE.

Le *Fulvy,* Tortil . . 600
Le *Penthievre,* Morellet 600 } 28,000 Mcs.

Pour les Iles de FRANCE et de BOURBON

Le *Griffon,* Thériat de Poilly . . . . 145    5.000 Mcs.

Mcs. 240.000

année, qu'en Aoust et 7bre. Le *Comte de Toulouse* est parti le 30 May pour Bengale avec 240.000 Roupies arcattes; nous y avons aussi envoyé par le *St. Joseph* qui est parti 12 jours après, 15.000 marcs de matières. Aussitôt l'arrivée du *Comte de Toulouse* nous avons aussi envoyé par l'*Aventurier* 30.000 Pagodes aux comptoirs de Mazulipatam et Yanaon où nous avons encore fait passer depuis par l'*Indien* 24.000 Pagodes; nous avons pareillement, aussitôt l'arrivée du premier navire, acquitté plus de 80.000 Pagodes que nous avions empruntées, ce qu'il convient de faire chaque année pour le soutien de notre crédit.

Desquels 240.000 Mcs. vous en recevrez 40.000 par le *St. Géran* et 40.000 par le *Comte de Toulouse*.

Indépendamment de ces fonds la Compagnie fera charger sur ces vaisseaux tous les effets et marchandises contenus dans vos états de demandes et ceux des autres comptoirs, suivant qu'il est d'usage.

M. Despremenil et Mrs. Cazaubon et Behic vous remettront les factures et connaissements des matières d'argent et des effets qui vous seront destinés.

Vous recevrez encore à l'ordinaire des officiers des états majors et des maîtres et pilotes des cinq vaisseaux qui vous sont adressés 6.600 Piastres par chaque navire pour leurs grands ports permis; à l'égard des petits, la Compagnie n'y a apporté aucun changement.

3

Tous ces fonds ont été absorbés par l'envoi considérable que nous avons fait l'année dernière à la Compagnie.

3

Nous apprenions avec plaisir qu'après l'expédition du *Phœnix*, il vous restait en caisse 150.000 Pagodes indépendamment des poivres, des marchandises d'Europe et de la coste et de l'envoi de 50.000 piastres que vous avez fait à Moka.

4

Nous avons informé la Compagnie l'année derniére des suites de l'expédition de Moka et du partage que nous avons fait des sommes retirées des Arabes; nous attendons les ordres de la Compagnie à cet égard.

4

Depuis la réception de vos lettres nous avons reçu par voie du Caire, celles de M. Ingrand et de la Garde Jazier, en date du 20 Mars dernier, par lesquelles ils nous informent de l'heureux succès de leur entreprise; que le traité de capitulation qu'ils ont fait et dont ils attendaient la ratification rétablit la Compagnie à perpétuité dans tous ses anciens privilèges, entre autres de ne payer que 2 1/2 % de droits sur toutes marchandises de quelque pays qu'elles puissent venir, de plus la restitution de tout ce qui luy a été pris injustement par Faqui Ahmed et de tout ce qu'il a exigé de la nation française depuis 1730 au delà des 2 1/4 %, ce qui se monte à 82.000 piastres. M. Ingrand ajoute que le caffé était tombé de prix; qu'il ne valait que 80 à 90 piastres le *bohard*, et que s'il n'augmentait pas il en chargerait plus de 500 milliers. Ce qui reviendra à la Compagnie pour sa part et portion de ces 82.000 piastres joint aux fonds restant après l'expédition du *Phœnix* et à ceux que nous vous avons envoyés par les derniers vaisseaux, tant en matières d'argent qu'en marchandises, vous auront mis en état de faire passer à Mahé et autres comptoirs ceux dont ils auront eu besoin pour travailler à l'avance à l'achat des poivres et marchandises nécessaires pour former les cargaisons. D'ailleurs les ordres que nous vous avons donnés de prendre tous les engagements que vous trouveriez convenables nous font espérer que nous recevrons tous nos vaisseaux bien chargés dans le courant de l'année prochaine, même le *Jupiter* et le *Héron*, ne pensant pas que vous vous soyez déterminés à renvoyer ce dernier à M. de La Bourdonnaye, quand vous aurez été instruit qu'il a le *Duc d'Anjou* pour charger les cafés de l'Isle de Bourbon.

### 5

Conformément à ce que M. Dumas vous a marqué, nous vous expédions dans cette mousson le *Duc de Bourbon* avec 3.505 balles de café et les vaisseaux le *Phœnix* et le *Géran* chargés de... balles de marchandises de cette coste; si les fonds nous étaient parvenus plus tôt, nous aurions pu vous en expédier un quatrième.

### 5

Nous avons d'autant plus lieu de compter sur le retour de nos vaisseaux que M. Dumas nous indique, par ses lettres des 15 et 24 Février dernier reçues par voye d'Angleterre, qu'il espère avoir 3 à 4.000 balles prestes à charger dans le courant de ce mois et qu'il expédiera tous les vaisseaux dans la première mousson à moins que la misère qui règne à la coste ne s'oppose à ses opérations.

### 6

Tous ces tableaux dressés à Paris sont la plupart du temps très éloignés de notre situation réelle.

### 6

Pour mettre ce que nous venons de vous dire dans un plus grand jour par ces articles et vous faire connaître sensiblement nos idées sur l'emploi de nos fonds et le compte que nous en faisons ici par spéculation, nous avons dressé le tableau ci-joint de votre situation à commencer depuis le départ du *Phœnix* jusqu'à celle où nous comptons que vous vous trouverez après que vous aurez fait l'expédition des vaisseaux que nous allons vous adresser.

### 7

Nous n'avons pas reçu cette année dans son temps le bilan du comptoir de Chandernagor, aussi nous n'avons point été informés des poivres ni des fonds qui leur restaient après l'expédition du dernier vaisseau. Nous leur avons remis 250 M. de poivres et 183 M. de bois rouge ; nous leur ferons passer encore quelque partie de poivre suivant la quantité que nous recevrons de Mahé par les vaisseaux que nous en attendons.

### 7

Vous vous conformerez pour leurs chargements aux dispositions dont nous vous avons fait part par nos précédentes, c'est à dire que vous donnerez aux trois vaisseaux destinés pour Chandernagor 400 à 450 milliers de poivres avec leur lest en bois rouge et que des cinq qui vous sont adressés,

### 8

Ayant besoin d'un navire d'Europe à Moka, nous y avons envoyé le vaisseau le *Bourbon*, que nous étions d'ailleurs dans l'impossibilité de charger faute de de marchandises et de fonds.

### 8

le *Dauphin* comme le plus petit chargera, s'il est possible, l'annuel en café de Moka ou à son défaut *l'Apollon* avec 2 à 300 balles de la coste assorties ; le *Phœnix* et le *Saint Géran*, attendu leur grand port, rapporteront ensemble au moins 3.000 balles assorties relativement au projet envoyé pour un vaisseau de 500 tonneaux, sans tirer aucune balle de marchandises de Bengale.

### 9

Pour exécuter ce que la Compagnie nous prescrit dans cet article, il aurait

### 9

Et sur les deux autres, qui sont la *Paix* avec *l'Apollon* ou le *Dauphin*, vous

fallu garder le *St. Géran* pour la mouson de Janvier, n'ayant point de marchandises en quantités suffisantes pour donner au *Phœnix*....

....................................1.700 balles, à *l'Apollon* et au *Dauphin*...........1.200 au *St. Géran*.......... .1.200

                ——

ce qui fait..............4.100. Nous avons crû qu'il valait mieux faire partir les deux plus grands vaisseaux en octobre, le *Phœnix* et le *St. Géran*, et de renvoyer au mois de Janvier la *Paix* et *l'Apollon* et le *Dauphin* avec tout ce que nous pourrons ramasser de marchandises et bondés de poivres.

répartirez également et par assortiment une quatrième cargaison de onze à 1.200 balles et les ferez passer à Mahé pour s'y bonder de poivres vieux. Bien entendu que tous ces vaisseaux auront leur lest en bois rouge et salpêtre, et que vous vous conformerez au surplus pour la quantité et qualité des marchandises de leur cargaison aux observations de Mrs. les Directeurs députés pour la vente.

10

Il nous restera après l'expédition des vaisseaux de cette année peu ou point de fonds. La Compagnie nous a remis l'année passée un fonds de 500.000 Pagodes ; notre retour a été de 523 416 P. 20 f. à quoi il faut ajouter 100.000 Pagodes que nous avons envoyées à Bengale au delà de ce que vous nous aviez ordonné d'y remettre. La remise de cette année est d'environ 100.000 Pagodes et notre retour sera

10

L'intention de la Compagnie étant de travailler sur un plan de commerce constant, nous vous avons marqué, par nos dernières, que c'est sur un pareil nombre de vaisseaux au moins que vous devez compter annuellement, et prendre d'avance vos mesures en conséquence pour leur procurer de bonne heure des chargements à peu près semblables. Il vous sera d'autant plus aisé de le faire que nous

de 5 à 600.000. Il faut ensuite ajouter les dépenses, pendant deux ans et les intérêts sur divers vaisseaux; ainsi si la Compagnie veut nous mettre en état de travailler d'avance, il faut qu'elle proportionne son envoi au retour qu'elle nous demande et la quantité et la la grandeur des vaisseaux qu'elle nous expédie. Par exemple, suivant son tableau; le retour qu'elle demandait pour 1737 devait être de 788.000 Pagodes et son envoy dans cette année n'est que de 503.000 Pagodes. Le retour qu'elle nous demande cette année est de 500.000 Pagodes; nous avons lieu de croire que les cinq vaisseaux que nous avons à expédier chargeront davantage. Nous ne les passerons cependant que pour cette somme cy ................................................................500.000 Pas.

vous enverrons toujours des fonds suffisamment pour être en état, après l'expédition des vaisseaux, de payer au moins le quart des nouveaux contrats à faire. C'est la situation où nous comptons, comme vous le verrez par le tableau cy-dessus, que vous vous trouverez après le départ des vaisseaux que nous vous adressons, et s'il arrivait dans la suite que nous vous envoyassions un plus grand nombre nous augmenterions par proportion l'envoi des fonds.

Notez, que depuis cette lettre écrite nous avons acquitté pour 70.000 Pagodes de lettre de change tirée de Moka pour le montant de la cargaison du vaisseau le *Bourbon* pour laquelle M. G. Dumas a fourni tout l'argent nécessaire, et que nous avons envoyé à Bengale environ 100.000 Roupies.

La Compagnie suivant son tableau nous
comptait en avance de ...................................115/mil
   Envoi de nos fonds à Bengale. .................100/mil
   Intérests dans le voyage de Chine.............25/mil
   Idem dans celui de Manilles ...................20/mil

                                760/mil

Voilà donc tous les fonds reçus cette année employés
à peu de chose près, cependant il faut incessamment
remettre à Mahé pour l'année prochaine cy...100/mil Pgs.
envoyer à Mazulipatam et Yanaon,
au moins.................................................................40/mil
   à Moka..................................................................50/mil
Et il serait enfin nécessaire que nous eussions pour don-
ner en avances à nos deux corps de marchands, aux
mois de Janvier et Février, au moins 200/mil Pagodes.
De ce calcul succint et en gros, la Compagnie doit conclure que lorsqu'elle nous demande un retour de 500/mil
Pagodes, elle doit nous faire une remise de 7 à 800, si
elle veut qu'il nous reste des avances pour l'année suivante.

### 11

Le coton a toujours continué de valoir 32 à 35 Pagodes le *bar* pendant le courant de cette dernière année et les grains n'ont point baissé de prix, de sorte que la famine et la misère ont toujours continué et la difficulté d'avoir des marchandises a été plus grande que jamais. Quantité d'aldées où il y avait beaucoup de tisserands ont été ruinées

### 11

Nous voyons qu'il ne s'est pas rencontré peu de difficultés à la fourniture des marchandises que nous avons reçues cette année, tant par la cherté des cotons et sévérité à la visite dont il ne convient pas de vous relâcher, que par les troubles qui ont régné dans le Tanjaour et les achats que les Anglais et les Danois ont faits indistinctement de tou-

par l'armée du Nabab, qui est toujours dans le Tanjaour et d'autres ont été encore détruites par la misère.

tes sortes de marchandises. Nous ne doutons pas que ce ne soient les circonstances qui vous ont forcé de donner aux marchands une Pagode et demie par *courge* de plus sur les guinées, sorte hollandaise; ainsi nous ne pouvons désapprouver cette augmentation, non plus que celle de 325 Pagodes que vous avez accordée sur le blanchissage des toiles fournies en 1735, par votre délibération du 26 Avril 1736 ; nous vous observerons seulement qu'il convient de remettre les guinées sur l'ancien pied dès qu'il sera possible de le faire.

## 12

Ces pièces vous seront envoyées par chaque vaisseau. Le vin rouge de cette année était très mauvais, les 3/4 de celuy en barrique s'est trouvé aigre et tourné.

Continuez à nous envoyer chaque année les procès verbaux qui seront faits à bord de nos vaisseaux de l'ouillage des boissons, ainsi que l'état du vin distribué aux employés. Nous vous envoyons la quantité de vin de Bordeaux et d'eau de vie que vous nous avez demandée, tant en barriques qu'en bouteilles et nous espérons que vous en serez contents. Indépendamment des trente barriques employées dans votre état pour Mahé, nous avons ordonné l'embarquement de 20 autres que ce Conseil nous a demandées. Le *St. Géran* prendra à Cadix les quatre vingt bottes de vin de Xèrès de cargaison portées par votre état et trente cinq autres pipes pour partie de ses victuailles de retour.

## 13

Rien de mieux que de vendre du corail à Patna

Quoique la vente du corail ne soit pas à beaucoup

puisqu'il y a encore du bénéfice, mais comme la différence du prix auquel il est à cette coste avec celuy qu'il se vend à Bengale est considérable, nous craignons qu'on ne le rapporte à Madras ou ailleurs, ce qui ferait un tort considérable à la vente du nôtre.

près si avantageuse à Patna qu'à la coste où nous voyons que vous en avez vendu 23 caisses à un très bon prix, ce n'est, cependant pas une raison pour n'en pas envoyer au Conseil de Chandernagor pour ce premier endroit, puisqu'il s'y trouve encore un bénéfice honnête et que

d'ailleurs vous ne pourriez de longtemps trouver la défaite de la quantité que vous en avez en magasin; nous pensons donc que vous devez en envoyer annuellement à Chandernagor la quantité que vous croirez que l'on pourra vendre à Patna et, pour vous mettre en état d'y satisfaire, nous vous en ferons passer au moins 40 caisses l'année prochaine; vous n'en recevrez point par les vaisseaux de cette expédition.

## 14

Des cent balles de draps londrins que vous nous avez envoyées par le *St. Géran*, qui se sont trouvés bon pour la qualité, mais plusieurs manquent par la couleur, nous en avons vendu la moitié à une Pagode 12 fanons l'aune. Nous espérons vendre dans peu le reste. Il s'en est trouvé huit balles d'avariées suivant le procès verbal cyjoint; ces draps avariés ont été vendus à l'encan et il

## 14

Nous y ferons charger cent balles de draps londrins conformes aux échantillons de vos marchands que vous nous avez envoyés; on nous a assurés qu'ils seront de bonnes couleurs et bien assortis. Vous nous marquerez s'ils ont été trouvés tels. Nous approuvons le parti que vous avez pris d'envoyer aux Manilles six balles de ceux qui vous restent et dont les couleurs ne conviennent point à la

n'y a point eu de perte quoiqu'ils fussent très gâtés. Vous en trouverez ci-joint l'état de la vente.

Nous vous demandons pour l'envoy de 1740 encore 150 balles de ces draps; mais nous vous prions qu'on ait plus d'attention à exécuter le mémoire que nous vous envoyons à ce sujet.

Nous ne vendons point les trente-quatrains ni les vingtains quoique nous en ayons baissé le prix. M. de Labourdonnaye nous a encore remis par le vaisseau la *Paix* 59 balles de draps vingtains.

coste. Vous nous direz sans doute ce qu'ils y auront été vendus. Il vous reste une si forte quantité de draps trente quatrains et vingtains que nous ne pouvons vous désapprouver d'en baisser le prix de quelques fanons par aune, pour en trouver le débouché, surtout des premiers que le Conseil de Chandernagor nous marque être fort décriés dans le pays ainsi qu'à Patna. Nous souhaitons que les 24 balles qu'il se proposait d'envoyer à Surate pour essay aient pu y être vendues, comme aussi qu'il ait été possible, tant de votre costé que du sien,

d'en faire prendre aux marchands.

Quant aux 27 balles mi-fin dont nous voyons que vos marchands n'offrent qu'un très bas prix, n'étant contents ny de la qualité ni des couleurs, rien n'est mieux que le parti que vous avez pris d'en envoyer quatre balles en Perse pour essay. Vous nous informerez du prix qu'on les y aura vendues. Nous ne vous enverrons plus de ces draps, ni des autres, que vous n'en demandiez.

15

Il ne nous reste plus de fer d'aucune qualité, nous en avons demandé l'année dernière à la Compagnie par notre lettre du 19 Oc-

15

Puisqu'il vous reste une quantité considérable de fer en magasin et qu'ils sont de peu de défaite à la coste et même à Sura-

-tobre 1737 que nous comptons recevoir par le premier envoy. Il a été très bien vendu à Surate et passablement aux Manilles, vous en trouverez ci-joint le compte de vente; ainsi la Compagnie peut nous en envoyer en 1740 la même quantité qui nous aura été envoyée en 1739.

-te, nous nous donnerons bien de garde de vous en envoyer; nous sentons que c'est une nécessité que vous en baissiez le prix pour en pouvoir vendre concurremment avec les Danois; nous observerons aussy de ne vous point envoyer d'acier, puisque les gens du pays aiment mieux celui qui vient des terres, attendu qu'il est à meilleur compte.

Quant aux fers de Champagne dont nous voyons qu'il n'y a que celui d'un pouce en carré qui pourrait vous convenir, si vous n'en avez pas vendu la petite partie que nous vous en avons envoyée, faites la passer à l'Isle de France où elle sera consommée pour les services de la Compagnie.

### 16

Nous informerons la Compagnie de l'usage que nous aurons fait des cuirs qu'elle vient de nous envoyer.

### 16

Nous avons inutilement fait chercher à l'Orient le cuir de Russie que vous marquez nous envoyer pour montre. Les officiers du *Phœnix* à qui on l'a demandé ont dit n'en avoir aucune connaissance; vous auriez dû le faire employer sur le connaissement de ce vaisseau. Nous ne laissons cependant que de vous en adresser quatre cent des plus parfaits, avec une centaine d'autres cuirs dont on se sert ordinairement ici pour les brides de chevaux et mulets; vous nous ferez sçavoir ce que les uns et les autres auront été vendus et s'ils sont tels qu'il vous les faut.

### 17

Ce n'est pas sans beau-

### 17

Nous ne pouvons assez

coup de peine que nous avons soutenu cette année le prix des matières d'argent à 7 Pagodes 5 fanons et 7 Pagodes 6 fanons la *serre*; les gens d'Arcatte et d'Allamparvé ne nous en offraient que 7 Pagodes trois fanons, mais nous avons constamment refusé d'en vendre à moins de 7 Pagodes 5 fanons 1/2 la *serre*; nous en avons fait passer à Madras des parties de 20/mil Pagodes successivement les unes aux autres que nous avons adressé au Révérend Père Thomas, qui nous a bien servy dans cette occasion, et tout notre argent jusqu'à présent a été vendu à 7 Pagodes 6 fanons 1/2 et 7 Pagodes 6 fanons. Cette augmentation de 5 fanons par *serre* sur une partie d'argent aussi forte que celle que nous avons reçue cette année ne laisse pas que de faire une somme assez considérable. Les dépenses pour envoyer tout cet argent à Madras n'ont pas monté en total à 100 Pagodes.

Il a été frabrique à votre monnaye cette année vous témoigner notre satisfaction sur le prix auquel vous avez vendu les matières d'argent et sur la permission que vous avez obtenue de fabriquer des Roupies à Pondichéry. Nous sentons tout l'avantage qui en résultera pour le commerce de la Compagnie et tout l'honneur que ce privilège fait à la nation française. Nous sentons aussi que s'il était d'une grande conséquence de pouvoir frapper ces Roupies au coin d'arcatte, c'était en même temps un article qu'il y avait tout lieu de craindre de ne pas obtenir; enfin on ne peut assez admirer le désintéressement et la grandeur d'âme avec lesquels Imam Saheb s'est employé auprès du Nabab pour lever tous les obstacles. Nous approuvons le traité que M. Dumas a fait avec lui à ce sujet le 17 aoust 1736 et que vous avez ratifié. Nous ne doutons pas que l'engagement qu'il a pris de fournir chaque année à Citizorékan, par chaque vaisseau d'Europe qui chargera à Pondichéry pour faire son retour en France,

1.420.112 Roupies arcattes.

Mrs. de Bengale nous ont marqué par leur lettre du 14 Juin qu'elles y reprenaient faveur ; nous espérons que petit à petit le cours s'en rétablira sans aucune difficulté. M. Guillard a marqué à M. le Gouverneur, par sa lettre du 29 Aoust dernier, qu'il avait changé ses Roupies à 300 pour 100 Pagodes, ce qui est un bon prix.

pour 50 mil Pagodes de matière d'argent sur le pied de 7 Pagodes 2 fanons la *serre*, ne soutienne le prix de l'argent et ne l'empêche de tomber à 7 Pagodes 1 fanon et même 7 Pagodes comme il a été ci-devant.

Nous approuvons aussi la dépense de 27.968 Roupies que vous nous marquez avoir été faite à l'occasion de l'obtention de ce *paravana* dont nous pensons bien que les fils du Nabab et ses *serafs* ont cherché à traverser l'exécution de même que les marchands de Madras.

### 18

Nous avons reçu ces effets ; une des glaces s'est trouvée cassée ayant été mal conditionnée dans la caisse. Nous les distribuerons à ceux pour qui ils sont destinés lorsqu'il sera à propos.

### 18

Pour donner aux Nabab et Seigneurs de sa Cour des marques de notre reconnaissance, nous vous envoyons par ces vaisseaux divers présents convenables, suivant l'état cy-joint, pour leur être présentés de la part de la Compagnie en tout ou partie, quand et comme M. Dumas le jugera à propos.

La Compagnie voulant aussi reconnaître le zèle avec lequel vous nous marquez que le sr. Elias s'est conduit dans cette négociation, quoiqu'il ne soit point à son service, vous verrez par le dernier état qu'elle lui envoye quelques présents que M. Dumas lui fera délivrer. Elle a encore jugé à propos pour récompenser Pedremodéliar de tous les mouvements qu'il s'est donnés dans cette

occasion de lui envoyer par ces vaisseaux, comme à Indinaram, une chaîne avec une médaille représentant le Roy,
dont M. Dumas le décorera en plein Conseil, avec toute
la cérémonie qui convient en pareil cas.

19

La Compagnie recevra le mémoire qu'elle demande. Le sieur Miran qui a la direction de la monnoye est chargé d'y travailler.

19

Nous voyons avec plaisir qu'outre le bénéfice de près de 7 p. o/o, qui se trouve sur la conversion en Roupies des fonds que l'on fait passer à Bengale, il s'en trouvera encore un à votre monnoye (dont il n'a jamais été question à celle d'Allemparvé) qui ira sur le poids de cent *serres* de matières jusqu'à 54 Roupies plus ou moins, suivant le titre des Piastres que nous vous ferons passer; nous avons fait faire ici sous les yeux de M. Grassin, directeur général des monnayes du royaume, divers essays des différentes montres de Piastres que vous nous avez envoyées ainsi que des Roupies de votre monnoye, mais comme ces différentes épreuves ne se sont point rapportées avec les vôtres, vous nous ferez plaisir de nous remettre en réponse un mémoire exact sur la façon dont opèrent vos essayeurs pour parvenir à connaître le titre des différentes matières.

Vous nous remettrez aussi quelques Roupies d'Arcatte, de Madras et autres dont nous souhaitons faire faire ici des essays comme nous avons fait des vôtres pour connaître le rapport qu'il y a entre les titres des unes et des autres. Quoiqu'il en soit, chaque pays a sa façon de travailler et notre dessein n'est point d'apporter aucun changement à la vôtre, puisque la Compagnie s'en trouve bien et que vous nous assurez que vos Roupies sont absolument au même titre de celles d'Arcate.

20

L'essayeur que nous vous

20

Ce peu de rapport entre

avions demandé nous devient inutile, les opérations de nos monnayeurs étant justes puisqu'on a trouvé qu'elles s'accordaient ensemble parfaitement; nous continuerons d'opérer à l'avenir comme nous avons fait jusqu'à présent.

vos essays et les nôtres nous faisant néanmoins craindre que l'essayeur que vous nous demandez et que nous ne pourrions nous procurer tel qu'il le faudrait qu'avec beaucoup de peine et de dépenses, ne vous devienne un sujet inutile par sa façon de travailler différente de la vôtre. Nous ne vous en ferons point passer que vous ne nous confirmiez en réponse que vous en avez indispensablement besoin. Au surplus nous approuvons le réglement du 26 décembre 1736 que vous avez fait pour votre monnoye. Le parti que vous avez pris de suivre à cet égard ce qui se pratique dans les monnoyes de l'Inde, tant pour la fonte que pour les essayeurs et orfèvres; et de faire avec eux un bail de trois ans, nous convient sans contredit beaucoup mieux que de faire fabriquer aux frais de la Compagnie.

21

Nous n'avons eu en vue dans cette proposition que l'avantage de la Compagnie et l'accroissement du commerce de la colonie.

21

Quant au fonds de trois à 400/mil Roupies d'une part et à celui de 50/mil Pagodes d'autre part que vous nous exposez qu'il serait nécessaire que la Compagnie eût toujours dans sa caisse à Pondichéry, tant pour ses vaisseaux que pour ceux des particuliers et pour faire des prêts aux marchands de la colonie dans les occasions où ils en auraient besoin pour acheter des marchandises des vaisseaux qui viennent à la coste, nous sentons qu'il n'en peut résulter que de l'avantage pour elle par l'augmentation de commerce que ces facilités procureroient mais comme elle ne pense point à vous envoyer quant à présent un fonds aussi considérable destiné pour ces seuls employs, c'est à vous à distribuer ceux qu'elle vous fait passer de façon à vous trouver toujours en état de profiter des occasions pouvant lui procurer un bénéfice certain. Ce que vous proposez de donner aux marchands qui prendront des Roupies à votre monnoye quelque chose de plus sur leurs matières qu'ils n'en trouveroient à Allemparvé peut sans doute y contribuer en vous attirant le plus grand nombre, mais n'y a-t-il point lieu de craindre que ce véhicule n'indispose le Nabab contre vous et ne fasse trop sentir aux Maures l'avantage qui résulte de la fabrication des Roupies ? Ce sont choses que nous soumettons à votre prudence et à vos réflexions.

22

La prix de l'argent étant augmenté et nos fanons disparaissant continuellement, nous les avons réduits à 183 à la *serre*, ce qui produit 7 Pagodes 15 fanons par *serre*.

22

Nous ne pouvons qu'approuver votre délibération du 10 Novembre, qui établit 175 fanons à la *serre* au lieu de 173, puisque c'est un bénéfice pour la Compagnie en même temps qu'un moyen pour conserver ces fanons dans la Colonie.

23

Il convient que les effets appartenant à ceux qui viennent à mourir pendant la traversée de France aux Indes ne soient remis que dans l'endroit pour lequel ils sont destinés. Souvent ils y ont des parents ou des engagements, ou sont chargés de lettres et effets pour des particuliers du lieu où

23

Quoique le Conseil de l'Isle de France nous marque positivement que nonobstant ce que le sieur Lobry vous a exposé, il n'a reçu dans la dite isle de tout ce qui pouvait appartenir à la succession du sieur Jonchée que quatre barriques de vin provenant du vaisseau le *Maurepas* qu'il a fait ren-

ils viennent; par exemple, il s'était embarqué un domestique sur le *Phœnix* à M. Dumas, qui était chargé de quelques petit effets pour luy. Ils se trouvent perdus ou confondus avec ses hardes restées à l'Isle de France.

dre au *Phœnix* à son retour et un coffre rempli de linge et vieilles hardes à l'usage de ce capitaine avec quelques outils pour son habitation, dont le montant de la vente qui est de 2.208 Lvs. 8 s. 5 d. a été passé au crédit de son compte comme étant débiteur de la Compagnie, nous le blâmerons cependant d'avoir fait cette retenue, attendu que dans pareil cas (et c'est l'esprit de l'article 2 du titre 7 du réglement de la Marine) il est d'autant plus juste que les effets et deniers du défunt soient remis dans l'endroit où le vaisseau doit prendre son chargement pour faire son retour en France, que la table doit être continuée pendant tout le voyage aux frais et dépenses de la succession, sauf à la Compagnie, si c'est un de ses débiteurs, à se payer par elle-même sur ce dont elle aura à tenir compte à ses héritiers; quoiqu'il en soit, nous approuvons que vous ayez refusé au sieur Lobry de l'autoriser à emprunter pour achever de remplir le port permis du sieur Jonchée et que vous luy ayez seulement fait payer les 60 Pagodes dont il avait besoin pour achat de vivres nécessaires pour la table. Nous nous en ferons tenir compte par les héritiers mais nous leur allouerons le même bénéfice sur le produit de la vente des hardes à l'Isle de France que si le montant en avait aussi été remis à la caisse de Pondichéry à compte du port permis du dit sieur Jonchée. Au surplus, l'art. 3 du titre 22 du Réglement portant seulement de remettre à la caisse du premier comptoir où les vaisseaux toucheront le produit total des inventaires des gens de l'équipage, qui mourront pendant la campagne, sans qu'il soit fait mention de ceux des officiers de l'Etat major qui décéderont, le sieur Lobry et son écrivain au-

raient dû en conséquence présenter requeste au Conseil
de l'Isle de France pour demander que les effets du sieur
Jonchée n'y fussent point débarqués.

## COMMERCE D'INDE EN INDE

|  24  |  24  |

Nous avons rendu compte à la Compagnie l'année dernière de cette expédition. La Compagnie ayant reçu comme elle vous l'a dit ci-dessus, des lettres de M. Ingrand et de la Garde, qui l'informent de l'heureux succès de l'expédition de Moka et du traité fait avec les Arabes, en présence d'officiers autorisés de l'Imam, duquel ils n'attendaient plus que la ratification pour se faire payer des sommes convenues, se retirer dans leurs vaisseaux et ouvrir ensuite le commerce, il est inutile de vous entretenir sur plusieurs circonstances que vous nous marquez avoir précédé cette expédition, comme le traité que vous aviez fait par délibération du 15 Février 1736 concernant le *St. Joseph*, qui n'a pas eu lieu et la part que vous et les armateurs avez prise en conséquence, l'impossibilité où M. Ingrand se serait trouvé sans le sieur Vincent de charger les cafés et de s'embarquer, lui même avec les employés et effets de la Compagnie, les embarras où vous vous êtes trouvés par rapport au choix du vaisseau d'Europe que vous destineriez pour Moka, les difficultés de vous procurer toutes les munitions de guerre et de bouche nécessaires, les différentes mesures que vous avez prises pour la réussite de cette entreprise que nous approuvons et enfin les secours considérables que vous avez trouvés à Mahé, tant en vivres qu'en soldats; nous n'entrerons même dans aucun détail sur ce qui s'est passé à Moka depuis le jour de l'arrivée de nos vaisseaux jusqu'à celuy de la date des lettres de M. Ingrand et de la Garde; nous vous observerons seulement que le traité

étant fait et exécuté suivant le projet que nous en avons,
il nous paraît que c'est tout ce que l'on pouvoit exiger
des Arabes, de qui le nom de la nation sera sans doute
assez respecté et craint à l'avenir pour faire avec eux
un commerce tranquille et avantageux. Quoiqu'il en soit,
nous vous confirmons que l'intention de la Compagnie
n'est plus d'entretenir ce comptoir par les raisons
qu'elle vous a détaillées dans sa lettre du 30 Octobre
1736, mais seulement d'être intéressée de moitié dans
les armements particuliers qui se feront pour ce commerce, ainsi qu'elle vous l'a cy-devant marqué.

## 25

Quand on entreprend une affaire de cette conséquence, il faut en venir à son honneur. Un navire de la
grandeur du *Maurepas* é-tait nécessaire pour en im-
poser aux Arabes. Il faut aussi considérer que tous
les capitaines de vos vais-seaux ne sont pas également propres pour de pa-reilles opérations, qu'il y
en a même qui n'y convien-nent point du tout. Quant
au vaisseau le *Héron*, la Compagnie ne devait pas
ignorer que c'est M. de La Bourdonnaye qui, de son
propre mouvement, l'a des-tiné pour ce voyage et fait
embarquer un détachement dessus et envoyé à la coste
malabare où il a joint le

## 25

Au surplus, nous ne pou-vons nous empêcher de
vous observer ici que, no-nobstant les raisons que
vous nous marquez vous avoir déterminé à destiner
le *Maurepas* pour cette ex-pédition, ce n'a pas été
sans peine que nous som-mes vus privés cette année
du retour d'un vaisseau d'un aussi grand port et
nous avons appris que non contents d'un bâtiment aussi considérable et de deux navires de l'Inde, vous aviez
encore pris le parti de les faire accompagner du *Héron*, qu'il aurait beaucoup mieux convenu aux intérêts
de la Compagnie de nous renvoyer avec un chargement de marchandises de

*Maurepas*… Pensez-vous, Messieurs, que cette expédition ne nous ait causé beaucoup d'embarras et de travail? Elle a été suivie d'un très heureux succès, a fait dans toute l'Inde un honneur infini à la nation. la coste. Nous ne pouvons nous persuader, comme nous vous le disons ci-dessus, que vous luy ayez encore donné cette année une autre destination que celle de nous le renvoyer.

Cependant on nous blâme d'avoir retenu le *Maurepas* et d'y avoir joint le *Héron*. Lorsque l'on veut une chose il faut aussi vouloir les moyens. Les vaisseaux que nous avons destinés pour cette expédition ont été à peine suffisants pour y porter tout ce qui était nécessaire; sur ce que la Compagnie nous écrit à cette occasion, nous n'avons à l'avenir d'autre parti à prendre que celui d'abandonner de pareilles entreprises.

### 26

Cet ordre n'a pu jusqu'à présent être mis à exécution. Quoiqu'il en soit, l'ordre que vous avez donné à M. de la Garde d'arrester un des vaisseaux de Cheleby, maure de Surate, successeur de Maimet Aly, nous paraissant fondé par les raisons que vous nous détaillez, nous souhaitons que vos premières nous apprennent que cet ordre a eu son exécution; nous souhaiterions aussi que celui des deux vaisseaux, le *Maurepas* et le *Héron*, qui n'aura pas chargé les cafés à Moka eut touché à son retour à Mahé, avec le *St. Pierre* et l'*Indien*, pour y remettre toutes les Piastres qu'ils auront rapportées et y prendre les poivres que l'on aurait pu leur donner.

### 27

Nous avons parlé cy-devant de la vente du fer à Manille et à Surate; à l'é- Vous nous faites d'autant plus de plaisir de nous dire que vous avez fait charger

gard de celuy envoyé à Moka, il a donné 100 % de
bénéfice, suivant le compte
cy-joint.

en magasin dont vous ne
nous souhaitons que cette
avantageusement pourqu'il
d'autre. Quant aux 120 milliers que vous vous proposez
de charger à fret pour Manille sur le *Chancarabary*,
nous ne pouvons que le trouver bon, puisque nous voyons, par le compte que vous nous avez envoyé de la
vente des effets chargés en 1734 sur ce même vaisseau,
que l'on y a trouvé un prix raisonnable de cette marchandise.

sans fret sur le vaisseau le
*Maure* pour Moka 80 bar-
res de fer pour le compte
de la Compagnie, que vous
en avez une forte quantité
trouvez point le débouché;
partie ait été vendue assez
convienne d'y en envoyer

### 28

Ce fret nous a paru trop
fort, quoiqu'en puisse dire
M. Vincent.

Sur les plaintes que nous
avons faites ici au sieur
Vincent de ce qu'il a exigé
5 % de fret des cafés de la
Compagnie qu'il a été prendre à Moka, au lieu de 3 %
qu'elle en payait ordinairement, il nous a exposé qu'il
n'avait pu faire autrement pour l'intérest de ses com-
mettants qui nonobstant cela même n'ont pas gagné autant qu'ils auraient fait, s'il eût embarqué la quantité de
passagers et de sacs d'amande qu'il aurait pris à Jedda.
Vous nous marquerez en réponse si son exposé est
juste.

### 29

Nous avons informé la
Compagnie l'année derni-
ère du partage que nous
avons fait de la somme re-
tirée de ces Arabes. Per-

Nous vous avons mar-
qué l'année dernière que
l'intention de la Compagnie
était de faire supporter au
marc la livre aux intéres-

sonne ne nous a encore porté de plaintes à ce sujet.

au Gouverneur de Moka après le départ de ce bâtiment. Aujourd'hui que cette somme fait sans doute partie des 82.000 Piastres que l'on a forcé les Arabes de restituer, il est juste d'en tenir compte aux intéressés, mais il ne l'est pas moins, et c'est aussi l'intention de la Compagnie à laquelle vous vous conformerez, qu'eux et tous les autres qui ont droit de prétendre quelques sommes sur ces 82.000 Piastres n'en reçoivent le payement qu'en contribuant par eux aux frais de l'expédition de Moka et au prorata de leurs intérets.

sés dans l'armement du vaisseau le *Pondichéry* les 6.000 Piastres que M. Ingrand fut obligé de payer

## 30

Le sieur La Noë a fait construire au Pégou le vaisseau le *Fulvy* de 400 tonnes qui a été mis à l'eau au mois de Décembre 1737 et a été expédié pour Bengale avec un chargement de bois; il n'a pu s'y rendre qu'en Mars 1738 coulant bas d'eau et ayant besoin d'être doublé et carenné. Ce navire a couté 11.000 Pagodes. Nous l'attendons de Bengale à la fin du mois, nous l'expédierons sur le champ pour les Isles. Le sieur La Noë a trouvé beaucoup de difficultés dans ses négociations au Pégou; il ne lui a pas même été possi-

## 30

Les raisons dont vous nous faites part qui vous ont déterminés à faire passer au Pégou le sieur de La Noë pour y rester en qualité de résident de la nation nous paraissent très bonnes. Il est certain qu'il aura pu y être fort utile tant pour veiller à la construction des deux vaisseaux demandés par le Conseil de l'Isle de France et d'un desquels nous voyons qu'il avoit déjà fait marché avec le sieur Tornery pour 7.400 Pagodes, que pour vous procurer la quantité de vivres et de bois dont vous avez toujours besoin; nous ap-

ble de voir le Roy que des Arméniens ( à ce que le dit sieur de La Noë prétend ) ont indisposé contre la Nation; il avait enfin obtenu avec beaucoup de peine la permission de bâtir l'autre petit navire que M. de La Bourdonnaye demandoit et s'étoit embarqué au mois d'Avril dernier sur un vaisseau arménien pour passer à cette coste; mais étant parti trop tard il a manqué son passage. Nous venons d'apprendre par la voie de Chandernagor que ce vaisseau était tombé à Chatigan d'où M. de La Noë compte passer à Bengale et delà à cette coste en Janvier prochain. Il n'a pu retirer des effets appartenant à la succession de Wich que 1.317 Ticaux faisant 439 Pagodes.

## 31

Il y a eu du bénéfice sur cet armement; ces 10.000 Pagodes ont rendu 13.133. 15-37 dont la Compagnie a déja reçu 10.889 Pagodes 14-57 et elle doit recevoir au mois de Février prochain la somme de 2.244-44 pour sa part dans une par-

prouvons tous les ordres que vous nous marquez avoir donnés au dit sieur de La Noë ainsi que la dépense de 300 Pagodes en presents pour le Roy du Pégou; il est bien qu'il se soit chargé de les luy présenter luy même et que vous luy ayez recommandé de se faire rendre les effets de la succession du feu S^r Georges Wich ainsi que ceux de l'armement et construction du nouveau *Pondichéry*; sans doute que n'ayant pu tirer sur vous, vous luy aurez fait passer d'autres fonds que les 4.000 Pagodes que vous luy avez remis à son départ pour le dit lieu tant en Piastres qu'en marchandises.

## 31

Quoiqu'il nous paraisse par votre délibération du 10 Décembre dernier que c'est plutôt pour l'honneur de la nation que par aucune espérance de bénéfice que vous avez intéressé la Compagnie de 10.000 Pagodes dans l'armement du *Chan-*

lie de marchandises ven-
dues à termes à de bons
marchands. La Compagnie
est intéressée de pareille
somme de 10.000 Pagodes
dans le vaisseau la *Notre
Dame de Saude* qui est actuellement en voyage; quant
aux marchandises de re-
tour et qui n'ont pu être
vendues à Manille, elles ont
été vendues aux Iles.

*karabary* pour Manille,
nous vous approuvons de
l'avoir fait et afin de l'intéresser â continuer dans
ces sortes d'armements qui
peuvent devenir avanta-
geux, elle vous envoie par
ces vaisseaux les marchandises d'Europe propres pour
ces pays et dont vous luy
avez remis un état; mais
elle est fâchée d'apprendre
qu'il se soit trouvé aussi

peu de bénéfice sur celles de son envoy de 1733, que
vous y avez fait passer en 1734 et que même il en a été
rapporté plus du quart qui n'a pu y être vendu. Comme
vous ne luy marquez point que vous espérez d'en trouver le débouché, elle pense que dans le cas où vous n'en
auriez effectivement aucun à la coste, vous pourriez en
faire passer aux Isles une partie, comme les toiles, les
bas de laine et platilles, et destiner le serge et le drap
pour Patna.

### 32

Nous regrettons tous les
jours le *Fort Louis*; c'était
un excellent navire; c'est à
Bengale où le *Fortuné* a été
vendu et non ici.

### 32

Nous approuvons les rai-
sons qui vous ont déterminés à faire achat du vaisseau le *Fort Louis* de 550
tonneaux pour la somme
de 12.500 Pagodes et le par-

ti que vous avez pris de vendre le *Fortuné* pour celle de
4.250 Rs. puisqu'il était d'un trop petit port pour le service.

### 33

La Compagnie aurait pu
voir par ses livres qu'elle

### 33

Nos vaisseaux de retour
de Chine nous ont appris

n'était point intéressée dans le premier voyage que le *St. Benoist* a fait en Chine. Nous étions pour lors totalement dépourvus de fonds. Elle est intéressée de vingt cinq mille Pagodes dans le dit armement. Ce vaisseau a mis à la voile pour Canton le 21 Juin avec un capital de 90.000 Pagodes.

l'arrivée à Canton du vaisseau le *St. Benoist*, mais nous sommes surpris que vous ne nous disiez point si vous avez intéressé la Compagnie dans cet armement, comme vous luy avez marqué l'année dernière que vous comptiez le faire. Le Conseil de direction de Canton nous a écrit qu'il a prié les S^rs St. Sauveur et Brignon, subrécargues, de se charger de deux grosses ancres pour vous les remettre et qu'il y en a encore deux autres dans le haut qu'il compte de même vous faire passer par la première occasion qu'il en trouvera; nous pensons comme lui que vous pourrez vous en servir utilement à la coste.

34

Le commerce de Bassora est entièrement ruiné tant par la tyrannie des Bachas que par une maladie épidémique qui a emporté la plus grande partie des Européens et un grand nombre de marchands du pays.

34

Nous apprenons avec bien du plaisir que les particuliers ont fait deux armements pour Perse et qu'il y a lieu d'en espérer une heureuse réussite. La destitution que le Roy a faite de son gouverneur du Bendêrabassy pour avoir troublé le sieur Du Bois Rolland et la conduite qu'il a tenue à l'égard du Sr. de la Beaume ne laissent aucun doute que cette espérance ne soit bien fondée; si au contraire les choses y eussent été dans la situation qu'on l'avait d'abord rapporté, nous pensons comme vous que la présence de l'escadre de M. de la Garde dans le Golfe de Perse n'aurait produit qu'un très bon effet.

## 35

Il serait à souhaiter pour le bien du service que le Conseil de Chandernagor se soumette sans répugnance à la subordination que la Compagnie lui ordonne envers le chef lieu; tout en irait mieux et cela épargnerait à la Compagnie et à nous des discussions chagrinantes, qui nous font perdre bien du temps que nous pourrions employer plus utilement.

## 35

Nous avons examiné avec attention toutes les pièces que vous nous avez remises concernant le vaisseau le *Saint François*, armé pour Perse sous la direction de M. de Villeneuve; il nous paroit que le Conseil de Chandernagor et M. Dupleix se sont fort mal conduits dans cette occasion et qu'ils ont plus consulté leur intérest particulier que la justice. Vous verrez par les lettres que la Compagnie leur écrit qu'elle blâme très vivement la façon dont ils en ont agi et leur donne les ordres les plus positifs pour que les vaisseaux particuliers armés à Pondichéry trouvent chez eux à l'avenir les mêmes avantages que chez les étrangers, qu'elle leur défend de leur causer aucun préjudice pour quelque raison que ce puisse être et que elle entend que le Directeur ne puisse refuser les *dastocs* qui luy seront demandés par les subrécargues de ces vaisseaux, à moins qu'ils ne soient mouillés devant les colonies anglaises et hollandaises. Quoiqu'il en soit nous approuvons que vous ayez écrit aux sieurs Aumont et Villeneuve comme vous avez fait et que vous ayez aussi pris parti d'écrire fortement au Conseil de Chandernagor sur toute cette affaire plutôt que de la porter en justice réglée, le bien du service exigeant d'éviter les procès autant qu'il est possible.

## 36

Les nouvelles venues de Perse depuis deux ans

## 36

Vous verrez par la copie ci-jointe d'une lettre écrite

nous dégoutent beaucoup de ce commerce, qui pour le présent est entièrement ruiné sans espérance de le voir rétablir de longtemps. Nous ferons cependant passer à Bassora le sieur Martinville, qui est un bon sujet et a du mérite ; nous sommes persuadés qu'il sera dans peu au fait de toutes les affaires du pays et que la Compagnie pourra compter sur les avis et instructions qu'il nous donnera. Le café de Bourbon avait, dans les commencements, été bien vendu à Bassora, mais par les dernières lettres venues de cet endroit, nous apprenons qu'on avait de la peine à en trouver 33 Mamoudis du *man* de 27 qui revient à environ 8 et quelques deniers, monnays de l'Inde, la livre ; M. de La Bourdonnaye vient de nous en envoyer par la *Paix* 100 milliers que nous ferons passer à Bengale pour y être chargé pour Bassora et Jedda.

Le parti que la Compagnie a pris d'interdire le commerce de l'Inde aux Isles de France et de Bour-

à M. le comte de Maurepas par M. le Marquis de Villeneuve, en date du 7 Juillet dernier, les démarches qu'il a faites pour obtenir des Ministres de la Porte un *barat* pour le Consul de Bassora. Vous serez informé par ce qu'il demande que, malgré les difficultés qui s'étaient rencontrées dans l'expédition de ce *barat* après que le Grand Visir l'avait accordé, il a fait depuis de plus pressantes instances pour l'obtenir, et que s'il ne pouvoit parvenir à le faire accorder, il se proposait de faire demander de nouvelles lettres au Grand Vizir et au Kyaya Bey pour le Pacha de Bassora, afin qu'il nous fût permis d'y arborer le pavillon français pour donner, par cette prérogative, du relief à notre Nation dans cette échelle et autoriser dans la suite la résidence d'un Consul dans ce pays là. M. de Maurepas nous a marqué avoir recommandé, en réponse à M. de Villeneuve, de ne rien négliger pour obtenir le *barat* en ques-

bon est très juste et convenable. M. de La Bourdonnaye s'est aussi avisé d'écrire au Roy de Perse et à ses ministres et de luy faire des propositions de commerce; il ne doit y avoir que le Général de la Nation dans l'Inde qui puisse faire de ces sortes de démarches. Les Puissances asiatiques ne sçavent plus où est le chef lieu, ni à qui s'adresser, si de chaque département on s'ingère de leur écrire au nom de la Nation.

tion. Nous sentons comme vous combien l'établissement d'un Consul sera avantageux pour soutenir les privilèges de la Nation et pour affermir un commerce d'autant plus nécessaire aujourd'huy qu'il nous procurera la vente d'une partie de nos draps et de notre café de Bourbon. Nous avons appris avec grand plaisir que cette denrée y a été vendue à bon prix, qu'il y a lieu d'espérer d'en tirer encore meilleur parti dans la suite et que l'on demande annuellement le chargement d'un vaisseau de 400 tonneaux. Nous souhaiterions fort qu'il fût possible d'y en vendre encore une plus grande quantité, dut-on se relâcher un peu sur le prix, car il conviendra toujours mieux à la Compagnie de s'en défaire dans l'Inde que d'en faire venir en France où l'on en introduit de l'Amérique une si grande quantité qui s'y donne pour rien, que nous craignions de ne pouvoir nous en défaire ici dans la suite sans y trouver de la perte, attendu les frais considérables de l'armement. C'est ce qui nous a fait penser que quoiqu'il n'y ait eu aucun bénéfice sur celui vendu à Jedda, vous ne devez pas néanmoins cesser d'y en envoyer parce qu'il est de la plus grande conséquence de pouvoir trouver le débouché tant dans ces deux endroits qu'à Patna et autres endroits de l'Inde de la totalité qu'en produit annuellement l'Isle de Bourbon que nous estimons être de 500 milliers; au surplus ayant fait réflexion qu'il était plus naturel et même qu'il convenait mieux à nos intérests que ces sortes d'envoys fussent faits par le Conseil de Pondichéry ou celuy de Chandernagor que par celuy de l'Isle de France, nous marquons positivement à M. de La Bourdonnaye de vous faire passer tous les cafés que vous luy demanderez mais nous luy défendons en même temps d'en envoyer ailleurs sous quelque prétexte que ce soit, renfermant la navigation des isles dans le canal de Mozambique y compris Mozambique, Anjouan et Madagascar qui vous demeureront interdits et aux Conseils de Chandernagor et Mahé, de même que Jedda et Bassora le seront à l'avenir pour M. de La Bourdonnaye à qui nous défendons expressément d'y envoyer aucun vaisseau. Nous vous faisons cette observation à l'occasion du bâtiment que M. Dupleix a armé pour Anjouan, Mosambique et la Coste de Soffola.

Il est bien que vous ayez prié M. de Villeneuve de prendre en passant à Mahé les 40 milliers de café et les quatre balles de draps que vous y avez envoyées par la *Thétis*; nous vous confirmons que l'intention de la Compagnie est que vous fournissiez en cette denrée ou en poivres partie de l'intérest qu'elle souhaite avoir dans les principaux armements que font les particuliers.

## COLONIES.

### 37

Il est arrivé par la *Paix* quatre religieuses Ursulines, trois professes et une sœur converse; on leur a fait fournir en arrivant une maison très propre, où il y a un grand jardin et toutes les commodités nécessaires, en attendant que nous soyons convenus avec

### 37

Nous travaillons actuellement à nous procurer trois ou quatre religieuses telles qu'il les faudrait pour l'établisssment qu'il convient de faire à Pondichéry d'une maison pour l'éducation des jeunes filles. Si nous pouvons les avoir dans peu, comme nous l'espérons, el-

elles de l'endroit où il sera plus à propos de bâtir leur maison ; il y a beaucoup de désunion entre ces dames, dont quelques unes auraient déja résolu avant d'arriver ici de s'en retourner en France ; nous tâcherons de pacifier toutes choses, mais cela est bien difficile avec des personnes de leur sexe et de leur état, qui, étant obligées de vivre ensemble, font naître à chaque instant de nouvelles occasions de discorde et de plaintes et

les vous parviendront dans le courant de l'année prochaine. Il est bien qu'à l'exception des frais qu'il faudra faire pour les envoyer et les entretenir les deux premières années, la Colonie soit chargée de tous les autres ; nous approuvons que vous ayez appliqué à ces établissements le produit du riz confisqué au sieur Salby et celui du poivre saisi à bord du vaisseau le *Fortuné.*

forcées de garder par bienséance quelques mesures se font des violences continuelles. Il leur sera fourni toutes les aisances et commodités de la vie qu'elles pourront désirer, afin qu'elles n'ayent aucun juste sujet de se plaindre ni de se dégoûter.

### 38

Les loyers épargnés auront gagné dans peu le prix de cette maison. La ferme du tabac et bétel a rendu cette année 8.179 Pagodes.

### 38

Puisqu'il convenait d'avoir une maison pour y placer la ferme du tabac et bétel, nous approuvons que vous vous en soyez procuré une pour la somme de 304 Pagodes y compris les réparations qu'on y a faites.

### 39

Il ne vient plus d'araque de Colombo ; ainsi il n'a pas été possible de rétablir cette ferme : nous venons

### 39

Nous approuvons aussi que vous ayez affermé l'araque de paria pour trois années à raison seulement

cepepdant d'affermer la permission de vendre en détail l'araque de Colombo et Goa et les vins et eaux de vie d'Europe, qui n'étaient point affermés depuis longtemps, pour la somme de 700 Pagodes par an pendant 5 années à compter du 1er Octobre 1738; nous avons appliqué le produit de cette ferme pour subvenir en partie à l'établissement et édification de la maison des religieuses.

de 1.500 Pagodes par an au lieu de 1.550 puisque vous êtes certain que la misère qui règne dans le menu peuple préjudicie considérablement à cette ferme en ce qu'il fait usage de vin de palmier qui est à bien meilleur marché.

Quant à la ferme de l'araque de Goa, Colombo et Batavia à laquelle vous vous proposez de joindre les eaux de vie pour l'augmenter, nous souhaitons apprendre par vos premières que vous en avez fait une adjudication avantageuse.

### 40

La famine n'a point cessé à la coste et le riz a toujours valu de 80 à 100 Pagodes la *garce*, il est depuis trois mois à ce dernier prix.

### 40

Ce que M. Dumas nous a marqué, par sa lettre du 15 Février, que la famine était plus grande à la coste qu'elle n'a été depuis plusieurs années, justifie le parti que vous avez pris de changer la destination du *Fort Louis* pour l'envoyer à Bengale ou à Merguy charger du riz, nous souhaitons que par ce moyen et tous les autres que vous nous marquez avoir pris pour vous en procurer, il y en ait eu suffisamment d'introduit dans la colonie pour la soulager.

### 41

Le bail des fermes des terres de la Compagnie ayant expiré le premier Juil-

### 41

Nous n'avons rien à répondre à ce que vous nous marquez concernant le fer-

let, elles ont été criées en la forme et manière accoutumées et adjugées comme suit pour cinq années :

SÇAVOIR :

| 1738 | par an | Total en 5 ans |
|---|---|---|
| Oulgaré . . . . | 2060 | 10300 |
| Pondichéry . . . . | 900 | 4500 |
| Mourougapac. . . | 717 | 3585 |
| Ariancoupom. . . | 475 | 2375 |
| Total . . . | 4152 | 20760 |

ADJUDICATION EN 1733

| | Par an | En 5 ans |
|---|---|---|
| Oulgaré . . . . . | 1200 | 6000 |
| Pondichéry . . . | 600 | 3000 |
| Mourougapac . . | 455 | 2275 |
| Ariancoupom . . | 391 | 1955 |
| Total . . . | 2646 | 13230 |

Différence en cinq ans au profit de la Compagnie 7.530 Pagodes

mier des terres de Pondichéry et de Oulgaré, non plus qu'à ce que vous nous dites des tracasseries du *faussedar* de Portonove auxquelles le Nabab a mis fin, en conséquence des plaintes que luy en a portées M. Dumas. Nous avons approuvé par notre lettre du 30 Octobre 1736 que vous ayez fait payer une somme de 270 Roupies au cavalier député à cette occasion.

42

Il y a de grandes divisions dans la famille de notre Nabab entre luy et son fils Sabderalikhan et son gendre Sanda Saheb qui commande l'armée de Tanjaour; quoiqu'ils paraissent dans les meilleures dispositions à notre égard, nous nous défions également de tous; les uns et les au-

42

Malgré les marques que votre Nabab vous a données en plusieurs occasions de ses bonnes dispositions pour vous et la Nation, nous pensons qu'étant un remuant et ambitieux, c'est avec fondement que vous vous tenez sur vos gardes pendant qu'il est dans les environs de Pondichéry ;

tres seraient charmés d'avoir une place comme celle de Pondichéry qu'ils regardent comme une retraite assurée en cas de besoin. Il nous paroît qu'il convient que la Compagnie entretienne toujours à Pondichéry une garnison de 500 hommes européens, non seulement pour la garde de la place qui a beaucoup de postes, mais même encore pour être en état de secourir les autres comptoirs et de mettre dans l'occasion des détachements sur les vaisseaux. Votre commerce à Pondichéry et vos revenus augmentent considérablement; vous devez appliquer une partie de ce bénéfice à mettre en sûreté une place aussi importante à la Compagnie et à l'Etat qu'est celle-cy.

à la bonne heure que pour ne pas refuser en entier la demande qu'il vous a faite de soldats et de bombardiers vous luy ayez donné deux aides canoniers, mais vous avez bien fait à l'exemple des Anglais de ne lui point envoyer de troupes, et dans le cas où il persisterait à vouloir vous rendre visite, il conviendrait encore de les limiter, en ne luy permettant point de faire approcher les siennes de la ville; les prétextes dont ses fils se sont servis pour se rendre maitres de Trichenapally, l'objet de leur voyage à Madras, ce qui vous a été rapporté avec assez de vraisemblance des desseins où est le Nabab de s'emparer d'une place forte au bord de la mer, sa conduite et ses démarches dont vous nous faites part, toutes ces circonstances doivent vous rendre son approche extrêmement suspecte. Au surplus vous avez pris le bon parti pour le détourner de sa visite dont vous étiez inopinément menacé vers la fin d'Octobre, de luy envoyer pour 50.000 Pagodes de matières d'argent au prix fixé par le traité, en lui faisant cependant sentir qu'il n'était pas en droit de vous les demander.

Nous ne pouvons que vous approuver d'avoir fait

éclaircir le bois d'Archivac et ouvrir des routes au travers, puisque par ce moyen vous avez fait écarter les brigands qui s'y réfugioient.

## BATIMENTS et FORTIFICATIONS

### 43

Il convient absolument d'achever quand on pourra l'enceinte de la ville du costé de la mer; on continue à travailler au nouveau gouvernement et à achever l'hôpital commencé en 1734; l'hôtel où l'on bat monnaye est achevé. Ce batiment a coûté 5.520 Pagodes.

### 43

Quoique par la suppression de l'augmentation des droits sur les marchandises qu'il aurait convenu de différer, comme la Compagnie vous l'a marqué l'année dernière, c'était tout à coup une dépense considérable pour elle que celle de faire faire les plates formes des bastions, elle ne peut cependant, attendu le voisinage du Nabab, vous désapprouver d'y avoir employé pour plus grande diligence les pierres destinées à d'autres ouvrages, ny trouver à redire au parti que vous avez pris de faire fonder au bord de la mer 170 toises courantes de mur à chaux, puisque vous avez regardé cette dépense nécessaire pour parer à toutes surprises. Vous nous faites plaisir au surplus de nous informer de l'état où sont ces plates formes ainsi que l'hôpital. Nous approuvons que vous ayez acheté pour 4.658 Pagodes de bois de teck dont vous aviez besoin pour ce bâtiment et pour d'autres ouvrages.

Vous nous auriez fait plaisir de nous envoyer un plan du bâtiment que vous avez délibéré de faire construire près l'ancienne porte de Goudelour pour y placer la Monnoye, et de nous instruire de ce qu'il pourra coûter. Nous comptons que vous pratiquez toute l'économie possible dans ces sortes de dépenses.

## TROUPES & ARTILLERIE

### 44

La Compagnie recevra au mois de Janvier notre état de revue arrêté au 31 Décembre, mais elle doit observer que dans le nombre il y a au moins 50 hommes hors d'état de servir par vieillesse ou infirmités et sur lesquels il ne faut point compter pour aucune expédition. La Compagnie a-t-elle jamais pu penser que trente hommes qu'elle nous a fait passer cette année, qui ont été réduits en arrivant ici à 28, fussent suffisants pour recruter les trois garnisons de Mahé, Chandernagor et Pondichéry, remplacer ceux dont le temps serait fini ou que nous aurions perdu dans l'expédition de Moka par mortalité, désertion ou autrement.

### 45

Nous enverrons en Janvier à la Compagnie un nouveau tableau de tous les officiers qui sont à son service aux Indes.

### 44

Sur les représentations que vous faites à la Compagnie que les 320 fusiliers européens dont sont composées les quatre compagnies qui forment votre garnison, ne sont pas suffisants pour la garde de la ville, elle s'est déterminée à porter chaque compagnie à 100 hommes. Vous verrez par l'état ci-joint qu'au moyen des 70 qu'elle vous a fait passer l'année dernière, elle compte votre garnison complète ainsi que celles de Chandernagor et Mahé, de sorte qu'elle vous envoye par ces vaisseaux une trentaine d'hommes pour remplacer les morts, désertés et congédiés des trois comptoirs.

### 45

La Compagnie vous ayant remis avec les lettres du 30 Octobre 1736 l'état général des officiers des troupes qui sont à son service dans l'Inde suivant la date de leurs brevets, elle sent bien qu'il est inutile qu'elle le divise en trois, puisque devant, dans l'occasion, rouler d'un comptoir à un autre, ils ne se trouveraient jamais tous dans l'endroit indiqué par ses états; ainsi elle ne vous en envoie aucun cette année, se référant à cet état et à ce qu'elle vous a marqué sur son sujet.

### 46

Au départ du sieur Descoublans la compagnie a été donnée au Sr. de la Tour à qui elle appartient par ancienneté. Il nous paraît qu'il y a beaucoup d'inconvénients à accorder un congé aussi long que celui que le dit sieur Descoublans a obtenu, qui fait murmurer tout le corps militaire qui est après celuy-ci et qui s'attend à une promotion. Comme le dit sieur a fait repasser son épouse en Europe, nous pensons qu'il n'a pas intention de revenir. Le chevalier de Miraillet a été tué à Goa par le chevalier de Salvan en combat singulier, le premier a été l'agresseur et a forcé M. de Salvan à en venir à cette extrémité pour sauver sa vie; ce dernier a dessein de passer en Europe sur un vaisseau étranger pour obtenir sa grâce de

### 46

Par le retour du sieur Descoublans sur lequel nous comptons et le parti que vous avez pris au sujet du sieur Miraillet dont M. Dumas nous a informé et que nous approuvons, il n'y a d'autre changement dans cet état que celuy occasionné par la mort du sieur Puchéry qui donne lieu de faire monter les sieurs Dargy au poste de lieutenant et Pierçon le jeune à celuy de sous-lieutenant. Ainsi nous envoyons à M. Dumas leurs brevets pour qu'il les fasse reconnaître à la tête des troupes dans leur nouvelle qualité. Nous luy remettons aussi le brevet d'enseigne pour le sieur Destimauville qu'il nous a marqué avoir pourvu de ce poste.

Sa Majesté; nous pensons qu'il est de la justice que la Compagnie s'y intéresse.

### 47

Les détachements pour les autres comptoirs devant sortir de la garnison de Pondichéry, il est convenable que la Compagnie nous adresse les officiers et soldats qu'elle envoye aux Indes pour en faire la distribution de chacun, que ceux qui ont fait leur temps nous soient renvoyés pour les faire repasser en France, que ces comptoirs envoyent exactement leur état de revues chaque année avec la liste de ceux qui seront morts ou désertés. Sans cette règle qui doit être observée sans aucun changement ni variation, comment pouvons-nous sçavoir ce que les soldats qui passent dans les comptoirs deviennent et lorsque la Compagnie ou quelqu'autre nous demande ce qu'est devenu un tel passé aux Indes en telle année, comment pourrons-nous luy en rendre compte, ne sachant où il peut être? Auquel des trois comptoirs s'adressera-t-on

### 47

Ça été par méprise si l'on a cy-devant délivré à quelques officiers des brevets où il n'est fait mention, comme vous nous le marquez, ny du Conseil ny du Gouverneur de Pondichéry; mais quoiqu'il en soit, nous ne pensons pas qu'aucun s'expose sur ce fondement à ne pas obéir à vos ordres. Si le cas cependant arrivoit, vous ne devez pas hésiter à vous servir de votre autorité pour les y contraindre; au surplus nous aurons soin que tous les brevets soient dans la suite énoncés comme ceux expédiés en dernier lieu.

Nous sentons que Pondichéry étant le chef-lieu et celuy d'où les ordres sont émanés en conséquence de ceux de la Compagnie, il convient de vous adresser tous les sujets que nous faisons passer aux Indes; nous sommes dans cet usage depuis plusieurs années et nous l'observerons encore plus religieusement à

pour en être informé ? Mrs de Chandernagor par de mauvaises raisons tâchent de détourner la Compagnie de cet arrangement qui les oblige envers le Conseil supérieur de Pondichéry, à une attention chagrinante. Il est encore très aisé de faire ce que la Compagnie prescrit dans l'article cy-contre, en nous envoyant au commencement de chaque année les noms et surnoms de ceux qui veulent repasser en France au mois de Novembre ou Décembre suivant, que nous enverrons d'ici signé et approuvé.

l'avenir ; nous sentons aussi qu'il serait bon que la même chose pût se pratiquer sans inconvénient à l'égard de ceux qui en reviennent et que tous passassent par votre comptoir ; nous entendons même que ce soit là la règle générale et que les Conseils de Chandernagor et Mahé, à qui vous le devez notifier, ne laissent embarquer qui que ce soit directement pour France à moins que ce ne soit de votre agrément, quand ils auront occasion à peu près dans le même temps de les faire passer à la coste, mais quand il n'en sera pas ainsi et qu'un employé, officier, ouvrier ou soldat qui n'aura aucun compte à régler aux Indes se trouvera dans le cas de repasser en Europe, soit pour raison de sa santé, d'affaires indispensables ou de l'expiration de son engagement, il serait d'autant moins juste et convenable de l'empêcher de profiter d'un vaisseau allant directement à l'Isle de France que souvent il luy faudrait attendre un bâtiment pour Pondichéry pendant plusieurs mois et quelques fois un an et qu'il est aisé dans ces sortes de cas de suppléer au défaut d'apparition à Pondichéry en ordonnant aux dits Conseils de Chandernagor et Mahé d'avoir grande attention de vous envoyer le plus tôt possible les noms de ceux à qui ils auront donné permission de s'embarquer, afin que vous puissiez toujours être en état de voir ce que sont devenus ceux qui sont passés aux Indes et d'en rendre compte à la Compagnie lorsqu'elle le souhaite.

### 48

Les sieurs Floissac, Dufrenois, Escapat de Saint Martin, Lavergne et Duplant sont bien arrivés et ont été installés dans leur poste.

Indépendamment de l'augmentation de vingt hommes par compagnie de votre garnison, dont nous vous avons parlé cy-dessus, la Compagnie s'est encore déterminée à entretenir un enseigne de plus dans chacune, c'est pourquoy elle vous fait passer en cette qualité par ses vaisseaux les sieurs Floissac, Dufrenois, et Escapat de Saint Martin.

Elle vous envoye aussi dans la même qualité les sieurs Lavergne et Duplant l'aîné que vous emploierez où vous jugerez à propos, mais comme surnuméraires et sans appointement jusqu'à ce que leur tour soit venu d'être en pied; en attendant, leur famille fournira à leur entretien et subsistance.

Ces cinq officiers étant porteurs de leurs brevets, M. Dumas les fera reconnaître à la teste des troupes.

Il est bien que les sieurs de Bury, de Salvan, Mondrolois, Parny et Dupasssage ayent été placés suivant l'intention de la Compagnie et qu'il leur ait été fait retenue des avances qu'ils avaient reçues ici.

Sur le tableau général des officiers que nous vous avons envoyé, le sieur de Joyau y est placé dans son rang suivant la date de son brevet, mais comme vous nous marquez que pour luy rendre justice, vous vous informerez au juste du jour de sa réception, nous vous observerons que vous ne devez y avoir égard que pour placer les officiers dont les brevets sont de même date, étant juste dans ce cas que le premier reçu passe devant les autres.

Puisque la veuve Puchery n'aurait pu subsister avec son enfant depuis la mort de son mary sans le secours que vous lui avez fait donner jusqu'à son départ pour l'Isle de Bourbon, sur le pied de 400 P. par an, nous approuvons cette dépense.

Quant à celle de 12 Pagodes par mois pour la subsistance des trois enfants du feu sieur Le Marié, à la bonne heure, puisqu'elle est indispensable sur ce pied, que vous la continuiez jusqu'à ce que vous puissiez faire embarquer le garçon sur les vaisseaux de l'Inde, mais vous devez alors et dans tous autres cas de cette espèce vous renfermer dans l'intention de la Compagnie, qui est de n'allouer jamais au delà de moitié des appointements du défunt.

49

Le sieur Canhan, à qui l'esprit avait tourné depuis longtemps, est mort; ainsi nous nous trouvons manquer d'un maître d'artillerie et d'un maître canonnier. Nous vous prions de nous envoyer deux personnes capables pour remplir ces postes, qui soient canonniers et bombardiers bien stilés dans leur métier et capables de montrer aux autres.

Vous avez bien fait de révoquer le sieur Nice, maître d'artillerie, puisque par son ivrognerie vous n'en pouviez tirer aucun service. Si le sieur Canhan est un bon sujet et capable, cette place lui appartenoit de droit, ainsi vous avez bien fait de la luy donner. Nous vous enverrons par les vaisseaux de cette expédition le maître d'artillerie et le canonnier que vous nous demandez.

Les dix soldats séditieux, qui devaient vous être envoyés de l'Isle de France, ne vous parviendront pas. M. de La Bourdonnais nous marque qu'il les renverra en France.

Continuez à nous envoyer annuellement les pièces nécessaires pour nous faire connaître les changements survenus dans votre garnison.

### 50

Nous continuons à renvoyer en France le restant des vieux canons hors de service.

### 50

Des 100 pièces de canons hors de service que vous aviez à Pondichéry, vous avez bien fait d'en renvoyer par le *Phœnix* 51, qui lui ont servi de lest.

## EMPLOYÉS

### 51

La Compagnie a reçu l'année dernière ce tableau.

### 51

La Compagnie vous a envoyé avec sa lettre du 30 Octobre 1736 le tableau général de tous ses employés dans l'Inde, suivant qu'elle a pû le dresser et vous a marqué de le constater définitivement pour ne vous en écarter ensuite, sous aucun prétexte que ce soit, lorsqu'il s'agira de quelque promotion, à moins de luy en détailler les raisons par une délibération exactement motivée.

Elle compte recevoir l'année prochaine cet état définitif avec les apostilles et observations qu'elle vous a demandées.

### 52

Les arrangements que la Compagnie ordonne dans le règlement cy à costé nous paraissent justes et très convenables au bien du service. Par ce moyen, les employés subalternes se

### 52

Quant à l'arrangement que vous lui proposez comme le plus convenable pour faire rouler ensemble les principaux employés des trois comptoirs de Pondichéry, Chandernagor et

mettront parfaitement au fait du département, dans lequel ils auront été employés ; ils monteront ensuite au grade de conseillers de Chandernagor ou Mahé et de là passeront au Conseil de Pondichéry, qui ne sera par ce moyen composé que de personnes parfaitement au fait des comptoirs qui leur sont subordonnés et les places de Directeurs de Chandernagor et Mahé seront remplies par les conseillers du Conseil supérieur suivant leur ancienneté.

Mahé, vos réflexions qu'elle avoit déjà faites la déterminent nonobstant ce que elle peut avoir écrit de contraire jusqu'à présent, à établir pour constant que les places qui viendront à vaquer dans le Conseil de Pondichéry seront remplies par des conseillers de Chandernager et Mahé ou par les chefs des comptoirs de Cassimbazard, Patna, Mazulipatam, Yanaon et Balassor, suivant leur ancienneté. Voici comme elle entend que cette règle soit exécutée :

1º

Si par décès, retraite ou interdiction, il vient à vaquer une place dans le Conseil de Pondichéry (car quant à présent il ne faut déplacer personne à moins que ce ne soit de gré à gré) ce sera le plus ancien sur le tableau après celui qui occupait la dite place, à qui elle appartiendra dans quelque comptoir qu'il soit, en supposant toujours qu'il sera capable de la remplir ; bien entendu que si un plus ancien que celuy cy et qui sans doute occupera un poste soit à Chandernagor, Mahé ou ailleurs plus avantageux que celuy en question demandait néanmoins à le remplir, il doit sans difficulté être préféré, d'où il résulte qu'au cas où un poste a vaqué tel et dans quelque endroit qu'il soit, le plus ancien sera toujours le maître de le prendre et, à son refus que vous exigerez par écrit, celuy qui le suivra immédiatement.

### 2°

Les conseillers ne pourront être révoqués, mais ils seront seulement sujets à l'interdiction de la part du Conseil supérieur, ainsi qu'il est expliqué dans l'article 23 du règlement de la Compagnie du 27 Janvier 1735. Quant aux chefs des comptoirs, cette prérogative ne sera pour eux qu'autant qu'ils auront la qualité de conseillers.

### 3°

Quand il viendra à vaquer un poste de conseiller à Chandernagor ou Mahé ou de Chef des comptoirs de Cassimbazard et autres subalternes, ce sera le plus ancien sous-marchand qui en sera pourvu, à moins que, comme il ne manquera pas d'arriver quand il s'agira de quelques uns de ces postes de chefs, l'un des conseillers des trois comptoirs ne demande à en être pourvu, auquel cas il doit sans doute être préféré; hors les cas mentionnés dans cet article et le premier, il n'y aura aucune transmigration d'employés, étant nécessaire de laisser les subalternes un temps suffisant dans chaque comptoir pour en bien connaître le local.

### 4°

Nonobstant l'article 10 du règlement du 27 Janvier 1735 et l'apostille de la Compagnie à l'art. 45 de votre lettre du 12 du même mois, les Conseils de Chandernagor et Mahé ne pourront nommer même par intérim aux places de conseillers, de chefs des comptoirs en dépendant ou autres, telles qu'elles soient, qui viendront à vaquer, mais ils en informeront au plus tôt le Conseil supérieur en lui désignant les sujets qu'ils croient avoir droit d'y prétendre et leurs bonnes ou mauvaises qualités; ils pourront cependant faire faire par intérim par un employé qu'ils en jugeront capable les fonctions du poste vacant sans lui en donner le titre ny les appointements, sauf au Conseil supérieur à luy accorder une paye proportionnée à l'emploi et au temps de l'intérim.

5⁰

Par une suite de la subordination où doivent être les
Conseils de Chandernagor et Mahé à l'égard du Conseil
supérieur, ils ne pourront révoquer aucuns employés ni
les renvoyer directement en France, mais seulement interdire et faire passer à Pondichéry ceux qui se trouveront dans le cas de mériter ce traitement, en observant
de remettre en même temps au Conseil supérieur, à qui
seul appartiendra le droit de les révoquer, une délibèra-
tion en bonne forme qui lui en fasse connaître les
motifs.

Quant aux employés, officiers et autres qui quitteront
d'eux mêmes le service, nous vous avons marqué dans
l'article des troupes ce qui doit être observé à leur
égard.

Voilà à quoi se réduisent les intentions de la Compagnie, en conséquence des réflexions que vous lui avez
faites et les changements qu'elle croit devoir apporter
à ce qu'elle a ci-devant marqué; vous en ferez part
aux Conseils de Chandernagor et Mahé et leur ordonnerez de s'y conformer. La Compagnie leur donne de son
costé le même ordre.

Elle vous observera qu'au moyen de cet arrangement
et du parti qu'elle a pris l'année dernière d'attacher une
augmentation d'appointements non à l'ancienneté des
conseillers et sous-marchands, mais aux fonctions dont
chacun d'eux sera chargé, vous êtes absolument les maîtres de ne faire remplir chaque employ que par des sujets capables de s'en acquitter.

53

Par le retour de M. De-
lorme en France, M. Di-
rois a monté au poste de
premier conseiller et M.
Dulaurens à celui de garde

53

La Compagnie approuve
que M. Dulaurens ait éte
rétabli dans son rang de
conseiller; quant aux fonctions de garde magasin gé-

magasin.

néral dont était chargé M. Dumeslier; qui a quitté le service, à la bonne heure que vous les ayez confiées au sieur Dulaurens jusqu'à l'arrivée de M. Dirois, c'est au conseiller le plus capable de s'en acqnitter à qui elles doivent être commises.

Par le tableau général des employés que nous vous avons envoyé, vous aurez vu qu'indépendamment des sieurs Pilavoine, l Empereur, Gosse et Le Faucheur, qui sont des sujets notés pour ne pas avancer davantage, il s'en trouve encore quelques uns gens capables placés avant le sieur de Choisy; nous ne voulons cependant rien décider que nous n'ayons le tableau définitif que nous vous avons demandé avec vos observations.

Il n'y a aucun doute qu'il convient qu'il y ait du choix dans les employés qui ont droit de prétendre à un poste vacant, mais la Compagnie vous confirme qu'elle veut être exactement instruite par des délibérations du Conseil des motifs qui l'auront déterminé à ne pas accorder le dit poste à celui à qui il appartenait par ancienneté.

### 54

La Compagnie a été informée l'année dernière de la suite de l'affaire du sieur Porcher, qui a repassé en France sur le *Héron*. M. Golard n'ayant pu supporter la chaleur de Mazulipatam où il a presque toujours été malade, il a repassé ici et nous avons envoyé à sa place le sieur Le Verrier. Quant au commis du premier ordre que la Compagnie dit que nous aurions La Compagnie a pris communication de votre lettre particulière du 25 Janvier concernant le sieur Porcher et de toutes les pièces que vous lui avez envoyées qui ont rapport à son affaire; il luy paroît trop d'irrégularités et même de mauvaises manœuvres dans la conduite de cet homme pour qu'elle le conserve plus longtemps à son service, ainsi il demeure révoqué. Quoique

dû envoyer à la place du sieur Ollivier qui n'était que du second, nous y avons fait passer le sujet que nous avons cru y convenir le mieux : d'ailleurs les commis du premier ordre que nous aurions pû luy substituer étaient employés dans les bureaux dont on n'aurait pu les tirer sans déranger le service.

vous ayez senti que le défaut de forme vous empêcherait de le condamner suivant ses délits, vous avez bien fait de l'interdire et de lui refuser son passage pour France, afin d'avoir le temps d'examiner et de terminer son affaire définitivement; à la bonne heure que vous ayez envoyé à sa place pour chef à Mazulipatam le sieur Golard s'il en est capable, mais

vous auriez du y faire passer pour commis un de ceux du premier ordre et non le sieur Olivier, qui n'est que du second.

Nous approuvons que vous donniez au Sr. Guillard, chef d'Yanaon, l'augmentation d'appointements de 300 Livres que vous luy avez promise pour rendre ses conditions égales à celles du Sr. Golard.

Nous avons fait payer ici aux héritiers de M. de Mouchy dont vous nous apprenez la mort, le montant de ce que vous nous avez marqué être dû à sa succession.

### 55

Le sieur Mauvieux ne s'étant pas accommodé de l'air du pays a repassé à l'Isle de Bourbon ; le sieur Moreau, sous-marchand, remplit maintenant le poste de greffier à notre satisfaction ; c'est un bon sujet qui a du talent.

Le sieur Desplaetz que nous avions révoqué étant aussi décédé, à la bonne heure que vous fassiez faire au sieur Mauvieux les fonctions de greffier et que vous luy en donniez ensuite la qualité s'il s'en acquite bien.

Le sieur Parent qui était commis au greffe ayant participé à la fabrication d'une pièce fausse, vous avez très bien fait de le chasser du service.

### 56

Le sieur Le Noir est revenu de l'Isle de France et a repris son poste.

### 56

Nous voyons que le sieur Herbault a pris le parti de la navigation et que le sieur Le Noir de Blaye, ayant besoin pour sa santé de changer d'air, s'est embarqué sur l'*Apollon*. Suivant les lettres qu'il a écrites, à la Compagnie, de l'Isle de France, nous comptons qu'il aura profité des premiers vaisseaux allant à Pondichéry pour retourner à son employ.

### 57

Le sieur de La Beaume est mort et a laissé une veuve avec quatre petits enfants; elle a été l'année dernière dans l'impossibilité de s'embarquer, la moitié des appointements de son mari par forme de subsistance lui ont été conservés jusqu'au 15 Octobre 1738, que son passage luy a été offert sur un des vaisseaux de la Compagnie. Nous ne laissons pas d'être embarassés en pareil cas ; cette femme n'a aucune ressource en France, ni pour elle ni pour ses enfants, et sentant qu'elle y sera réduite avec sa famille à la

### 57

Il est bien que vous ayez fait passer au Conseil de Chandernagor, qui avait besoin d'employés, les sieurs La Beaume et Bellegarde, mais nous voyons que ce premier n'y a pas à peine été arrivé qu'il a demandé à repasser à Pondichéry pour ensuite retourner ; de semblables allées et venues quoiqu'à ses frais comme de raison ne conviennent point à la Compagnie.

Nous approuvons que vous ayez donné le grade de sous-marchand au sieur Boyelleau à qui ce poste appartient de droit par la retraite du sieur Albert.

dernière misère, refuse de s'embarquer ; l'obligerons nous par la force à le faire? Si nous la laissons à Pondichéry, il faut pourvoir à sa subsistance, ne convenant absolument point de voir la veuve d'un sous marchand demander avec ses enfants l'aumône dans les rues. Nous pensons qu'il serait plus à propos, si la Compagnie l'agrée, de faire élever ses enfants à l'hôpital et de donner chaque mois à la veuve une aumosne pour vivre.

Quant aux sieurs Le Noutre et Moreau nous les avons placés dès l'année dernière commis à 800 Liv.; à la bonne heure que vous ayez donné ces mêmes appointements anx sieurs de La Haye, de Villiers, Pedremousse et Panon l'aîné et des places de sous commis aux sieurs Panon le jeune, Le Roy, Vogle et Herygoyen, mais nous vous confirmons que les commis que nous vous faisons passer d'ici doivent être préférés à ces sortes de sujets qui doivent même rester sans emploi, lorsqu'au moyen de ceux que nous vous envoyons vous vous trouvez....un plus grand nombre de commis que ceux portés par nos états de dépenses, dans lesquels vous devez vous renfermer ainsi que les autres comptoirs, avec d'autant plus de raison que nous y en employons un nombre plus que suffisant et que nous nous attachons à ne vous en faire passer aucun qui ne soit en état d'être utilement employé. Par la comparaison que nous avons faite de ceux portés sur votre dernier état de dépenses et sur ceux de Chandernagor et Mahé avec nos états du 30 Octobre 1736 auxquels nous nous referons, regardant comme inutile d'en envoyer cette année de nouveaux, nous trouvons qu'il vous en manquoit 8 à Pondichéry,

7 à Chandernagor,

et 1 à Mahé, qui se trouve cependant remplacé par le Sr. Destiner.

|  |  |
|---|---|
| **58** | **58** |
| Les employés que la Compagnie a fait embarquer sur ses vaisseaux sont bien arrivés. | Sur lequel nombre de 16 déduisant les huit embarqués sur les derniers vaisseaux, c'est huit autres à vous envoyer, mais atteudu la retraite ou le décès qui peut arriver de quelques uns, nous vous faisons passer les onze qui suivent, |

teudu la retraite ou le décès qui peut arriver de quelques uns, nous vous faisons passer les onze qui suivent,

SÇAVOIR :

Les sieurs

|  |  |  |
|---|---|---|
| **59**<br>Il a passé à Bengale sur la *Thétis*. | **59**<br>Dangest | Bon sujet et capable qui a été employé aux Indes au service de la Compagnie depuis 1721 jusqu'en 1727 en qualité de Secrétaire et de sous marchand et depuis son retour a été sous directeur à l'Isle Saint Jean, très au fait de la tenue des livres pour l'y employer à Chandernagor. |
| **60**<br>Un mois après son arrivée il a demandé à repasser en France. | **60**<br>Masson | Bon sujet, âgé de 27 ans, propre suivant le témoignage de M. Le Gez à tenir les livres à Pondichéry sous M. Pilavoine, 1<sup>er</sup> commis de 1<sup>er</sup> ordre. |
| **61**<br>Est employé au Secrétariat à Pondichéry. | **61**<br>Duplant le jeune | Employé à Paris depuis huit ans dans le département des Indes, est sage et écrit bien, pour commis du 1<sup>er</sup> ordre. |

| | | |
|---|---|---|
| 62<br>Idem | 62<br>Nicolas | Idem depuis 4 ans dans le département des achats sous les yeux de M. son père, bon sujet et très doux, pour commis du 1er ordre. |
| 63<br>A passé à Bengale | 63<br>Collé | A été employé pendant six ans au Sénégal, a travaillé depuis dans le Bureau des livres, n'écrit pas bien, pour commis du 2e ordre. |
| 64<br>Idem | 64<br>Ternisien | Travaille aux livres depuis huit mois avec assiduité ; écrit assez bien, âgé de 33 ans, a été employé dans les vivres d'Italie. |
| 65 | 65<br>Le Boug | Qui pour des affaires de famille, qui lui sont survenues, n'a pu s'embarquer l'année dernière, pour commis du second ordre. |
| 66<br>Employé à la visite et au bureau des livres. | 66<br>Judde | Fils de M. Judde, inspecteur des magasins à Lorient, pour l'employer suivant sa capacité. |
| 67<br>Idem | 67<br>Boucard | Travaille aux visites depuis plusieurs années ; on en est fort content. |
| 68<br>Au bureau des livres | 68<br>Prigent | Ecrit très bien, a été longtemps employé à l'Isle de France, d'où sa mauvaise santé l'a forcé de revenir. |
| 69<br>Au secrétariat. | 69<br>Mélique | Indien, travaille depuis quatre ans au bureau des livres, pour sous commis. |

Dans le nombre des ces employés et de ceux que nous vous avons fait passer l'année dernière il vous sera aisé d'en trouver plusieurs au fait de la tenue des livres, tels que vous les demandez tant pour Pondichéry que pour les autres comptoirs; quant à des praticiens, outre qu'il est très difficile de s'en procurer qui soient de bon esprit et de bonne conduite, c'est que pour avoir des gens entendus il faudrait leur allouer les appointements de conseiller, nous tâcherons cependant d'en avoir au moins un pour vous l'envoyer l'année prochaine.

## MAZULIPATAM & YANAON

### 69

Les achats que nous avons ordonnés cette année à Mazulipatam monteront à près de 75 mil Pagodes et ceux d'Yanaon iront à peu près à la même somme. Outre ce qui pouvait rester dans ces comptoirs de l'année précédente, nous y avons fait passer 50 mil Pagodes, nous y enverrons encore des fonds dans le courant du mois pour le retour de *l'Aventurier*.

M. Guillard, chef à Yanaon, se trouvant indisposé a demandé la permission de venir passer quelque temps à Pondichéry, ce qui lui a été accordé, nous avons envoyé à sa place le sieur de Choisy au mois de décembre. Le sieur Guillard s'étant

### 69

Puisque par votre exactitude à la visite et les troubles qui règnent dans votre pays vous sentiez ne pouvoir vous procurer qu'une très petite quantité de marchandises de Pondichéry, nous ne pouvons que approuver le parti que vous avez pris d'en tirer de ces deux comptoirs une plus forte quantité que de coutume; nous avons appris avec plaisir par une lettre de M. Dumas du 15 Février que vous avez envoyé un brigantin à Mazulipatam avec 3000 Roupies afin de ne par discontinuer la fabrication.

Nous approuvons que vous ayez fait radouber *l'Aventurier* et vendu le *Dauphin*

parfaitement rétabli a été
reprendre son poste et le sieur de Choisy a repassé ici.

à l'encan pour la somme de
600 Pagodes, puisque le bien
du service le demandoit.

## SURATTE

**70**

Nous avons reçu la ré-
ponse de la Compagnie à la
lettre du gouverneur de Surate; nous la luy ferons passer.

**70**

M. Flacourt étant mort,
nous approuvons que vous
ayez envoyé à Suratte le sieur Cornet, en qualité de
sous marchand, pour servir
sous M. Martin; ce dernier,
qui nous a écrit le 20 Septembre 1736 par voye d'Angleterre ne demande point d'augmentation d'appointements;
ainsi nous ne changerons rien à ses conditions, d'autant
que nous ne pensons pas comme vous qu'il convienne de
rétablir ce comptoir, nonobstant les lettres obligeantes
que le gouverneur de la dite ville a écrites à la Compagnie et à M. Dumas. Nous fondons notre sentiment pre-
mièrement parce que ce serait une nécessité de retrancher un vaisseau pour Pondichéry en ce que la cargaison
de celuy de Suratte dont les 2/3 seront en marchandises
blanches, pourrait porter un préjudice considérable à
celles de la coste.

En second lieu que les toiles peintes de Suratte que
l'on tire d'Amadabat et autres endroits peuvent être d'un
goust ancien qui, peut-être, ne conviendrait pas à présent
en Europe, à moins que pendant le temps qui s'est écoulé depuis que l'ancienne Compagnie des Indes a cessé ce
commerce, le goust nouveau n'ait été porté à Suratte
comme à la coste; ce que toutefois on a bien de la peine
à croire, d'autant qu'on n'a jamais vu dans l'ancien
temps aucunes toiles peintes fines venir de Suratte. D'ailleurs le prohibé en soyeries est très cher à Suratte et
on ne fait aucun cas en France des atlas en soye; et en
soye or et argent.

71

Le Compagnie recevra ces montres cette année. M. Flacourt s'est trop confié aux promesses du gouverneur de Suratte dont aucune n'a eu son effet. M. Dupleix ne paraît pas content du voyage que son vaisseau a fait de Suratte à Bassora. M. Martin d'ailleurs est très négligent et n'a pas à ce que nous avons lieu de croire les talents nécessaires pour bien conduire les affaires dont il serait chargé.

71

Vous sçavez sans doute que M. Trémizot a envoyé à M. Martin un mémoire des marchandises que l'ancienne Compagnie tirait autrefois de Suratte, Amadabat et autres lieux; ce dernier nous marque par sa lettre du 20 Septembre 1736, qu'il y a un si grand nombre d'années qu'on n'a tiré de marchandises de Suratte que les ouvriers ne sçavent plus comme s'y prendre, qu'il a fallu faire des métiers neufs et qu'il envoyera des montres de chaque qualité par Mahé et Pondichéry; ainsi jusqu'à la réception de ces montres nous ne prendrons aucun parti sur le rétablissement du comptoir de Suratte; quoiqu'il en soit nous voyons avec plaisir que sur les assurances réitérées de ce gouverneur et des marchands que nous trouverons du fret préférablement aux Anglais et à tous autres, M. Martin, sans prendre aucun engagement avec eux, a demandé un vaisseau à M. Dupleix et a pris lui même le parti d'en armer un autre pour lequel nous approuvons que vous lui ayez envoyé la commission qu'il vous a demandée; nous pensons même que si ces voyages pour Perse, Moka et Gedda sont aussi avantageux que le prétend le dit sieur de Saint Martin, il convient que vous déterminiez les particuliers à l'armement annuel de deux vaisseaux, qui iront s'y charger du fret, persuadés que nous sommes que ces liaisons de commerce ne peuvent que faciliter la confection de l'affaire de Suratte.

Nous sommes d'autant plus fâchés que les atlas deman-

dès pour Sa Majesté n'ayent pu être ordonnées faute
d'échantillons que nous n'en avons point d'autres à vous
envoyer; nous observerons autant qu'il sera possible de
vous en remettre de plus grands quand nous vous demanderons quelques marchandises nouvelles.

Nous approuvons que vous ayez fait passer à Bengale
le parti de cornalines que nous vous avons renvoyé et
les ordres que vous lui en avez donnés.

Nous approuvons aussi les ordres que vous avez donnés à Mahé de faire passer 4.000 piastres à M. Martin
dans la crainte que celuy ci ne puisse trouver à tirer
pour ces dépenses sur le Conseil du lieu suivant la faculté que vous lui en avez donnée.

## CHANDERNAGOR

<table>
<tr><td>72</td><td>72</td></tr>
</table>

La Compagnie verra par l'état cy joint que nous a-vons fait passer à Chander-nagor 320.000 Roupies de plus que les fonds qu'el-lé avoit destinés pour ce comptoir ; nous y avons envoyé depuis par le *Pondichéry* 128.000 Roupies.

La Compagnie pensant comme vous qu'il est ab-solument inutile, à présent que vous faites fabriquer des roupies, d'adresser des matières d'argent à ce comptoir, elle vous en en-voye comme vous l'aurez vu au commencement de la présente par les huit
vaisseaux qui toucheront à la coste 207.000 Mcs. dont
elle vous recommande de faire passer au plustôt au Conseil de Chandernagor soixante et quinze mille Marcs
convertis en Roupies, à la déduction néanmoins de la
quantité que vous luy en avez envoyée d'avance sur les
fonds qui vous étaient destinés, supposé que vous prévo-
yiez qu'il en ait assez; si cependant vous étiez informés
du contraire, vous lui ferez passer tous ceux dont il aura
besoin non seulement pour compléter le chargement des

trois vaisseaux que nous lui expédions, mais encore pour qu'il lui en reste de suffisants pour contracter à l'avance les marchandises nécessaires pour former les cargaisons, de 1739.

**73.**

Nous n'avons envoyé cette année à Bengale que 828 mil Rs, Ar. en espèces, le restant des fonds a été remis en matières d'argent en la quantité de 29.970 Mrs suivant la demande que nous en avaient faite Mrs. du Conseil de Chandernagor, qui nous ont ensuite marqué par leur lettre du 14 Juin que les Roupies arcattes reprennent faveur dans le commerce. Nous persistons à croire qu'il est de la dernière conséquence pour la Compagnie que Mrs de Chandernagor mettent tout en usage pour soutenir le cours de ces Roupies pour deux raisons très importantes: la première c'est l'avantage que la Compagnie y trouve pour son commerce de Bengale

**73**

La Compagnie a été très satisfaite de la vivacité avec laquelle vous avez pris toutes les mesures nécessaires pour convertir en Roupies et faire passer à Chandernagor les 76.044 Mrs de la *Paix* et de *l'Amphitrite*. Elle sent tout l'avantage qu'elle en a retiré et elle ne doute point que depuis que vous faites frapper des Roupies vous ne vous trouviez en état de faire cet envoy encore plus promptement.

Il est bien que vous ayez fait passer les marchandises et effets provenant de la *Reine* qui luy étaient destinés, nous vous avons parlé cy dessus des cornalines et du corail dans l'article de Suratte et celui du commerce d'Europe.

et la seconde pour pouvoir soutenir le prix des matières d'argent à la coste Coromandel. Cette opinioin nous a attiré de la part de Mrs de Bengale des lettres insultantes, qui nous mettent dans la nécessité de ne plus leur donner aucuns ordres et détruisent entièrement toute subordination, nous ne nous étendrons pas ici sur cette matière que nous traitons par une lettre particulière.

### 74

Comment pourrions nous dire à la Compagnie d'où est parvenue la différence de 26.782 L$^{vs}$ de poivre qui s'est trouvée sur la cargaison du *Saint-Pierre*, qui n'a point été débarquée à Pondichéry? Nous pensons comme la Compagnie qu'un déchet aussi considérable ne peut provenir de la sècheresse, ni du versement qui en a été fait sur le *Saint-Joseph* de bord à bord ; ceci posé pour constant, il est aisé de conclure qu'il en a été embarqué à Mahé moins que ce qui est porté par la facture ; nous en avons porté nos plaintes à ce comptoir ; cy-joint l'extrait de leur lettre à ce sujet.

### 74

Pour ne point nous dire d'où vous pensez que peut provenir la différence de 26.782 L$^{vs}$ que le Conseil de Chandernagor a trouvée sur le poids du poivre provenant du *Saint-Joseph*, ce n'était pas la peine de nous parler du déchet que nous ne pouvons attribuer qu'au Conseil de Mahé, la sècheresse ni le versement de bord à bord qui en a été fait ne pouvant pas à beaucoup près opérer cette perte ; au surplus le Conseil de Chandernagor se trouvant surchargé de cette marchandise a bien fait d'en envoyer 1000 *mans* à Cassimbazard, puisqu'il y a été vendu avantageusement. Vous devez autant qu'il sera possible ne l'en point laisser manquer d'autant qu'il nous marque que indépendamment de ce qu'il en faut pour le chargement des vaisseaux d'Europe, il en peut déboucher avec bénéfice trois à quatre mil *mans* par année.

### 75

Nous ne voyons pas quel inconvénient il peut y avoir

### 75

Ce Conseil nous marquant à l'occasion de 600

de nous faire passer de Bengale 5 à 600 balles dans l'occasion et si nous en avions besoin pour compléter le chargement de nos vaisseaux, qui arrivent quelquefois trop tard pour les faire passer à Bengale. Nous sommes au 27 Septembre et le *Dauphin* et l'*Apollon* n'ont pas paru encore ; ne

balles de marchandises assorties qu'il vous a fait passer, qu'il aurait mieux convenu de luy envoyer un troisième vaisseau qu'il aurait renvoyé chargé au moyen de 2 à 300 balles de plus, nous observerons de ne plus luy donner d'ordre semblable dans la suite.

vaudrait-il pas bien mieux faire venir leur chargement sur des vaisseaux de l'Inde que de les exposer au fatiguant voyage de Bengale, dans une saison aussi avancée, et les mettre dans le cas de manquer leur retour en Europe, comme le vaisseau la *Reine* ?

### 76

Nous avons fait remarquer à la Compagnie dans l'art. 10 que les fonds qu'elle a annuellement aux Indes ne sont point encore proportionnés aux retours qu'elle demande, eu égard à la quantité et à la grandeur des vaisseaux qu'elle y envoye ; aussi nous nous trouvons pour le présent dans l'impossibilité de faire ce commerce particulier.

### 76

Nous vous avons exhorté par nos précédentes à contribuer de vostre costé à l'augmentation du commerce que la Compagnie est dans le dessein de faire à Patna, en profitant des occasions qui se présenteront à la coste pour acheter à bon compte les marchandises et drogues qui y sont d'un débit avantageux, mais la Compagnie n'est point encore du sentiment

de destiner uniquement à ces sortes d'achats un fonds de 40 à 50.000 Pagodes et elle trouve même que vous avez très bien fait, avant toutes choses, de demander à ce Conseil les prix courants des marchandises des Indes à

Patna. Il vous aura sans doute remis un double de l'état qu'il nous en a envoyé, mais qui nous devient en partie inutile, ignorant ce que coûte d'achat les marchandises qui y sont dénommées.

77

Nous embarquerons à bord des vaisseaux que nous chargerons ici tout le salpêtre que nous recevrons de Bengale ; quant au reste de cet article, nous nous conformerons aux intentions de la Compagnie.

77

Nous vous avons aussi recommandé l'année dernière de vous concerter avec le Conseil de Chandernagor pour en faire venir du salpêtre, à l'effet de prendre avec cette marchandise le fonds de tous les vaisseaux d'Europe que vous expédierez ; nous vous le confirmons ; quant à ce qu'il demande que vous fassiez hiverner dans le Gange les vaisseaux d'Europe que vous êtes dans l'usage d'envoyer à Merguy ou à Achem, bien loin d'y envisager de l'utilité, ce que vous nous marquez à ce sujet nous fait craindre, sans parler de la santé des équipages qui serait plus exposée, qu'il en résulte de plus fortes dépenses ; cependant puisque les Anglais en usent ainsi, nous vous laissons la liberté d'en faire de même, autant que vous le jugerez convenable.

78

Nous ferons passer à Bengale les 1.000 balles de café que M. la Bourdonnaye nous a envoyées par le vaisseau la *Paix* et nous marquerons à Mrs. du Conseil d'en embarquer partie sur le vaisseau de Jedda et partie sur celui de Bassora.

78

Quoique Mrs. de Chandernagor, en conséquence de ce que vous leur avez écrit, ayent réduit le fret des cafés de Bourbon qu'ils ont chargés sur les vaisseaux à 20% pour Bassora et 15% pour Jedda, nous le trouvons encore exorbitant et nous leur en témoiguerons notre surprise. Il n'est point étonnant après cela que celuy qui a été vendu à Jedda n'ait donné aucun bénéfice. Vous auriez dû régler ce fret suivant qu'il vous paraissait juste et ne pas avoir dans cette occasion le ménagement que vous avez eu pour le Conseil de Chandernagor. Il ne nous informe point encore du prix que ce café a été vendu à Patna; nous nous reférons au surplus à ce que nous vous avons marqué à ce sujet dans le chapitre du commerce d'Inde en Inde.

### 79

Nous ne pensions pas que les troupes que la Compagnie entretient dans ses comptoirs dussent être employées sur les vaisseaux particuliers, c'est d'ailleurs un faible secours contre les Angrias que 12 hommes d'augmentation dans un vaisseau.

### 79

Le Conseil de Mahé s'étant dégarni de 50 soldats pour envoyer à Moka, vous ne pouviez lui donner d'autres ordres touchant ce que demandait celuy de Chandernagor qu'il fit embarque 12 soldats sur les vaisseaux qu'il envoyait à Suratte, que ceux dont vous nous faites part; nous ne doutons point

qu'aussitôt le retour de l'escadre de Moka, vous n'ayez complété les garnisons de ces deux comptoirs.

### 80

La lettre du Conseil de Chandernagor, en date du 22 Avril, dont nous vous envoyons copie fera connaître à la Compagnie clairement de quelle façon ces Mrs. pensent au sujet de la subordination tant recommandée et si mal observée.

### 80

Nous ordonnerons au Conseil de Chandernagor de vous envoyer à l'avenir assez à temps les copies des lettres qu'il écrit à la Compagnie pour que vous puissiez nous faire en conséquence les réflexions que vous croirez nécessaires et

Nous prions instamment la Compagnie de prendre le parti qu'elle croira le plus convenable à ses intérêts, soit en supprimant une subordination si chagrinante pour Mrs. du Conseil de Bengale, ou en faisant un exemple qui empêche que nous ne soyons exposés à l'avenir à ce qui nous est arrivé cette année; notre modération dans cette occasion luy doit être une preuve bien certaine que nous méritons toute sa confiance et que nous aimons mieux ne ne pas nous servir de l'autorité qu'elle nous confie que de faire des démarches qui auraient pû causer quelques dérangements dans ses affaires.

nous continuerons à vous envoyer à cachet volant celles que nous lui écrirons, de même qu'au Conseil de Mahé, vous confirmant que l'intention de la Compagnie est que ces deux comptoirs vous demeurent entièrement subordonnés, qu'ils vous rendent le compte le plus exact de leur manutention, et se conforment aux ordres que vous leur donnerez relativement à ceux que vous aurez reçus de la Compagnie; c'est ce qu'elle ne manquera pas de leur recommander de nouveau très expressément; au surplus, le parti qu'elle prend de vous adresser tous ceux qui généralement sont à son service et de vous réserver le droit de les employer et les avancer, ainsi que tous ceux qui sont dans les trois comptoirs, suivant leur capacité et leur rang, doit être pour vous une preuve bien sensible qu'elle n'a rien diminué de la confiance qu'elle a toujours eue en vous.

## MAHÉ

### 81

Le comptoir de Mahé a vendu beaucoup de poivre cette année aux vaisseaux

### 81

Vous avez bien fait, attendu les troupes du Nabab qui sont répandues

particuliers à 8% de bénéfice du prix d'achat, mais
il devait au préalable être
bien assuré de la quantité
dont nous avions besoin
pour le chargement des
vaisseaux d'Europe, de façon que nous en avons reçu
cette année que 340.000L^vs.
qui n'est pas à beaucoup
près la quantité qui nous
était nécessaire, quoique
nous leur eussions bien recommandé par toutes nos
lettres de prendre bien
garde de tomber dans cet
inconvénient, à quoi ils
n'ont pas jugé à propos de
faire aucune attention ; au
contraire ils ont vendu du
poivre à toutes mains, non
seulement aux vaisseaux
particuliers de la nation et
ont frété un vaisseau à Aly
Raja pour en envoyer pour
leur compte à Moka, mais
ils en ont encore vendu
beaucoup aux vaisseaux de
Macao ; une conduite si
blâmable nous aurait dé-
terminé à pourvoir au poste que remplit M. Bunel
si nous ne comptions recevoir par le premier vais-
seau des ordres de la Compagnie à ce sujet.

dans le pays, de ne point
risquer à envoyer des fonds
dans ces comptoirs par la
voye des *Patemars*; ça été
fort à propos que la *Thétis*
y a débarqué 60.000 Pias-
tres, et que le *Héron* et la
*Subtile* y ont aussi remis
les matières qu'ils avoient.
Vous avez agi prudemment
d'ordonner à ce Conseil de
vous faire passer les vingt
sacs de piastres nouvelles
provenant de ce premier
vaisseau, puisque les marchands de ce pays ne vou-
laient les prendre qu'à 10%
de moins que les piastres
ordinaires et sur quoi ils se
sont cependant relâchés,
mais conditionnellement.
Nous voyons par un état
que le Conseil de Mahé
nous a envoyé qu'au mo-
yen des fonds ci-dessus et
de ceux que vous lui avez
fait passer par le même
vaisseau, la *Thétis*, il luy
restait au premier Juillet
dernier après l'expédition
de ce navire, tant en matières d'or et d'argent qu'en
marchandises et dettes actives, un fonds de 269.542
Roupies, ce qui, avec les
100.000 fanons que vous

vous proposiez de lui en-
voyer encore et les marchandises d'Europe que nous
lui avons adressées par les derniers vaisseaux, l'aura cer-
tainement mis en état de profiter de toutes les occasions
pour se procurer les poivres nécessaires, non seulement
pour remplir vos demandes et charger un ou deux vaisseaux que vous lui aurez fait passer, mais encore pour
en fournir pour le compte de la Compagnie aux vaisseaux des particuliers qui toucheront à Mahé.

Nous donnerons ordre, ainsi que nous vous en avons
prévenus, aux vaisseaux l'*Apollon* et le *Dauphin*, qui
partiront les derniers, d'y mouiller un pied d'ancre pour
y débarquer les effets destinés à ce comptoir ainsi que
les piastres dont il aura indispensablement besoin et
pour y prendre la plus grande quantité de poivre que
le Conseil pourra lui donner pour vous être remise.

Nous avions besoin des éclaircissements que vous don-
nez à la Compagnie sur le commerce des poivres à Calicut qui est libre à toutes les nations et sur l'ordre que
vous avez donné au Conseil de Mahé de ne point refuser
le pavillon aux français, qui voudraient armer des vaisseaux pour les voyages de l'Inde ; nous sentons la jus-
tesse des réflexions que vous nous faites sur ces deux
articles, et nous ajouterons que les défenses que vous
ferez aux subrécargues de traiter des poivres à Mahé ne
les gêneront pas beaucoup, puisque lorsqu'ils auront cet
objet en vue, ils trouveront à le remplir à Calicut ; nous
pensons même que dans le cas où les armateurs de
Pondichéry et Chandernagor se détermineront à faire
toucher les vaisseaux à Mahé pour y prendre des poivres pour le compte de la Compagnie, ils ne manqueront pas de donner l'ordre à leurs subrécargues d'aller
à Calicut s'y bonder de poivres au cas qu'ils ne le soient
pas de ceux de la Compagnie, d'où il résulte qu'il convient de n'engager ces armateurs particuliers à faire
toucher leurs navires à Mahé que lorsque vous serez

assurés qu'ils pourront y être bondés de poivre pour le compte de la Compagnie.

Rien n'était mieux que l'ordre que vous aviez donné au Conseil de Mahé de ne pas retenir la *Thétis* plus tard que les premiers jours de Janvier pour attendre le cardamome qu'il devait lui donner, sauf à vous l'envoyer en May. Ce vaisseau nous en a rapporté 20 milliers qui ont été trés bien vendus.

Nous ne nous étendrons point davantage avec vous quant à présent sur les autres articles de votre lettre qui concernent le comptoir de Mahé, ne les ayant pas encore suffisamment discutés entre nous ; au surplus vous serez amplement instruits, par notre lettre générale à ce Conseil que nous vous enverrons à cachet volant par les derniers vaisseaux, des intentions de la Compagnie sur ce qui regarde cet établissement ; nous joignons seulement à la présente les lettres préliminaires que nous écrivons à M. Trémizot et au Conseil du dit lieu à qui vous les envoyerez au plus tôt par des *pattemars* en observant de leur donner en conséquence de votre costé les avis et les ordres qui conviendront.

<table>
<tr><td>

**82**

Nous avons pris communication de ces lettres et les avons ensuite envoyées à leur destination.

</td><td>

**82**

Vous trouverez aussi cy-inclus les lettres de la Compagnie pour M. Dupleix et le Conseil de Chandernagor ; vous en prendrez

</td></tr>
</table>

drez communication et donnerez vos ordres relativement à leur contenu.

## ISLES DE FRANCE ET DE BOURBON

<table>
<tr><td>

**83**

Nous pouvons assurer la Compagnie avec vérité que

</td><td>

**83**

N'ayant point encore fini de travailler sur les expé-

</td></tr>
</table>

les affaires des isles nous donnent autant de peine et d'embarras que toutes les autres dont nous sommes chargés, nous continuerons à leur fournir tout ce qui dépendra de nous.

ditions que nous avons reçues de ces Isles qui sont très considérables, nous diférons à répondre aux articles de votre lettre générale qui y ont rapport, nous le ferons par les autres vaisseaux, nous avons vu avec plaisir que vous avez fait votre possible pour procurer à ces Isles tous les secours qui vous ont été demandés.

## AFFAIRES GENERALES

### 84

Cette retenue sera faite sur leurs appointements.

Nous vous remettons cy joint le reçu du sieur Dangest de 400 Livres et celui du sieur Duplant le jeune de 427 Livres que nous leur avons fait avancer ici sur les appointements qu'ils percevront à leur arrivée à Pondichéry; vous aurez soin que la retenue leur en soit faite; M. Despremenil vous enverra aussi des reçus des sommes qu'il aura fait payer à quelques employés, à qui vous en ferez aussi retenir le montant.

### 85

Ce sujet a été envoyé à Bengale.

Il vous parviendra par ces premiers vaisseaux un sergent nommé Lefebvre de St. François que vous ferez, s'il vous plait, passer à Chandernagor pour servir en cette qualité, attendu qu'il y a été déjà longtemps sur ce pied et que l'on nous en a rendu de bons témoignages.

### 86

Nous ne sçavons pas ce

Il vous parviendra aussi

qu'est devenu le sujet dont la Compagnie nous parle dans l'article ci-contre.

un nommé Jean Régnier, caporal, à qui vous aurez agréable de donner le poste de sergent, nous ayant paru un bon sujet.

Nous vous remettons cy-joint une copie de la commission que la Compagnie a donnée à M. Guillandeu, qui lui a demandé à retourner à Bengale.

Nous avons fait payer ici aux héritiers du sieur Dutertre, décédé à Manille, les sommes que vous nous avez marquées avoir été remises à la caisse de Pondichéry à compte de sa succession.

Les Pagodes qui avaient été chargées par M. Delorme et Le Noir Dumeslier sur les vaisseaux arrivés cette année ont été remises à leur destination en payant le fret à l'ordinaire de 2 % dont la Compagnie ne peut exempter qui que ce soit à cause des conséquences.

87

M. Dirois a satisfait à tout aussitôt son arrivée.

Nous comptons que M. Dirois aura payé à son arrivée le montant de la lettre de change de 150 Marcs qu'il nous a fournie sur M. Dulaurens et que vous nous renvoyez protestée faute de paiement ; nous ne doutons pas qu'il n'ait satisfait à celle de pareille somme que nous vous avons envoyée l'année dernière et dont nous luy avons pareillement fait compter ici la valeur.

Nous avons fait remettre à M. l'Ambassadeur de Portugal le paquet à son adresse, qui était joint à votre lettre du 10 Octobre 1736.

Les quatre caisses que vous aviez fait charger sur la *Thétis* à l'adresse de Joseph de Saint Martin Emunilla à Cadix seront embarquées, sans payer de fret, sur le *St. Géran* ou le *Comte de Toulouse*.

La conduite du P. Damas, aumônier sur *l'Apollon*,

nous ayant paru comme à vous des plus irrégulières, nous
avons confirmé votre délibération du 21 Aoust, qui pro-
nonce la confiscation de ses appointements et de son port
permis; il est bien que jusqu'à son embarquement vous
luy ayez accordé 25 S. par jour pour subsister et que
vous l'ayez remplacé par le père Don Pic Gallezia, en luy
donnant le passage gratis.

Nous approuvons le paiement de 160 Pagodes 12 fanons
que vous avez ordonné en faveur du sieur Alvarès puisqu'il vous a paru juste de luy tenir compte de cette somme qu'il avait déboursée en présents faits au Roy du
Pégou pour compte de la Compagnie.

Vous recevrez par ces vaisseaux les deux chapeaux
blancs en pain de sucre et les deux douzaines de boutons
d'avanturine montée en or que vous nous avez demandées pour le Vice Roi de Ténassarim. Vous recevrez
aussi les chapeaux blancs fins à large bord que vous nous
marquez estré d'une bonne défaite au Pégou.

La lettre de change de 264 M 4 oz 1 gr. que vous avez
tirée sur M. Pechevin à l'ordre de M. Darsel Dufresne a
été acquittée à son échéance sur le pied de 47 L<sup>vs</sup>.
12 S. le M<sup>rc</sup>, prix courant des piastres dans le commerce.

Nous vous remettons cy-joint une ampliation des ordres et instructions donnés au sieur Aubin du Plessis,
capitaine du vaisseau le *St. Géran*, par qui elle vous parviendra avec la première expédition de la présente.

<table>
<tr><td>88</td><td>88</td></tr>
</table>

Cet argent a été remis au Supérieur des R.R.P.P. Jésuites.

Le R. P. Brison, Jésuite, ayant compté ici à la caisse de la Compagnie une somme de 6.500 L<sup>vs</sup>. pour être remise à Pondichéry au R. P. Gargan, supérieur des Missions, nous avons donné ordre de la convertir en piastres à raison de 47 L<sup>vs</sup>. 15 S. le M<sup>rc</sup> et de la charger sur un des vaisseaux qui vous sont destinés.

Nous avons l'honneur etc... Signé : Dumas, Le Gou, Dirois, Dulaurens, Ingrand, Miran et Golard et par le Conseil : Boyelleau.

Nous sommes etc... Signé : Hardancourt, Castanier, Brinon de Caligny, P. Saintard.

A l'Orient le 7 Novembre 1737 : Despremenil.

---

A Pondichéry, le 15 Octobre 1738

### 1

M. Dumas nous a assuré que lorsqu'il a marqué à la Compagnie que l'obtention du *paravana* des Roupies lui avait occasionné quelques dépenses particulières, ce n'a jamais été dans l'intention que la Compagnie les luy remboursât, ainsi il n'a pas voulu se faire payer par la caisse aucune somme, il est cependant certain que les visites particulières qu'il a reçues d'Imam Saheb dans sa maison l'ont engagé à faire en son particulier divers présents à ce seigneur et aux gens de sa suite ; quant aux autres dépenses qu'il a pu faire et qui ont précédé l'obtention du *paravana* des Roupies, les rai-

A Paris, le 7 Décembre 1737

### 1

Les vaisseaux le *Phœnix* et la *Duchesse* étant retenus, Messieurs, par les vents contraires, ils pourraient bien vous porter la présente par laquelle nous vous donnons avis que M. Dumas ayant informé la Compagnie qu'il a fait quelques dépenses secrètes assez considérables dont il ne vous a point donné connaissance, pour parvenir à l'obtention du *paravana*, qui permet de battre des Roupies à Pondichéry, elle veut bien s'en rapporter à luy-même pour le montant de ces dépenses et l'en faire rembourser, ainsi vous luy ferez payer quand il voudra sur sa simple quittance ce qu'il

sons qu'il a eu pour lors de les tenir secrètes subsistent encore.

## 2

Le sieur Ravoisier est bien arrivé et a passé à Bengale.

Le sieur Guelette a passé à Bengale.

Le sieur Baudin est passé à Bengale.

Nous vous prévenons aussi qu'indépendamment des employés que nous vous marquons, dans notre lettre du 30 Octobre dernier, vous envoyer par les vaisseaux de cette expédition, il vous en parviendra encore trois autres qui sont les sieurs Ravoisier, Guelette et Baudin. Vous donnerez aux deux premiers des appointements de commis de 2e ordre, l'un ayant fait un voyage de Chine en qualité d'écrivain et l'autre travaillant ici dans le bureau des livres depuis plusieurs mois ; quant au sieur Baudin vous l'employerez en qualité de sous commis.

## 3

La retenue de ces sommes sera faite aux sieurs Ternisien et Mélique.

Nous vous remettons cy-joint le reçu du sieur Ternisien de 300 L$^{vs}$ et celuy du sieur Mélique de 200 L$^{vs}$ que nous leur avons fait avancer ici et dont vous aurez soin de faire la retenue sur leurs appointements.

## 4

La Compagnie trouvera cy-joint un état général des matières d'argent reçues cette année par divers vaisseaux ; tout s'est trouvé juste suivant la facture.

Les piastres que nous attendions de Cadix étant arrivées, vous recevrez par le vaisseau le *Phœnix* 40.000 M$^{re}$ au lieu de 30.000 M$^{re}$ dont nous vous avons parlé dans notre lettre du 20 Novembre et indépendamment des fonds en général que nous vous avons marqué, par celle du 30 Octobre, de vous faire passer par les vaisseaux de cette expédition.

5

L'intérest que la Compagnie aura dans chaque vaisseau a été fixé au quart, par délibération du 14 Septembre ; ainsi la Compagnie sera intéressée dans tous les armements qui se feront à Pondichéry et à Chandernagor, mais il nous est impossible de déterminer à quelle somme ces armements iront annuellement, qui ne peuvent se régler que suivant les tems et les circonstances.

5

Nous vous enverrons 10.000 M$^{rc}$ pour vous mettre en état d'intéresser la Compagnie suivant qu'elle le désire dans tous les armements particuliers qui se feront à l'avenir tant à Pondichéry qu'à Chandernagor et Mahé, dans lesquels son intention est que vous preniez toujours pour elle un intérest tel que vous le jugerez à propos, pourvu qu'il n'excède cependant pas moitié et qu'il ne soit pas non plus au dessous d'un sixième. Vous observerez de luy envoyer au retour de chaque vaisseau un compte de ce que son intérest luy aura produit.

Quant au café de Bourbon, il doit toujours être chargé à fret pour le compte de la Compagnie, à moins que les intéressés dans les armements ne désirent le faire entrer dans la masse des cargaisons aux prix dont vous conviendrez avec eux au dessus de celuy qu'il coûte à la Compagnie, frais de transport compris.

Nous vous observons, quand nous vous disons que la Compagnie vous laisse les maîtres de l'intéresser pour une moitié, un quart, un cinquième ou sixième, que son intention n'est pas que vous l'intéressiez de moitié sur un vaisseau et d'un sixième sur un autre, mais elle vous prescrit positivement après que vous aurez mûrement réfléchi sur tous les armements, qui se peuvent à peu près faire dans tous les comptoirs pendant le courant d'une année, et évalué à quoi ils monteront, de constater les fonds que vous pourrez destiner à cette partie, tant provenant des envoys qu'elle vous aura faits que des emprunts qui vous paraîtront convenables, qui cependant ne doivent pas excéder par année 50 à 60.000 Pagodes, et de décider sur ce plan et pourquoi elle sera intéressée dans la totalité des armements. En voîci l'exemple:

Nous vous envoyons cette année environ 5.000 Lvs. Vous jugerez que les armements particuliers, qui se feront dans l'Inde, peuvent monter à 5 millions; vous emprunterez 500.000, Lvs. Par conséquent vous aurez un cinquième dans chacun des armements, sans que dans aucun des armements l'intérest de la Compagnie puisse être plus ou moins fort que le cinquième auquel vous vous serez déterminés; il en sera de même si vous prenez le parti de l'intéresser pour un quart ou moitié.

Pour l'exécution de cette opération il est nécessaire que vous vous entendiez avec les comptoirs de Chandernagor et Mahé et que sur le plan général que vous aurez formé et les fonds que vous aurez destinés à ce commerce particulier, vous leur fassiez passer ceux qui leur seront nécessaires pour suivre dans leur partie l'exécution de votre projet.

Nous vous observerons encore pour plus grande intelligence qu'il convient que vous ne délivriez aucun passeport et commission à aucun vaisseau, soit armé par les Conseils ou par les particuliers, que lorsqu'ils auront reconnu que la Compagnie est intéressée dans leurs armements pour la portion que vous aurez décidée.

6        6

Nous ignorons sur qui    Il est nécessaire que vous

cette réflexion peut tomber. Au surplus nous nous conformerons à cet égard aux intentions de la Compagnie. soyez instruits que lorsque des marchandises se sont trouvées d'un débouché difficile dans l'Inde, on n'a point été fâché de trouver occasion de les charger sur les vaisseaux destinés pour France. La Compagnie vous recommande de donner toute votre attention à ce que lorsqu'il se trouvera quelques marchandises de cette espèce provenant du commerce particulier, l'on se donne bien de garde de les prendre pour le compte de la Compagnie. Il faut que les retours soient vendus dans les armements comme si la Compagnie n'y avait aucun intérêt.

Nous sommes etc.. Signé: Hardancourt, Godeheu, Castanier, Fromaget, P. Cavalier, Brinon de Caligny, Le Noir, P. Saintard. A l'Orient le 24 Décembre 1737: Despremenil.

---

### Réponse du Conseil supérieur de Pondichéry a la Compagnie

A Pondichéry, le 15 Octobre 1737

#### Article 1er

Le paquet de la Compagnie pour le Conseil de Chandernagor a été remis à ce comptoir après que nous en avons eu pris communication, nous avons envoyé en même temps des extraits des ordres de la

### Lettre de la Compagnie au Conseil Supérieur de Pondichéry.

A Paris, le 18 Janvier 1738

#### Article 1er

Nous vous envoyons cy joint, Messieurs, la lettre générale de la Compagnie à cachet volant pour le Conseil de Chandernagor; vous en ferez même extraire les articles dont il convient que vous soyez in-

Compagnie sur ce qui peut les concerner.

Vous la ferez ensuite passer à ce Conseil et vous lui donnerez vos ordres en conséquence.

formés et que nous ne vous répéterons cependant point pour abréger les écritures.

### 2

La même chose a été exécutée à l'égard du comptoir de Mahé.

Mahé pour que vous en fassiez le même usage.

Vous aurez attention de faire part à ces deux Conseils des nouveaux arrangements que nous avons pris avec vous, par notre lettre du 30 Octobre dernier, au sujet de la transmigration des principaux employés ; vous leur donnerez vos ordres en conséquence, ainsi que sur ce qu'ils doivent faire à l'égard de tous les employés en général qui quitteront l'Inde, afin qu'ils repassent par votre comptoir à moins que vous ne les en dispensiez.

### 2

Nous vous enverrons aussi incessamment le duplicata de la lettre de la Compagnie au Conseil de

### 3

Nous avons l'année dernière informé la Compagnie des mesures que nous avions prises auprès de Nizam Moulouk, par le canal de notre Nabab et d'Imam Saheb, pour remédier aux difficultés survenues à Bengale et Mazulipatam au sujet des Roupies arcattes. Nizam Moulouk est à la Cour depuis près d'un an ; en vain notre Nabab et Imam Saheb l'ont attendu

### 3

Nous ne doutons pas que vous n'ayez porté vos plaintes au Nabab d'Arcatte sur le *Dury* que prétend faire Fatechem des Roupies qui se fabriquent dans l'étendue de son gouvernement et que vous n'ayez trouvé les moyens de faire cesser l'effet de l'ordre que le Conseil de Chandernagor nous marque que ce Gouverneur a obtenu de son Nabab et par lequel il luy est permis

à Golconde pendant plusieurs mois, il ne s'y rendra qu'au mois d'Avril prochain. Notre Nabab qui est revenu d'Arcatte depuis un mois doit retourner à Golconde avec Imam Saheb à la fin de Mars. La Compagnie verra par la traduction des deux lettres ci-jointes que M. Dumas a reçues le 21 Septembre dernier, que Nizam a promis de nous faire expédier les ordres nécessaires pour le cours de nos Roupies. Quant à l'ordre obtenu par Fatechem pour ne recevoir les Roupies arcattes que sur le pied des piastres, c'est une nouveauté dont nous n'avons jamais ouï parler ; ce qu'il y a de certain c'est que nous n'avons point d'avis que cela ait eu lieu en aucun temps.

de ne recevoir les Roupies Arcattes et Madras que sur le pied des piastres. Rien n'est plus important pour la Compagnie que de soutenir la permission que l'on a obtenue de battre des Roupies et à laquelle cette disposition porterait un préjudice considérabe.

4

Nous nous conformerons autant qu'il sera possible aux intentions de la Compagnie en ne confiant la conduite des armements et du commerce qu'à des employés.

4

La Compagnie prenant le parti d'avoir un intérêt dans tous les armements particuliers, vous verrez par sa lettre au Conseil de Chandernagor qu'elle souhaiterait qu'ils ne fussent confiés, s'il était possible, qu'à quelques uns de ses employés ou qui l'auront été. Il est encore plus essentiel, pour pouvoir tirer de ce commerce particulier tout l'avantage que l'on en peut espérer et ne s'écarter en rien de l'intérêt que la Compagnie entend y avoir, que vous vous concertiez parfaitement avec le Conseil de Chandernagor sur les armements qu'il conviendra de faire tant de votre côté que du sien; au surplus la Compagnie ne voulant pas être troublée sur cet article par les différents particuliers à qui elle accorde le passage pour l'Inde, à l'effet d'y travailler pour leur compte, elle a délibéré de ne plus permettre à qui que ce soit d'y passer sur ce pied. Comme elle l'avait cependant promis au sieur Sauvage Des Landes de St. Malo, il s'est embarqué sur un des vaisseaux de cette expédition, en satisfaisant au contenu de la délibération du 20 Septembre 1736.

<table>
<tr><td>5</td><td>5</td></tr>
</table>

Les dispositions de la Compagnie à l'égard des pauvres enfants orphelins de ses colonies sont très justes et très charitables; lorsque le grand hôpital de Pondichéry sera achevé, nous prendrons les arrangements nécessaires pour l'exécution des intentions de la Compagnie; nous aurons pareillement soin de faire repasser en France ceux qui auront quelque espérance d'y pouvoir subsister.

Vous verrez par la lettre de la Compagnie au Conseil de Chandernagor que pour éviter d'être surchargée de pensionnaires dans l'Inde dont le nombre augmente considérablement tous les ans, son intention est que les veuves et enfants des officiers ou employés qui se trouveront hors d'état de pouvoir subsister et qui auront leur famille en France, soient mis dans le cas de demander incessamment à y repasser par le premier vaisseau, en ne leur accordant jusqu'à ce temps que ce qui leur serait indispensablement nécessaire pour les faire subsister, bien entendu qu'il faut les prévenir.

Vous verrez aussi par la susdite lettre au Conseil de Chandernagor que la Compagnie entend que les pauvres enfants de ses employés et officiers, qui ne seront pas dans le cas de repasser en France n'y ayant point leur famille, soient nourris, logés, vêtus et instruits à l'hôpital de Pondichéry jusqu'à ce qu'ils soient en état de gagner leur vie; ainsi elle vous autorise à prendre en conséquence les arrangements nécessaires pour que cela soit exécuté.

### 6

Le sieur Binot est arrivé sur le *Dauphin* et a passé à Bengale.

Vous ferez passer à Chandernagor le S$^r$. Binot, médecin botaniste, qui s'embarquera sur un des vaisseaux de cette expédition aux appointements de 1.200 L$^{vs}$, qui sont les mêmes du chirurgien major, aux conditions qu'il travaillera comme luy dans l'hôpital et qu'il traitera les employés de la Compagnie gratis, lorsque l'occasion s'en présentera. La principale vue que le gouvernement a dans sa mission est pour faire la recherche des simples et en envoyer des plantes en France pour le Jardin du Roy.

### 7

Le sieur Lemaire est aussi arrivé par le vaisseau le *Dauphin* et a été mis au bureau des livres pour travailler sous M. Pillavoine.

La Compagnie vous fait passer encore par ces vaisseaux le S$^r$ Lemaire, homme fait, qui entend bien le commerce et la tenue des livres. Elle le destine pour tenir les écritures sous les ordres de M. Pillavoine. Elle a d'autant plus lieu d'espérer qu'il s'en acquittera à sa satisfaction, qu'il travaille avec application sur nos livres depuis plusieurs mois sous les yeux de M. Le Gez. Vous le ferez jouir de six cent Livres d'appointements comme commis du 2$^e$ ordre et en outre de cinq cents Livres de gratification annuelle comme chargé en second de la tenue des livres.

### 8

Le Sieur Caillot a été

Le Sieur Caillot, sous

destiné cette année pour passer à Chandernagor. Nous avons envoyé à Mrs. du Conseil copie de cet article.

marchand, étant recommandable auprès de la Compagnie, attendu qu'il est parent de M. de Saintard, l'un de nous, vous lui procurerez son avancement s'il le mérite.

### 9

Nous avons déjà eu l'honneur de vous dire que le sieur Canhan est mort après avoir été longtemps hors d'état de rendre aucun service ; il est de conséquence que la Compagnie fasse en sorte d'avoir un bon sujet pour remplir cette place et qui soit capable de montrer aux autres.

les affaires qu'il a dans son pays exigent encore indispensablement sa présence bien voulu prolonger son seryer son poste de capitaine.

### 9

Sur l'assurance que l'on nous a donnée que le Sieur Canhan est un excellent sujet et très capable de remplir le poste de maître d'artillerie, nous ne vous en ferons point passer d'autre mais seulement un maître.

Nous vous prévenons que le Sieur Descoublans ayant exposé à la Compagnie que pendant une année, elle a congé d'un an, et luy conserver son poste de capitaine.

### 10

Nous ne sommes pas cette année dans le cas d'observer cette économie. Nous avons plus de vaisseaux à remplir que nous n'avons de fonds et de marchandises. La Compagnie se plaint presque toutes les années que ses vais-

### 10

La Compagnie désirant extrêmement que ses vaisseaux luy rapportent une plus forte quantité de balles et de poivre qu'ils n'ont fait jusqu'à présent, elle vous autorise à faire retrancher, pour essay et seulement dans un des

seaux sont mal arimés, et elle ne fait pas attention qu'elle nous expédie presque toujours plus de navires qu'il ne faudrait pour rapporter les fonds qu'elle nous envoye, quoiqu'elle prétende toujours qu'il doit rester des fonds pour travailler d'avance pour l'année suivante.

vaisseaux qu'elle vous adresse, le plus qu'il se pourra de la calle à l'eau, afin d'y encombrer par ce moyen plus de balles de marchandises et de poivre ; c'est un des articles qu'elle vous recommande le plus expressément, n'ayant rien tant à cœur que de voir ses vaisseaux bondés comme ils devroient l'être.

**11**

Nous exécuterons les intentions de la Compagnie.

**11**

Vous donnerez ordre aux deux derniers vaisseaux qui partiront de l'Inde, d'aller directement relâcher à l'Isle Dauphine sans toucher à celle de France. Vous observerez d'en donner avis au Conseil supérieur de cette dernière Isle et de faire prendre aux capitaines des deux susdits vaisseaux de la graine de Porchy (porcher?) et de Margoussier avec un mémoire sur la manière de les cultiver, pour le tout être remis au sieur Lesquelin à l'Isle Dauphine.

**12**

Cela sera exécuté.

**12**

Vous détaillerez à l'avenir au pied de la facture générale de chaque vaisseau les noms de ses officiers qui auront remis leur port permis à votre caisse, avec la quantité de Marcs dont vous leur aurez délivré des récépissés.

**13**

La Compagnie n'envoye

**13**

Vous donnerez ordre à

pour son compte aucun fonds à Bassora ny en Perse. Nous avons cependant remis copie de cet article à M. de Martinville qui l'exécutera autant qu'il luy sera possible.

ceux qui seront chargés des affaires de la Compagnie à Bassora et autres ports de Perse de compter au Sr. Otter, qui a été envoyé par ordre du Roy dans ce pays là, tout l'argent dont il leur exposera avoir besoin pendant le séjour qu'il sera obligé d'y faire, en observant par eux d'en exiger du dit sieur Otter des billets triples et en bonne forme pour en garder une expédition par devers vous et nous envoyer les deux autres par différentes voyes.

### 14

Cela sera exécuté.

### 14

Nous vous envoyons cy-joint le reçu du sieur Guelette de la somme de 300 L$^{vs}$ que nous avons fait avancer ici à compte des appointements qu'il percevra à son arrivée ; vous remettrez ce reçu au Conseil de Chandernagor en lui faisant passer cet employé.

Il nous reste à répondre à quelques articles de votre lettre générale du 25 Janvier 1737 concernant les Isles de France et de Bourbon.

Nous approuvons que vous ayez condamné et fait dépecer le vaisseau l'*Astrée* puisque par le procès-verbal de visite il avait été jugé hors d'état de faire aucun service ; il est bien que vous ayez fait passer à l'Isle de France les 21 esclaves ainsi que le riz et nelly qu'il avait apportés ; mais vous avez mal fait de n'y avoir point renvoyé le capitaine pour rendre ses comptes ; nous vous recommandons de ne pas manquer dans la suite à ce que la bonne règle exige en pareil cas.

### 15

Nous continuerons de

### 15

Nous blâmons très forte-

nous conformer à cette règle que nous avons suivie
jusqu'à présent.

donnée au vaisseau le *Saint Joseph* pour Moka et de l'envoy que vous luy avez fait de la *Marie-Joseph*; nous lui
faisons connaître que non seulement vous avez dû le
débiter du prix d'achat de ce dernier vaisseau, des frais
faits pour son armement et celuy de *l'Indien*, ainsi que
de ceux faits à Bengale pour le radoub de la *Légère*,
mais qu'il doit l'être aussi de toutes les dépenses en général qu'il vous occasionne, soit pour les avances et dé-
comptes que vous payez aux ouvriers, lascards et topas
que vous lui envoyez, soit enfin pour tous les effets et
vivres que vous luy faites passer, même ceux qui ne
peuvent lui produire aucune valeur; c'est à quoi vous
vous conformerez dorénavant dans les comptes que
vous ferez avec le Conseil de cette Isle; nous le répri-
mons au surplus comme il convient sur la correspondance trop vive qu'il a eue avec vous, étant persuadés de
votre bonne volonté à concourir à l'exécution des ordres
que la Compagnie lui a donnés et des demandes qu'il
vous a faites en conséquence. Nous vous confirmons de
lui envoyer exactement pour la valeur des fonds qu'il
vous remettra toutes les marchandises et effets qu'il vous
demandera et tout généralement ce que vous croirez pouvoir contribuer au bien du service; nous nous référons
au surplus à ce que nous vous avons marqué à ce sujet
par notre lettre du 30 Octobre 1736.

ment le Conseil de l'Isle de
France de la façon dont il
vous écrit à l'occasion de la
destination que vous aviez

### 16

Il n'est plus possible ny
à Bengale ny ici de trouver
des ouvriers et lascards
pour les isles. Mrs. du
Conseil de Chandernagor

### 16

Nous faisons sentir au
Conseil de l'Isle de France
l'inconvénient qu'il y a à
appréhender de la retenue
forcée qu'il a faite des meil-

nous marquent par leur lettre du 28 Juillet dont cy-joint l'extrait qu'ils craignent d'être inquiétés au sujet de la retenue forcée qu'on a faite à l'Isle de France de plusieurs lascards mahométans, sujets du Mogol, et dont on ne reçoit aucune nouvelle. Nous avons envoyé par la *Marie Joseph* 40 esclaves indiens, nous en envoyons par le *Fulvy* 10 et par le *St. Géran* 54.

leurs lascards de la *Marie Joseph* et de *l'Indien* et nous lui défendons expressément de tomber dans la suite en pareil cas. Nous avons appris avec plaisir qu'il luy en était parvenu un bon nombre ainsi que des topas et des ouvriers; nous lui avons recommandé de le bien traiter, nous ne pensons pas au surplus qu'il vous en demande davantage à moins que ce ne soit des lascards, auquel cas vous les lui ferez passer; nous aurions souhaité que vous eussiez pû lui procurer quelques esclaves de l'Inde, mais vous ne pouvez faire l'impossible.

## 17

Lorsqu'il s'agit du service de la Compagnie nous n'épargnons ny peine ny soins. Nous avons fait pour les isles l'impossible. La Compagnie peut en juger par la quantité d'effets et d'ouvriers de toute espèce que nous y avons envoyés depuis trois ans; mais les plaintes continuelles de M. de La Bourdonnais et les termes dans lesquels lui et son Conseil nous ont écrit nous rebutent infiniment.

## 17

Nous recevrons sans doute cette année les factures des effets que les vaisseaux la *Marie Joseph* et le *Saint Joseph* y auront remis. Nous apprendrons sans doute aussi, que vous y aurez fait passer les marchandises destinées pour le commerce d'Abyssinie; nous sentons bien que les différents envoys que vous vous trouvez dans le cas d'y faire sont d'un grand détail, mais nous comptons que le plus fort est fait et

que ces envoys vous donneront bien moins de peine dans
la suite. Il est bien  que les permissions des vaisseaux
destinés pour les isles soient converties en effets de peu
de volume.

*( La fin de cette lettre manque  sur  les  deux  copies  que possèdent  les*
*archives de Pondichéry de la correspondance du Conseil supérieur ).*

FIN DU TOME II.

# PUBLICATIONS
### DE LA
## SOCIÉTÉ DE L'HISTOIRE DE L'INDE FRANÇAISE

Revue historique de l'Inde Française :
Premier volume 1916-1917 . . . . 20 Fs.
Deuxième volume 1918 . . . . . 20 „
Troisième volume 1919 . . . . . 20 „
Quatrième volume 1920 :
Première partie . . . . . . 10 Fs.
Deuxième partie . . . . . . 10 „

Les dernières luttes des Français et des Anglais dans l'Inde, par le colonel Malleson. Traduit par M. Edmond Gaudart, 1911, 1 volume, 230 pages (épuisé)

Lettres et conventions des Gouverneurs de Pondichéry avec les divers princes indiens de 1666 à 1793. Publié par M. Martineau. 1912, 1 volume, 402 pages (épuisé)

Procès-verbaux des délibérations du Conseil supérieur de Pondichéry, du 1er février 1701 au 31 décembre 1739, 3 volumes publiés par les soins de M. Gaudart, 1913-1915; chaque volume . . . . . 20 Fs.

Inventaire des anciennes archives de l'Inde française, dressé par M. Martineau, 1914, 38 pages . . . 5 Fs.

Correspondance du Conseil supérieur de Pondichéry avec le Conseil de Chandernagor, du 30 septembre 1728 au 2 février 1747. — Deux volumes publiés par M.M. Gaudart et Martineau 1915-1916, chaque volume, 20 Fs.

Correspondance du Conseil supérieur de Pondichéry avec le Conseil de Chandernagor, du 4 août 1747 au 21 avril 1757 (1re Partie) et correspondance avec divers du 18 janvier 1745 au 10 février 1757 (2e partie) 1 volume Tome III . . . . . . . . . 20 Fs.

Résumé des actes de l'Etat-civil de Pondichéry, de 1676 à 1735. Publié par M. Martineau, 1917, 448 p. 20 Fs.

Résumé de 1736 à 1760, de ces actes, publié par M. Martineau, 1919, 380 pages 1 volume . . . 20 Fs.

Correspondance du Conseil supérieur de Pondichéry et de la Compagnie—Tome 1, de 1726 à 1730. Publié par M. A. Martineau, 1 volume . . . . . 20 Fs.

Correspondance du Conseil supérieur de Pondichéry et de la Compagnie T. IIe de 1736 à 1738. Publié par M. A. Martineau 1 vol. . . . . . . 20 Fs.